高等院校财经管理类"十三五"规划教材

财 务 管 理

（第 2 版）

刘秀琴　主编

中国林业出版社

内 容 提 要

本教材分为总论、资金筹措与分配、资金投放与应用、财务管理专题4个模块,以财务管理目标为切入点,以价值评估为核心,以投资决策、筹资决策、营运管理和利润管理为主要内容,较为系统地阐述了现代企业财务管理的基本概念、基本理论和基本方法。每章后都附有思考题和阅读指引,可供读者对所学内容进行巩固、理解和应用。

本教材可作为高等院校经济学类、管理学类专业的教材,也可以作为网络教育、高等职业教育、成人教育和企业培训等的教材或教学参考书。

图书在版编目(CIP)数据

财务管理/刘秀琴主编. —2版. —北京:中国林业出版社,2016.1
高等院校财经管理类"十三五"规划教材
ISBN 978-7-5038-8260-9

Ⅰ.①财… Ⅱ.①刘… Ⅲ.①财务管理-高等学校-教材
Ⅳ.①F275

中国版本图书馆CIP数据核字(2015)第280294号

中国林业出版社·教育出版分社

策划、责任编辑:田 苗
电 话:(010)83143557 传 真:(010)83143516

出版发行	中国林业出版社(100009 北京市西城区德内大街刘海胡同7号)
	E-mail:jiaocaipublic@163.com 电话:(010)83143500
	http://lycb.forestry.gov.cn
经 销	新华书店
印 刷	北京中科印刷有限公司
版 次	2016年1月第1版
印 次	2016年1月第1次印刷
开 本	850mm×1168mm 1/16
印 张	14.5
字 数	344千字
定 价	30.00元

未经许可,不得以任何方式复制或抄袭本书之部分或全部内容。

版权所有 侵权必究

《财务管理》(第2版) 编写人员

主　编　刘秀琴

副主编　高玉香　耿　黎

编　委(按姓氏拼音排序)
　　　　　曹丽萍（山西农业大学）
　　　　　高玉香（青岛农业大学）
　　　　　耿　黎（东北农业大学）
　　　　　刘秀琴（华南农业大学）
　　　　　马龙波（青岛农业大学）
　　　　　朱允华（广东工业大学）

《财务管理》(第1版) 编写人员

主　编　刘秀琴

副主编　丁丽芳　高玉香

编　委（按姓氏拼音排序）
　　　　　曹丽萍（山西农业大学）
　　　　　丁丽芳（山西农业大学）
　　　　　高玉香（青岛农业大学）
　　　　　李振玻（青岛农业大学）
　　　　　刘秀琴（华南农业大学）
　　　　　周小春（华南农业大学）

第 2 版前言

财务管理是关于企业如何有效筹集资金和运用资金的科学，是企业管理的重要组成部分，在企业管理中处于中心地位。加强企业财务管理有利于企业合理有效地利用资金，合理降低成本费用，提高资金利用效果；有利于企业发现生产经营中存在的问题，减少经营失误，提高企业经营水平和经济效益。财务管理水平不仅直接关系到企业的盈利能力，也影响着企业的生存与发展。

为适应企业竞争环境下人才培养的需求，根据财务管理理论与实务的变化，对教材进行修订，推出了第 2 版。在编写过程中力求体现以下特色：

1. 在结构体系上，协调财务管理的内在逻辑规律与初学者的思维理解规律，使读者便于系统地理解和把握财务管理的理论与方法。

2. 在内容上，既立足于国际惯例，又结合我国实践，做到理论联系实际。财务管理一般原理和方法的阐述遵循市场经济中通行的国际惯例，而应用和实务则结合我国的现实情况与发展趋势加以说明；不仅阐明有关的理论与模型，还说明如何在实际中运用，使读者学以致用。

3. 在写作风格上，强调严谨性和可读性并重。在保证概念准确性的前提下，尽量使有关问题的论述深入浅出、清晰易懂，并通过大量实例帮助理解有关模型和分析工具及其运用。

本教材共分 4 篇 12 章，包括了财务管理的基本理论、方法与应用。第一篇为财务管理基础，包括概论、财务估价和财务分析，主要论述基于目标的财务管理的基本框架、基本概念和基本方法，为理解、学习后续内容奠定基础。第二篇为企业资金投放与运用，包括投资决策基础、投资决策应用和营运资本管理，主要阐述企业的投资决策基本理论和方法，以及对企业流动资产的管理。第三篇为企业资金筹措与分配，包括筹资决策基础、筹资方式、企业利润分配管理旨在介绍筹集管理相关理论的基础上，重点阐述企业各种筹资方式。第四篇为企业财务管理专题，分别介绍企业并购、破产，以及国际财务管理。

本教材由刘秀琴主编，高玉香、耿黎为副主编，编写分工如下：刘秀琴编写第 1 章、第 2 章、第 6 章、第 9 章，高玉香编写第 3 章、第 10 章，耿黎编写第 4 章、第 5 章，马龙波编写第 7 章、第 8 章，曹丽萍编写第 11 章，朱允华编写第 12 章，全书由刘秀琴统稿。

本教材是一部为高等院校经济学类、管理学类专业学生使用所编写的教材，同时也适合非经济管理类学生使用，也可以作为网络教育、高等职业教育、成人教育和企业培训等的教材或教学参考书。

　　本书的写作参考了大量文献，在此谨对这些作者表示感谢。

　　由于时间仓促和编者学识所限，书中难免有不足之处，敬请广大读者批评斧正。

编　者

2015 年 10 月

第1版前言

财务管理是关于企业如何有效筹集资金和运用资金的科学,是现代企业管理的重要部分。事实证明,在市场经济条件下,企业的生存与发展都离不开良好的财务管理。市场经济越发展,财务管理越重要。

为适应国际竞争环境下人才培养模式的转变,本教材在编写过程中力求体现以下特色:

1. 在结构体系上,协调财务管理的内在逻辑规律与初学者的思维理解规律,使读者便于理解和把握财务管理的理论与方法体系。

2. 在内容上,既立足于国际惯例,又结合我国实践,做到理论联系实际。财务管理一般原理和方法的阐述遵循市场经济中通行的国际惯例,而应用和实务则结合我国的现实情况与发展趋势加以说明;不仅阐明有关的理论与模型,还着重说明如何在实际中运用它们,使读者学以致用。

3. 在写作风格上,强调严谨性和可读性并重。在保证概念准确性的前提下,尽量使有关问题的论述深入浅出、清晰易懂,并通过大量实例帮助理解有关模型和分析工具及其运用。

本书共分3篇12章。第1篇为财务管理基础,包括导论、财务决策定量基础和财务分析,主要论述财务管理的基本框架、基本概念和基本方法,为理解后续内容打好基础。第2篇为资金投放与运用,包括资本性资产投资概述、证券投资决策、固定资产投资决策和流动资产管理,主要研究企业投资决策的有关问题。第3篇为资金筹措与分配,包括资本成本、长期筹资、中短期筹资、股利政策和资本结构决策,主要讨论企业各种筹资方式和筹资决策与股利分配决策。

本书由刘秀琴担任主编,丁丽芳、高玉香担任副主编。编写分工如下:刘秀琴编写第1章、第2章、第6章;高玉香编写第3章;丁丽芳编写第4章、第5章、第7章;李振玻编写第8章;曹丽萍编写第9章、第10章;周小春编写第11章、第12章。全书由刘秀琴统稿。

本书的写作参考了大量文献,在此谨对这些作者表示感谢。由于编者学识所限,书中难免有不足之处,敬请广大读者批评斧正。

编 者

2010. 10

目 录

第 2 版前言
第 1 版前言

第一篇 总 论

第 1 章 导论 (2)
- 1.1 财务管理概述 (2)
  - 1.1.1 企业财务活动 (2)
  - 1.1.2 企业财务关系 (4)
  - 1.1.3 企业财务管理的特点 (5)
- 1.2 企业组织的类型 (6)
  - 1.2.1 独资企业 (6)
  - 1.2.2 合伙企业 (6)
  - 1.2.3 公司制企业 (6)
- 1.3 财务管理的目标 (8)
  - 1.3.1 利润最大化 (8)
  - 1.3.2 股东财富最大化 (9)
- 1.4 企业价值的实现 (10)
  - 1.4.1 企业价值的存在 (10)
  - 1.4.2 企业价值的创造 (11)
  - 1.4.3 价值创造的组织保障 (12)

第 2 章 财务估价 (15)
- 2.1 财务估价概述 (15)
- 2.2 时间价值 (16)
  - 2.2.1 复利终值和现值的计算 (16)
  - 2.2.2 年金的计算 (18)
  - 2.2.3 时间价值计算中的几个特殊问题 (23)
- 2.3 证券估价 (25)
  - 2.3.1 证券估价原理 (25)

2.3.2　债券的估价 …………………………………………………………………… (25)
　　2.3.3　股票的估价 …………………………………………………………………… (27)
2.4　风险与风险报酬 ……………………………………………………………………… (29)
　　2.4.1　概念 …………………………………………………………………………… (29)
　　2.4.2　单项风险报酬的计算 ………………………………………………………… (30)
　　2.4.3　证券组合的风险与报酬 ……………………………………………………… (33)
　　2.4.4　资本资产定价模型 …………………………………………………………… (38)

第3章　财务分析 …………………………………………………………………………… (43)

3.1　财务分析概述 ………………………………………………………………………… (43)
　　3.1.1　财务分析的概念和意义 ……………………………………………………… (43)
　　3.1.2　财务分析的内容 ……………………………………………………………… (44)
　　3.1.3　财务分析的方法 ……………………………………………………………… (45)
3.2　比率分析法 …………………………………………………………………………… (49)
　　3.2.1　偿债能力比率分析 …………………………………………………………… (49)
　　3.2.2　营运能力比率分析 …………………………………………………………… (53)
　　3.2.3　盈利能力比率分析 …………………………………………………………… (55)
　　3.2.4　发展能力比率 ………………………………………………………………… (56)
3.3　财务综合分析 ………………………………………………………………………… (57)
　　3.3.1　杜邦分析 ……………………………………………………………………… (58)
　　3.3.2　沃尔评分法 …………………………………………………………………… (59)

第二篇　企业资金投放与运用

第4章　投资决策基础 ……………………………………………………………………… (66)

4.1　投资概述 ……………………………………………………………………………… (66)
　　4.1.1　投资的意义 …………………………………………………………………… (66)
　　4.1.2　投资的分类 …………………………………………………………………… (67)
　　4.1.3　投资决策的依据 ……………………………………………………………… (67)
4.2　现金流量的估算 ……………………………………………………………………… (68)
　　4.2.1　现金流量的概念 ……………………………………………………………… (68)
　　4.2.2　现金流量的构成 ……………………………………………………………… (70)
　　4.2.3　现金流量的计算方法 ………………………………………………………… (71)
4.3　投资决策指标 ………………………………………………………………………… (73)
　　4.3.1　净现值法 ……………………………………………………………………… (73)
　　4.3.2　获利指数法 …………………………………………………………………… (74)
　　4.3.3　内含报酬率法 ………………………………………………………………… (75)
　　4.3.4　回收期法 ……………………………………………………………………… (76)

4.3.5　投资决策指标的比较 …………………………………………………… (79)

第5章　投资决策的应用 ……………………………………………………………… (85)
5.1　固定资产投资决策 …………………………………………………………… (85)
　　　5.1.1　固定资产新建项目投资决策 …………………………………………… (85)
　　　5.1.2　固定资产更新项目投资决策 …………………………………………… (87)
　　　5.1.3　特殊投资决策 …………………………………………………………… (92)
5.2　对外投资管理 ………………………………………………………………… (96)
　　　5.2.1　债券投资 ………………………………………………………………… (96)
　　　5.2.2　股票投资 ………………………………………………………………… (100)
　　　5.2.3　基金投资 ………………………………………………………………… (101)
5.3　风险性投资分析 ……………………………………………………………… (104)
　　　5.3.1　按风险调整贴现率法 …………………………………………………… (104)
　　　5.3.2　按风险调整现金流量法 ………………………………………………… (105)
　　　5.3.3　敏感性分析 ……………………………………………………………… (106)

第6章　营运资金管理 …………………………………………………………………… (111)
6.1　营运资金管理概述 …………………………………………………………… (111)
　　　6.1.1　营运资金管理的概念 …………………………………………………… (111)
　　　6.1.2　营运资金管理策略 ……………………………………………………… (112)
6.2　现金管理 ……………………………………………………………………… (115)
　　　6.2.1　现金持有成本 …………………………………………………………… (115)
　　　6.2.2　现金预算管理 …………………………………………………………… (116)
　　　6.2.3　最佳现金持有量的确定 ………………………………………………… (117)
　　　6.2.4　现金日常管理 …………………………………………………………… (118)
6.3　存货管理 ……………………………………………………………………… (119)
　　　6.3.1　存货模型 ………………………………………………………………… (119)
　　　6.3.2　其他存货管理方法 ……………………………………………………… (121)
6.4　应收账款管理 ………………………………………………………………… (123)
　　　6.4.1　信用政策 ………………………………………………………………… (123)
　　　6.4.2　应收账款管理 …………………………………………………………… (124)
6.5　短期投资管理 ………………………………………………………………… (125)

第三篇　企业资金筹措与分配

第7章　筹资决策基础 …………………………………………………………………… (130)
7.1　筹资概论 ……………………………………………………………………… (130)
　　　7.1.1　筹资的基本概念 ………………………………………………………… (130)
　　　7.1.2　筹资的动机 ……………………………………………………………… (130)

7.1.3 筹资决策的一般程序 …………………………………………………… (131)
　　7.1.4 资金需求量的预测方法 ………………………………………………… (132)
7.2 资本成本 ………………………………………………………………………… (136)
　　7.2.1 资本成本的概述 ………………………………………………………… (136)
　　7.2.2 个别资本成本 …………………………………………………………… (137)
　　7.2.3 综合资本成本率 ………………………………………………………… (140)
　　7.2.4 边际资本成本率 ………………………………………………………… (141)
7.3 资本结构决策 …………………………………………………………………… (142)
　　7.3.1 资本结构决策的意义 …………………………………………………… (142)
　　7.3.2 资本结构决策影响因素的定性分析 …………………………………… (143)
　　7.3.3 资本结构决策的定量分析 ……………………………………………… (144)
7.4 杠杆分析 ………………………………………………………………………… (146)
　　7.4.1 经营杠杆 ………………………………………………………………… (147)
　　7.4.2 财务杠杆 ………………………………………………………………… (148)
　　7.4.3 综合杠杆 ………………………………………………………………… (149)

第8章 筹资方式 …………………………………………………………………… (151)
8.1 股权性资本的筹集 ……………………………………………………………… (151)
　　8.1.1 吸收直接投资 …………………………………………………………… (151)
　　8.1.2 发行普通股 ……………………………………………………………… (152)
8.2 债务资本的筹集 ………………………………………………………………… (155)
　　8.2.1 长期借款筹资 …………………………………………………………… (156)
　　8.2.2 债券筹资 ………………………………………………………………… (157)
　　8.2.3 融资租赁 ………………………………………………………………… (159)
8.3 混合性资金的筹集 ……………………………………………………………… (160)
　　8.3.1 优先股筹资 ……………………………………………………………… (160)
　　8.3.2 可转换债券筹资 ………………………………………………………… (161)
　　8.3.3 认股权证筹资 …………………………………………………………… (162)

第9章 企业利润分配管理 ………………………………………………………… (164)
9.1 利润分配概述 …………………………………………………………………… (164)
　　9.1.1 企业分配概念 …………………………………………………………… (164)
　　9.1.2 利润分配顺序 …………………………………………………………… (165)
　　9.1.3 股利支付程序和方式 …………………………………………………… (165)
9.2 股利分配理论与政策 …………………………………………………………… (166)
　　9.2.1 股利分配理论 …………………………………………………………… (166)
　　9.2.2 股利政策的类型 ………………………………………………………… (168)
　　9.2.3 影响股利政策的因素 …………………………………………………… (170)

9.3 股票股利、股票分割与股票回购 …………………………………………………(171)
 9.3.1 股票股利 ……………………………………………………………………(171)
 9.3.2 股票分割 ……………………………………………………………………(173)
 9.3.3 股票回购 ……………………………………………………………………(174)

第四篇 企业财务管理专题

第10章 公司并购的财务管理 …………………………………………………(178)
10.1 企业并购概述 …………………………………………………………………(178)
 10.1.1 企业并购的含义 ……………………………………………………………(178)
 10.1.2 兼并与收购的异同 …………………………………………………………(179)
 10.1.3 企业并购的类型 ……………………………………………………………(179)
 10.1.4 企业并购的动因 ……………………………………………………………(181)
10.2 目标企业的估价 ………………………………………………………………(182)
 10.2.1 折现估价模型 ………………………………………………………………(182)
 10.2.2 比率估价模型 ………………………………………………………………(185)
 10.2.3 期权估价模型 ………………………………………………………………(186)
10.3 企业并购的支付方式 …………………………………………………………(187)

第11章 企业破产财务管理 ……………………………………………………(189)
11.1 企业破产财务管理目标与特征 ………………………………………………(189)
11.2 重整与和解 ……………………………………………………………………(191)
 11.2.1 自愿和解的财务管理 ………………………………………………………(191)
 11.2.2 正式和解与整顿的财务管理 ………………………………………………(192)
11.3 破产清算财务管理 ……………………………………………………………(194)

第12章 国际企业管理 …………………………………………………………(197)
12.1 国际财务管理的特点 …………………………………………………………(197)
12.2 国际筹资管理 …………………………………………………………………(198)
 12.2.1 国际企业资金来源与方式 …………………………………………………(198)
 12.2.2 国际企业筹资方式 …………………………………………………………(198)
 12.2.3 国际信贷筹资 ………………………………………………………………(200)
 12.2.4 国际证券筹资 ………………………………………………………………(201)
12.3 国际投资管理 …………………………………………………………………(201)
 12.3.1 国际投资的种类与方式 ……………………………………………………(201)
 12.3.2 国际投资的方式 ……………………………………………………………(202)
 12.3.3 国际直接投资 ………………………………………………………………(203)
 12.3.4 国际间接投资 ………………………………………………………………(204)

  12.4　外汇风险管理……………………………………………………（204）
    12.4.1　外汇风险的种类………………………………………（205）
    12.4.2　外汇风险程序…………………………………………（205）
    12.4.3　不同种类外汇风险的管理……………………………（206）
附录1………………………………………………………………………（208）
附录2………………………………………………………………………（210）
附录3………………………………………………………………………（212）
附录4………………………………………………………………………（214）
参考文献…………………………………………………………………（216）

第一篇 总 论

现代企业管理业已形成高度职能化的庞大体系，财务管理是这一体系的主要构成部分之一。财务经理以及高层管理者要想在企业管理中充分发挥作用，就需要掌握现代财务管理基本理论与方法，不仅要明晰企业财务管理的目标，掌握财务管理的内容，认识财务管理的组织类型及其构架，而且还要掌握进行财务决策和财务分析所需的基本技能。

本篇首先从总体上论述财务管理的基本框架，包括界定财务管理的概念，阐述企业组织类型，厘定财务管理的目标及其组织体系，然后对财务决策过程中普遍运用的理论与方法——货币时间价值、风险报酬及证券估价进行详细展示，最后展开企业财务分析方法的基础性介绍。所有这些内容是进一步学习财务管理理论与方法的基础。

第1章 导论

学习目标

* 了解企业的财务活动与财务关系;
* 区分不同的组织类型;
* 明确财务管理的目标;
* 了解企业价值创造的循环过程;
* 了解财务部和财务经理的职责。

1.1 财务管理概述

人类对于资金的管理活动由来已久。早在5000年前,古巴比伦就已出现财务管理活动。15~16世纪,地中海沿岸一带的商业蓬勃发展,财务管理思想开始萌芽。进入20世纪后,经济持续繁荣,科技进步,股份公司不断扩大生产经营规模,企业所需资金大量增加,财务关系也逐渐复杂,促进了财务管理理论的诞生和发展,并使之逐渐成为一门独立的学科。

企业的财务活动是以现金为主的资金收支的活动,在生产经营过程中,为生产产品,需要到市场上购买原材料、雇佣劳动力等,这些都属于资金的支出;而当企业将所生产的产品销售出去后,可以收回资金,从而形成资金的收入。不断发生资金的收入与支出的财务活动构成了财务管理的内容。此外,企业财务活动过程中还要与其他经济主体发生经济关系,企业的筹资活动、投资活动、经营活动、利润及其分配活动都使得企业与其利益相关群体发生经济关联,所有这些关联构成企业的财务关系。

企业财务管理是企业组织财务活动、处理财务关系的经营行为,是企业管理的重要组成部分。为此,要了解什么是财务管理,必须先分析企业的财务活动,明晰企业的财务关系。

1.1.1 企业财务活动

财务活动是以现金收支为主的企业资金收支活动的总称。企业的经营活动不断进行,也就会不断产生资金的支出和收回。要有计划地协调和控制好资金的收支,这是财务管理直接面临的问题。

企业财务活动一般包括以下四种类型。

(1) 筹资财务活动

企业要想在市场经济中从事经营活动，首先必须筹集一定数量的资金。企业通过发行股票、发行债券、吸收直接投资等方式筹集资金，表现为企业资金的收入。企业偿还借款、支付利息和股利以及付出各种筹资费用等，表现为企业资金的支出。这种因为资金筹集而产生的资金收支，便是由企业筹资引起的财务活动。

企业不仅要保证筹集的资金能够满足经营与投资的需要，使得企业运用融入的资金所产生的现金流量能够与偿还负债所需的现金流量相匹配，而且还要着力降低筹资成本，使筹资风险处于掌控之中，避免因无力偿还外债而陷入破产。因此，企业面临多种筹资时，需要解决用何种方式筹集资金，以及不同种类的资金分别占总资金多大比例等问题。也就是说，企业筹资关注的是实现融资成本和风险最小化，并使得资金的使用效率最大化。

(2) 投资财务活动

企业筹集资金的目的是把资金用于生产经营活动，以便盈利，不断增加企业价值。企业把筹集到的资金投资于企业内部用于购置固定资产、无形资产等，便形成企业的对内投资；企业把筹集到的资金用于购买其他公司的股票、债券或与其他企业联营进行投资，便形成企业的对外投资。而当企业变卖其对内投资的各种资产或收回其对外投资时，则会产生资金的收入。这种因企业投资而产生的资金收支，便是由投资引起的财务活动。

在进行投资活动时，企业的目标是将有限的资金投入受益最大的项目。那么，是进行内部投资、扩充资产，还是进行外部投资，以获得价值增值？是进行短期投资尽快回笼资金，还是着眼长期投资，期待获得较高的回报？这些都是进行决策时需要考虑的问题。同时，由于通常都是在未来才能够获得回报，因此，不仅要关注投资方案的资金流入与流出，还要分析为获得相应的报酬需要等待的时间。此外，很少有投资项目是没有风险的，因此，还需要找到一种方法来计量投资风险，从而判断对投资方案的取舍。

(3) 经营财务活动

企业在正常的经营过程中，会发生一系列的资金收支。首先，企业要采购材料或商品，以便从事生产和销售活动，同时还要支付工资和其他营业费用；其次，当企业把产品或商品售出后，可取得收入，收回资金；最后，如果企业现有资金不能满足企业经营的需要，还要采取短期借款方式来筹集所需资金。上述各方面都会产生企业资金的收支，这些就属于企业经营引起的财务活动。

在日常理财活动中，主要涉及的是流动资产与流动负债的管理问题，流动资产的周转与生产经营周期具有一致性，在一定时期内，资金周转越快，就可以利用相同数量的资金，生产出更多的产品，取得更多的收入，获得更多的利润；资金周转过慢且没有稳定的流动负债进行补充时，不但会影响产出，严重时还会导致资金链断裂，使企业陷入困境。因此，如何加速资金流转，提高资金利用效率，是这类财务活动中需要考虑的问题。

(4) 分配财务活动

企业在经营过程中会产生利润，也可能会因对外投资而分得利润，这表明企业有了资金的增值或取得了投资报酬。企业的利润要按规定的程序进行分配。首先，要依法纳税；其次，要用来弥补亏损，提取公积金、公益金；最后，要向投资者分配利润。这种因利润分配而产生的资金收支便属于由分配引起的财务活动。

在利润分配活动中，一方面投资人要获得相应的回报，另一方面，企业也要留存一部分资金用于未来发展。利润支付率的确定，即将多大比例的税后利润支付给投资人，也是需要进行考虑的问题。过高的利润支付率，会使得较多的资金流出，从而影响企业扩大再生产的能力，或者面对较好的投资项目而错失良机。而过低的利润支付率，有可能引起投资人的不满，对于上市公司而言，这种情况可能会导致股价下跌，从而使得公司价值下降。因此，需要根据具体情况确定最佳的分配政策。

上述相互联系又有一定区别的四种类型，构成了完整的企业财务活动，这四个方面的内容也正是财务管理的基本内容：企业筹资管理、企业投资管理、营运资金管理、利润及其分配管理。

1.1.2 企业财务关系

企业财务关系是指企业在组织活动过程中与多个利益相关群体发生的经济关系，企业的筹资活动、投资活动、经营活动、利润及其分配活动与企业外部相关利益群体有着广泛的联系。企业的财务关系可概括为以下几个方面。

(1) 企业与其所有者之间的财务关系

这主要是指企业所有者向企业投入资金，企业向其所有者支付投资报酬所形成的经济关系。企业的所有者要按照投资合同、协议、章程的约定履行出资义务，以便及时形成资本金。企业利用资本金进行经营，实现利润后，应按出资比例或合同、章程的规定，向其所有者分配利润。企业所有者主要有以下四类：国家、法人单位、个人和外商。企业与其所有者之间的财务关系反映着经营权和所有权的关系。

(2) 企业与其债权人之间的财务关系

这主要是指企业向债权人借入资金，并按借款合同的规定按时支付利息和归还本金所形成的经济关系。企业除利用资本金进行经营活动，还要借入一定数量的资金，以满足经营和投资需求，扩大企业经营规模。企业的债权人主要有债券持有人、贷款机构、商业信用提供者、其他出借资金给企业的单位或个人。企业与其债权人的关系体现的是债务与债权关系。

(3) 企业与其被投资单位的财务关系

这主要是指企业将其闲置资金以购买股票或直接投资的形式向其他企业投资所形成的经济关系。企业向其他单位投资，应按约定承担出资义务，参与被投资单位的利润分配。企业与被投资单位的关系是投资与受资关系。

(4) 企业与其债务人的财务关系

这主要是指企业以购买债券、提供借款或商业信用等形式出借资金给其他单位所形成的经济关系。企业将资金借出后，有权要求其债务人按约定的条件支付利息和归还本金。企业与其债务人的关系体现的是债权与债务关系。

(5) 企业内部各单位之间的财务关系

这主要是指企业内部各单位之间在生产经营各环节中相互提供产品或劳务所形成的经济关系。企业在实行内部经济核算制的条件下，供产销各部门以及各生产经营单位之间相互提供产品和劳务，并要进行计价结算。这种在企业内部形成的资金结算关系，体现了企业内部各单位之间的利益关系。

(6) 企业与职工的财务关系

这主要是指企业向职工支付劳动报酬的过程中所形成的经济关系。劳动报酬包括工资、津贴、奖金，以及代替职工缴纳的各种保险和公积金，通常按照职工提供的劳动数量和质量支付劳动报酬。这种企业与职工之间的财务关系，体现了职工和企业在劳动成果上的分配关系。

(7) 企业与税务机关的财务关系

这主要是指企业按税法的规定依法纳税而与国家税务机关所形成的经济关系。任何企业都要按照国家税法的规定缴纳各种税款，以保证国家财政收入的实现，满足社会各方面的需要。及时、足额纳税是企业对国家的贡献，也是对社会应尽的义务。因此，企业与税务机关的关系反映的是依法纳税和依法征税的权利义务关系。

1.1.3　企业财务管理的特点

企业生产经营活动的复杂性，决定了企业管理必须包括多方面的内容，如生产管理、技术管理、劳动人事管理、设备管理、销售管理、财务管理等。各项工作是互相联系、紧密配合的，同时又是科学分工的，具有各自的特点。财务管理的特点有如下三个方面。

(1) 财务管理是一项综合性管理工作

企业管理在实行分工、分权的过程中形成了一系列专业管理，有的侧重于使用价值的管理，有的侧重于劳动要素的管理，有的侧重于信息的管理。社会经济的发展，要求财务管理主要是运用价值形式对经营活动实施管理，通过价值形式，把企业的一切物质条件、经营过程和经营结果都合理地加以规划和控制，以达到企业效益不断提高、财富不断增加的目的。因此，财务管理既是企业管理的一个独立方面，又是一项综合性的管理工作。

(2) 财务管理与企业各方面具有广泛联系

在企业中，一切涉及资金的收支活动，都是财务管理的范畴，常常涉及公司经营的每个角落。每一个部门都会通过资金的使用与财务部门发生联系；每一个部门也都要在合理使用资金、节约资金支出等方面接受财务部门的指导，受财务制度的约束，以此来保证企业经济效益的提高。

(3) 财务管理能迅速反映企业生产经营状况

在企业经营中，决策是否得当、经营是否合理、技术是否先进、产销是否顺畅，都可迅速地在企业财务指标中得到反映。例如，如果企业生产的产品适销对路，质量优良可靠，则可带动生产发展，实现产销两旺，资金周转加快，盈利能力增强，这一切都可以通过各种财务指标迅速反映出来。这也说明，财务管理工作既有其独立性，又受整个企业管理工作的制约。财务部门应通过自己的工作，及时通报有关财务指标的变化情况，以便把各部门的工作都纳入提高经济效益的轨道，努力实现财务管理的目标。

综上所述，可以把财务管理的概念概括为：企业财务管理是企业管理的一个组成部分，它是根据财经法规制度，按照财务管理的原则，组织企业财务活动，处理财务关系的一项经济管理工作。

1.2 企业组织的类型

企业是组织许多个体进行经济活动的一种方式。不同的筹资和营运方式,会形成不同的企业组织类型。广为熟知的公司制组织,即按公司组织企业,是解决筹集大量资金、实行现代公司制运作的一种标准方法。不过,企业还有其他组织类型,本节将介绍企业组织类型中最重要的三种类型,即独资企业、合伙企业和公司制企业。

1.2.1 独资企业

独资企业(sole proprietorship,或称单一业主制企业)指一个人出资经营,归个人所有和控制的企业。业主自负盈亏,对企业的资产拥有所有权,独享利润。独资企业不缴纳企业所得税,相关收益由投资人缴纳个人所得税。独资企业是最简单的组织形态,大多数小型企业都是以独资形式设立,许多大型公司最初都是由独资企业发展起来的。

独资企业也存在缺点。首先,所有者对企业的债务承担无限责任。这意味着一旦发生倒闭,债权人能从业主的个人资产中索取偿付,也就是说,所有者是以个人的全部财产承担企业的风险。其次,由于全部资金都来自一个出资人,因其个人财富有限,借款时往往会因为信用不足而遭到拒绝。这就意味着企业会面临筹资困难,很容易因为资金不足而遇到发展的瓶颈。另外,诸如独资企业的寿命限于所有者的寿命、独资企业所有权转让困难,也是独资企业的劣势。

1.2.2 合伙企业

合伙企业(partnership)是由两个或两个以上合伙人共同出资、共同拥有和经营的企业。合伙制分为两类:一般合伙制和有限合伙制。

在一般合伙制企业中,所有的合伙人共享利润、共担损失,每个合伙人都对企业的债务承担无限连带责任。合伙人通常按照各自的出资比例分享利润或承担损失,具体的分配方案一般在合伙协议里予以规定,协议可以采取书面或口头的形式。

在有限合伙制企业中,除一般合伙人外,还有一个或几个有限合伙人。一般合伙人按无限责任经营合伙制企业,有限合伙人不参与经营,也按照各自出资的比例分项利润和承担亏损,但所承担的债务仅限于其投入的资本。另外,允许有限合伙人通过转让其权益而撤资,这就避免了合伙人退伙或亡故而导致企业解散的麻烦。

合伙企业具有开办容易、费用较低等优点,但也存在责任无限、企业寿命有限、所有权转让困难等缺点。虽然合伙企业筹措资金的能力一般优于独资企业,但仍然要受到一定程度的限制,因此,资金不足也是这类企业未来发展壮大的屏障。

综上所述,独资企业和合伙企业的主要缺点是:①所有者必须对企业的债务承担无限责任;②企业的寿命受到限制;③所有权的转让困难。这三个缺点集合成为一个核心问题:这类企业的成长能力可能会受到无法为投资筹集到资金的严重限制。

1.2.3 公司制企业

公司制企业(corporation)是一个独立的法人实体,拥有自然人所具有的权利和义务,可以以企业的名义筹集资金，拥有财产，签订合同，可以起诉他人或者被起诉，也可以对外投资，成为合伙企业的合伙人或其他公司的股东。所有者（股东）以其出资额为限对公司的债务承担有限责任，公司则以其全部资产对其债务承担责任。成立一家公司制企业难度较大，不仅要制定公司章程、构建组织结构，处理更多的财务关系，还需要制定详尽、具体的规章制度，以规范公司运作。

公司制企业可以分为股份有限公司和有限责任公司。

股份有限公司将公司股份划分成相等的份额，股东拥有的股权份额占总股数的比重代表了股东拥有公司所有权的比重。股份有限公司可以向社会公众公开募集资金，股东也可以自由转让出资。股份有限公司可以成为上市公司，使其股份可以公开在股票市场上交易。对股东的人数只有最低要求，没有上限。

有限责任公司的股份不需要划分为相等的份额，股东拥有的出资证明书代表了其对公司的所有权。有限责任公司的成立条件较股份有限公司宽松一些，但只能由发起人集资，不能向社会公开募集资金，股东转让出资时，需要经过股东讨论通过。股东的人数受到限制，《中华人民共和国公司法》（以下简称《公司法》）规定有限责任公司的股东人数不得超过50人。

公司制企业的一个显著特点是所有权与经营权分离。股东选举出董事会成员，再由董事会成员任命高层管理者。股东决定着公司的发展方向、政策和战略行为，高层管理者负责掌管公司的日常事务，为最大化股东的利益服务。在大公司里，股东和高层管理者通常是两个独立的群体；而在小公司里，可能会存在兼任的情况，即股东同时也是高层管理者。

由于所有权和管理分离，公司制企业具有显著的优势。

首先，所有权转让相对容易。由于公司的存在与何人持有股份无关，其生命周期不依赖与投资者的情况，即投资者撤资或者亡故都不会影响公司的存续，无论投资者的股份被转售还是被下一代继承，管理层依然可以保证公司的正常运作。

其次，公司作为法人，以自己的名义举债，因此股东仅以投入的资金为限对公司的债务负有限责任。也就是说，债务人对股东的私人财产没有要求权，一旦公司倒闭，债权人也只能得到公司财产，资产不足以偿付的部分，也无权要求股东以个人财产偿付，而股东损失的最高额度就是他们的投资额。

所有权易于转让、永续经营和有限责任，是公司制企业的主要优点，它提高了企业的筹资能力。尤其是股份有限公司，其公司的人数没有上限，极大地扩展了公司的资金来源，有利于公司把握投资机会更好地发展。公司的实力增强又可以反过来提升信用水平，大大拓宽融资渠道。

然而，公司制企业也存在缺点，公司作为一个独立的法人，必须像自然人一样为其经营所得缴纳公司所得税，纳税后剩下的利润再由股东进行分配。股东收到现金股利，还需要再次缴纳个人所得税，即双重课税，它意味着股份公司的利润要被征两次税：当赚取利润时在公司层面上征一次，当利润派发时在个人层面上再征一次。

目前，公司制企业已经成为最重要的企业组织形式，很多合伙企业选择转换组织形式，例如，在华尔街最后保持合伙制的企业之一——高盛公司（Goldman & Sachs）也变成了一家公众持有的股份公司，结束了近130年的合伙制历史。许多大型会计师事务所和律师事务所也进行了类似的转变。本书所讲的财务管理，主要是指股份公司的财务管理。当然，各种类型和规模的企业都需要财务管理，本书讨论的大部分内容适用于所有形态的企业。

世界各地的股份公司形态不同，具体的法律法规也因国而异，但是，公众所有制和有限责任这些重要的本质特征保持不变。这些企业一般也被称为联合股份公司、公众有限公司或有限责任公司，公司具体名称取决于企业的特定性质和其所在的国家。

1.3 财务管理的目标

著名管理学家 H. A. 西蒙(Herbert A. Simon)曾经指出："如果说管理就是设法让一群人'完成任务'，那么，在究竟要完成什么任务的问题上，目标是一个主要的准则。"财务管理的目标是企业财务管理活动的出发点和归宿，是判断一项财务决策是否有效的依据，在研究公司财务管理决策活动之前，首先需要明晰财务管理的目标。

可选择的财务管理目标似乎很多，比如组织生存、击败竞争者、销售或市场份额最大化、成本最小化、产值最大化等，尽管这些只是可以罗列的部分目标，以其中的任何一个作为目标，都会带来问题。例如，增加市场份额或单位销售量很容易，所要做的只是降低价格或放宽信用条件。同样，总能通过舍弃一些诸如研究与开发之类的工作来降低成本。不考虑成本和净收益，一味增加产量也很容易实现。而只要不借钱或不冒风险，就能够避免因资不抵债导致的破产。由此可知，把这些作为企业财务管理的目标是一种错误的认识。

目前关于企业财务管理的目标，主要有利润最大化和股东财富最大化两种观点。

1.3.1 利润最大化

利润最大化强调企业的利润在一定的时间内达到最大。相对于产值最大化，将利润最大化作为企业财务管理的目标有其合理性和科学性。因为企业是盈利性经济组织，利润是企业生存和发展的必要条件，追求利润是企业和社会经济发展的重要动力。同时利润代表了企业新创造的财富与价值，利润越大，企业新创造的财富就越多。因此，利润最大化就被顺理成章地设定为企业的财务管理目标。

从历史的角度看，利润最大化作为企业财务管理目标，是从19世纪发展起来的。当初企业资本结构特征是自筹资金、私人财产和单个业主。单个业主增加个人财富的目标可以简单地通过利润最大化得到满足。如今，现代企业是以有限责任和两权分离为特征的，是业主和债权人投资、由职业经理人负责控制和指挥的。此外还有许多与企业有利害关系的主体，如客户、雇员、政府及社会。在企业治理结构发生变化后，企业利润最大化观点的缺陷开始显现。

首先，利润最大化没有充分考虑取得利润的时间。例如，有A、B两个投资项目，A项目的利润是100万元，B项目的利润是110万元，如果以利润最大化为目标，则B项目显然是首选。但如果A项目的利润在投资当年即可获得，B项目的利润要两年之后才能够实现，那么，选择 B 项目是不是最优决策就是一个值得思考的问题。显然，对于同一笔资金，流入企业的时间越早，其价值越大，也就是说货币是有时间价值的。利润最大化忽略了货币的时间价值，没有明确今天收获 100 万元和两年以后收获 110 万元的优劣，因此，财务决策时不能仅将利润最大化作为标准。

第二，利润最大化忽略了未来获取利润时所承担的风险。投资项目一般都具有一定的风险，如果某企业的投资项目风险较大，其未来每年预期利润的风险也就较大。在这种情况下，只比较利润而不计风险，可能会导致企业不顾风险追求最高的利润。仍以 A、B 两个投资项目为例，假设 B 项目的利润也是在投资当年就可获得，A 项目的 100 万元利润全部为现金收入，而 B 项目的 110 万元利润全部是应收账款。在利润最大化目标下，B 项目无疑还是最优选择，但应收账款显然存在不能收回的风险，如果赊欠方的信用恰好较差，该决策的准确性就值得质疑。在现实中，不同项目蕴含的风险会有差别，高风险的项目往往被要求有较高的收益作为补偿。因此，如果只考虑利润最大化而忽略风险因素，将导致错误的决策。

第三，利润最大化忽视了投入权益资本的机会成本。不同于基于机会成本的经济学对利润的衡量，会计利润在结算时仅仅考虑了债权人投入资金的成本，即利润是已经扣除了借款利息后的结果。但是企业资金的另外一个来源——股东（所有者）提供的那部分资金的成本在计算中被忽略了。换句话说，利润最大化忽视了股东的利益。

第四，片面追求利润最大化会使企业财务决策带有短期行为的倾向，不利于企业的长远发展。企业可以通过推迟必要的维修等方法增加企业的短期会计利润，但这却会使企业的长远利益受到损害，影响企业长期利润的实现。

第五，利润不能准确反映真实实现的企业价值，有可能被人为操控。利润是企业经营成果的会计度量，而对于同一经济问题的会计处理方法具有多样性和灵活性，这使得利润有时候不能反映企业的真实情况。例如，有些企业通过出售资产增加现金收入，表面上增加了利润，但是企业的财富并没有增加；此外，其他会计政策选择的差异也可能影响企业的利润。

由此可见，将利润最大化作为公司的财务管理目标，只是对经济效益的浅层次认识，存在片面性，因此，现代财务管理理论认为，利润最大化并不是财务管理的最优目标。

1.3.2 股东财富最大化

股东财富最大化是指通过财务上的合理经营，为股东创造最多的财富。股东财富表现为其拥有和控制的资源在未来获得的净现金流量。对于上市公司而言，股东财富可以表现为股票价值，股票价值一方面取决于企业未来获取现金流量的能力，另一方面也取决于现金流入的时间和风险。从定量的角度看，股票价值由股东所持有的股票数量和股票市场价格两方面来决定。在股票数量一定时，当股票价格达到最高时，股东财富也达到最大。因此人们通常用股票价格代表公司股东财富或企业价值的大小。所以，股东财富最大化又转化为股票价格最大化。

与利润最大化目标相比，股东财富最大化目标具有以下优点：

第一，股东财富最大化考虑了现金流量的时间价值因素。因为，股票价格受企业每股预期收益大小以及收益获取时间的影响。

第二，股东财富最大化考虑了风险因素。因为风险的高低会对股票价格产生重要影响，所以，企业在做财务决策时也会进行风险和收益的权衡。

第三，股东财富最大化反映了资本与报酬之间的关系。因为股票价格是对每股股份的标价，反映的是单位投入资本的市场价格。

第四，股东财富最大化在一定程度上能够克服企业在追求利润上的短期行为。因为股票价格取决于企业未来获取现金流量的能力。

虽然股东财富最大化作为财务管理目标的观点被普遍认可，但是，随着债权人、员工、供应商、政府等利益相关群体在企业运营中的作用越来越重要，以及一些损害利益相关者事件的发生，股东至上的观点受到越来越多的质疑，于是，提出了利益相关者利益最大化的观点。此观点认为，企业不能单纯以实现股东利益为目标，而应把股东利益置于与其他利益相关者的利益相同的位置上，即要实现包括股东在内的所有利益相关者的利益。

但是，股东财富最大化观点则认为，追求股东财富最大化实际上并不损害其他利益相关者的利益，恰恰相反，它是以保证其他利益相关者的利益为前提的。因为，根据相关法律规定，在各类签约有效执行的前提下，股东所持有的财务要求权是"剩余要求权"，是在其他利益相关者的利益得到满足之后的剩余权益，企业只有向供应商支付了货款、向员工支付了工资、向债权人支付了利息、向政府支付了税金之后，才能够向股东支付回报。因此，只要股东获得回报，其他利益相关者的利益就已经得到保障。因此，实现股东财富最大化的过程中不存在与利益相关者的利益冲突。由此，经营者就能专注一个目标——股东财富最大化，从而实现公司价值最大化。

股东价值最大化目标对于上市公司来说比较容易衡量，对于非上市公司而言，从财务管理理论视角看，这些公司的价值等于公司在未来创造的现金流量的现值；而从经济学理论视角看，非上市公司的价值就是公司在市场上可以售出的价格。当然，非上市公司股价也可以通过资产评估来确定。

1.4 企业价值的实现

财务管理的目标是实现企业价值，因此，企业财务管理活动始终要围绕提升企业价值的目标展开。财务决策最初由财务部门产生，最终的财务结果也将在该部门归集、分析和处理。

1.4.1 企业价值的存在

企业的价值反映在资产负债表中。资产负债表则反映了企业的资产、负债以及所有者权益等财务状况，从资产负债表可以获得股东投入资本账面价值的信息。股东将资金投入企业，资金通过4种基本财务活动在企业内部和外部进行流转、交换，最终获得价值增值。图1-1是企业资产负债表的简化结构图。

资产负债表的左侧列出企业的资产，分为流动资产和非流动资产。流动资产是指企业可以在一年内或者超过一年的一个营业周期内变现或者运营的资产，如现金、存货。非流

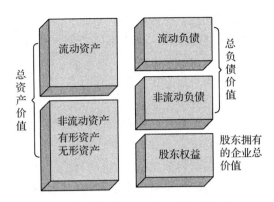

图 1-1　企业资产负债表简化结构图

动资产是指存续时间较长的资产、价值较高的资产，如土地、厂房。有些非流动资产是有形资产，机器设备、办公楼就属于这类资产。而其他非流动资产没有实物的形态，称作无形资产，如专利、商标等。企业通过融资获得的资金，列在资产负债表的右侧，企业可以通过举债或者发行股票来融资。

与资产的分类相对应，负债分为流动负债和非流动负债，流动负债是在一年内需要偿还的短期负债。非流动负债是偿还期超过一年的长期负债。

股东权益是企业总价值扣除了负债价值之后的资产剩余价值，即企业投资者拥有的对企业资产的剩余索取权。由于基于契约的负债价值一般是确定的，所以，财务管理可以理解为利用有限资金，使资产的剩余价值不断增值的管理过程。

1.4.2　企业价值的创造

企业的生产经营过程伴随着资金的不断流动，并从中创造价值。图 1-2 说明了企业价值创造的过程。

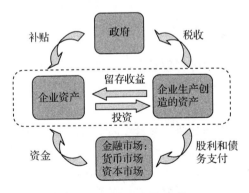

图 1-2　企业资金循环周转图

首先，企业与政府和金融市场间存在资金流转，企业利用从金融市场上募得的资金和获得政府补贴。然后，企业把募集的资金通过投资和生产运营创造了更多的资金。最后，企业创造的这些资金一部分以税收的形式缴纳给政府，一部分以偿还债务利息和支付股利的形式流向了债权人和股东，还有一部分作为留存收益用于企业再投资。资金从筹集到运用于生产经营，再收回的循环周期内，企业的资产增加了，就说明企业获得了价值增值。

当然，上述企业价值创造过程只是一种抽象的理解，事实上，真正的过程要复杂得多。

从资产负债表的基本框架结构可以看出，为实现财务目标，财务管理还需要关注以下问题。

①企业应该投资何种资产，是长期还是短期？这个问题决定了资产负债表左侧的资产结构。当然，资产的种类和结构取决于企业的业务性质。本质上，财务管理的投资活动就是在不同投资项目中进行选择，以获得最优资产组合的过程。

②企业怎样筹集资金？这个问题的答案决定了资产负债表右侧的构成，也就是资本结构。由于各种筹资方式的成本、偿还期、资金的使用限制、风险等因素不同，财务管理的筹资活动就是在短期、长期负债以及股权融资之间进行选择，以形成最优资本结构的过程。

③企业如何管理短期经营性现金流？企业在生产经营过程中通常会发生现金流入与现金流出之间不匹配的情况，也就是说企业不能准确预知经营性现金流在某一时点到底有多少，因此，在管理短期经营性现金流时，就需要对短期债务进行规划。同时，还需要加快资金流转速度，从而降低经营风险，提高资金的使用效率。

综上所述，为实现财务管理的目标，首先，需要确定投资最优组合，以便在控制风险的前提下，尽可能地获得最高投资回报，以确保企业价值的提升。其次，确定适宜的资本结构，以便以较低的资金成本、较低的风险获得资金，使得企业的保值增值能够获得有利的财务支撑。同时，也要确定与企业发展需求相匹配的、稳健的经营性现金流，以保障企业的生产经营活动正常进行，减少经营风险，为企业价值创造提供业绩支持。

当然，资产负债表两端结构安排是相互联系的，投资、筹资以及经营性现金流需要统筹兼顾。同时，财务管理目标的实现还需要兼顾多方利益主体的需求，将企业创造的价值在多方利益主体间合理分配，以利于财务管理目标的实现。

1.4.3 价值创造的组织保障

组织是管理活动的载体，财务管理是企业管理工作中的一个重要组成部分，担负着十分重要的任务，有很强的专业性，因此，企业必须有专门的组织机构和专门的业务人员。

(1) 公司的组织结构

在大型公司中，财务管理活动通常与公司高层管理者有直接的关系。图1-3描绘了制造业公司内部的组织结构，并突出了财务活动。

图1-3中的最高权力机构是董事会，总裁负责管理企业的主营业务，其下设若干副总裁，分别负责不同部门，其中，负责财务部门的副总裁是财务总监(chief financial officer, CFO)，其直接下级是财务经理和会计经理。通常，会计经理(controller)负责主管公司会计和税务部门，财务经理(treasurer)负责筹资、投资、分配和运营资金管理。

(2) 财务经理的职责

财务经理的工作是围绕企业财务管理的目标，通过投资、融资、分配和营运资金管理为公司创造价值，其具体任务包括以下内容。

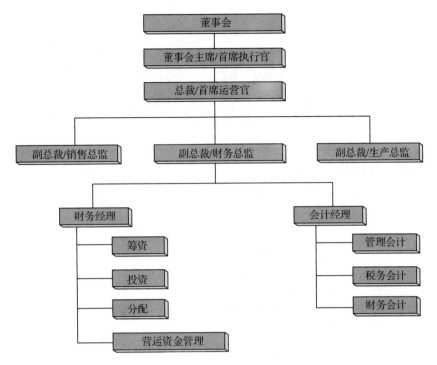

图 1-3　制造行业公司内部组织结构

①制订财务计划　财务经理需要通过分析公司所处的环境、预测公司未来前景来制订相应的财务计划。公司的财务行为将直接或间接影响到公司未来的发展和定位，制订计划可以使得财务工作有条不紊地展开，也便于应对突发情况对目标实现带来的影响。

②选择投资和筹资决策　公司必须通过投资创造超过成本的现金，由此获得价值创造。由此，财务经理一方面要解决投资于何种资产，以及用于投资的资金从哪里筹集，同时，还要确定公司的最优销售增长率，因为不断增长的销售是企业经营和发展的基础。

③协调工作　财务计划的实现一般都要涉及公司其他部门的有效配合，因此，财务经理不仅要主管财务部门的全部工作，还要负责与公司的其他部门沟通和协调，以确保财务计划的顺利实施。实际上其他部门活动的最终结果都是指向一个共同的目标，即落实公司的财务计划。而财务经理在目标实现中的作用举足轻重。

此外，财务经理还需要处理公司在金融市场上的事务。企业在货币市场和资本市场上的借款、发行股票和债券、证券交易等行为，都要受到金融市场的影响，同时也会对其产生反作用。因此，财务经理一方面要确保企业行为符合金融市场规范，避免因违规遭受损失；另一方面也要善于利用金融市场为企业创造价值。

思考题

1. 企业财务活动的四个方面都分别涉及哪些财务关系？
2. 为什么说公司制企业在融资时更有优势？
3. 如何定量表达"股东财富最大化"这个财务管理目标？
4. 财务经理的工作职责有哪些？请调查一家公司的财务经理，了解实际工作中财务经理的工作内容。

▲ 案例

假设你学习过财务管理，毕业后在一家咨询公司上班。王林是你的一个客户，他正打算成立一家网上购物公司，由于近几年这一行业前景被市场看好，因此，已有多位投资者表示愿意对王林的新公司出资。鉴于采用发行股票的方式设立公司的手续复杂，王林打算采用有限责任制公司的组织形式。王林想通过你了解有关公司财务管理方面的问题。请回答下面问题来帮助王林了解相关知识。

问题：

1. 公司财务管理的目标是什么？在实施这一目标过程中，可能会遇到哪些问题？应如何解决？
2. 企业需要具体实施哪些财务活动？财务人员在进行这些活动时需要注意的问题有哪些？
3. 公司可以通过金融市场实现哪种理财目的？

▲ 阅读指引

1. 财务管理. 王化成. 中国人民大学出版社，2013.
2. 公司理财精要版. 10 版. 斯蒂芬·A·罗斯，伦道夫·W·威斯特菲尔德，布拉德福德·D·乔丹. 谭跃，周卉，丰丹，译. 机械工业出版社，2014.
3. 财务管理. 刘雅娟. 清华大学出版社，2008.
4. 财务管理. 刘志远. 南开大学出版社，1999.

第 2 章 财务估价

学习目标

* 理解货币时间价值的基本概念；
* 掌握货币时间价值的计算方法；
* 理解风险报酬的概念；
* 掌握风险报酬的计算方法；
* 掌握资本资产定价模型；
* 掌握证券估价的主要方法。

2.1 财务估价概述

财务估价是对一项资产价值的估计。这里的"资产"既可以是股票、债券等金融资产，也可以是用于生产的机器设备等实物资产，甚至可以是一个企业。这里的"价值"指资产的内在价值，或称为经济价值，是用适当的折现率[①]计算的资产预期未来现金流量的现值。它同资产的账面价值、清算价值、市场价值既有联系也有区别。

账面价值是指资产负债表上列出的资产价值，这些会计数据是以交易为基础的历史成本。财务报表上列出的资产，既不包括没有交易基础的商誉等资产价值，也不包括未实现的资产预期收益。因此，资产账面价值经常与其内在价值相去甚远，进行财务决策时可参考价值较低。如果会计不断扩大现行价值的计量范围，并把表外资产和负债纳入报表，会使账面价值接近内在价值。不过，目前还未看出这种迹象。

市场价值是指一项资产当前在市场上交易的价格。内在价值和市场价值有密切的关系。有效市场[②]下内在价值等于市场价值，否则，二者会有差异。如果内在价值高于市场价值则认为资产被市场低估了，投资者购进被低估的资产，会使资产价格上升，回归到资产的内在价值。市场越有效，市场价值向内在价值的回归越迅速。

清算价值是指企业清算时一项资产单独拍卖的价格。一项资产的清算价值与内在价值的区别主要在于内在价值是在正常交易的状态下预期的现金流入，而清算价值是在"迫售"状态下预计的现金流入，由于不一定会找到最想要的买主，它通常会低于正常交易的价

[①] 折现率也称为贴现率，折现译自英文 discount 一词，本文一般采用折现的翻译。
[②] 有效市场指所有资产在任何时候的价格都反映了公开可得的信息。

格。两者的相同之处在于都以未来的现金流入为基础。

财务估价的基本方法是折现现金流量法。该方法涉及三个基本的财务概念：时间价值、现金流量和风险价值。这三个问题原本统一于折现现金流量模型，客观上是不能分割的。把它们分开讨论只是便于说明和理解。现金流量的概念在第 4 章详尽阐述，本章重点讨论货币的时间价值和风险价值。

2.2 时间价值

时间价值是客观存在的经济范畴，其表达了不同时点货币的价值差异，是财务决策的基本依据。

时间价值在西方国家通常称为货币的时间价值，其概念不完全统一，传统说法是：即使在没有风险和通货膨胀的情况下，今天 1 元钱的价值也大于 1 年后 1 元钱的价值，这就是货币的时间价值。现在，西方关于时间价值的概念大致如下：投资者进行投资就必须推迟消费，对投资者推迟消费的耐心给予报酬，这种报酬的量应与推迟消费的时间成正比，因此，单位时间的这种报酬对投资的百分比称为时间价值。

正确理解时间价值需要把握以下三个方面：时间价值的真正来源是人们创造的剩余价值；时间价值是在生产经营中产生的；时间价值按复利方法来计算。基于此，将时间价值表述为：时间价值是扣除风险和通货膨胀贴水后的真实报酬[①]。时间价值有两种表达形式，一种是相对值，即指扣除风险报酬和通货膨胀贴水后的平均资金利润率或平均报酬率；另外一种是绝对值，即时间价值额，是指资金在生产经营过程中带来的真实增值额，即一定数额的资金与时间价值率的乘积。

银行的存款利率、贷款利率、各种债券利率、股票股利率都可以看作是投资报酬率，它们与时间价值是有区别的。只有在没有风险和通货膨胀的情况下，时间价值才与上述的报酬率相等。为简化研究，研究货币时间价值时，都假定没有风险和通货膨胀，以利率代表时间价值。本书也以此假设为基础。

货币时间价值的观念与计算，在财务管理学中具有极其重要的意义，无论是计算各种证券的理论价值，还是进行投资项目评价，以及筹资成本的计算等，都是以货币时间价值的计算为基础。

2.2.1 复利[②]终值和现值的计算

按照资金再投资这一假设，资金的时间价值一般都是按复利的方式计算的。

计算资金的时间价值量时，一般是用终值（future value，FV）和现值（present value，PV）两个概念来表示不同时期的资金价值。终值指的是终点的价值，即未来某一时点的价值；现值指的是起点的价值，即现在的价值。换言之，对于一个时间段而言，如果计算的

---

① 引自《财务管理》，王化成，中国人民大学出版社，2013.
② 复利是计算利息的一种方法，按照这种方法，每期利息收入在下期转化为本金，产生新的利息收入，俗称利滚利。

是一笔资金起点的价值,则属于计算现值的问题;如果计算的是一笔资金终点的价值,则属于计算终值问题。

(1) 复利终值(FV)的计算

复利终值的计算过程见表2-1。

表2-1 终值 FV 的计算过程

期数	期初本金	本期利息	期末本利和
1	PV	$PV \times i$	$PV \times (1+i)$
2	$PV \times (1+i)$	$PV \times (1+i) \times i$	$PV \times (1+i)^2$
3	$PV \times (1+i)^2$	$PV \times (1+i)^2 \times i$	$PV \times (1+i)^3$
…	…	…	…
n	$PV \times (1+i)^{n-1}$	$PV \times (1+i)^{n-1} \times i$	$PV \times (1+i)^n$

复利终值的计算公式可以归纳为:

$$FV = PV \times (1+i)^n \tag{2-1}$$

式中 FV——终值,即第 n 年年末的价值;

PV——现值,即0年(第1年年初)的价值;

i——利率;

n——计息期数。

【例2-1】存入银行100元,利息率为5%,求10年后终值。

解:

$$FV = 100 \times (1+5\%)^{10} = 162.89(元)$$

计算资金的时间价值运用的两个基本变量,一是利率(interest rate),二是计息期数(number of time periods)。从公式可以看出,利率越高,投资期限越长,复利终值越大。

式(2-1)中 $(1+i)^n$,称为复利终值系数(future value interest factor),可缩为 $FVIF_{i,n}$,复利终值的计算公式也可为:

$$FV = PV \times FVIF_{i,n} \tag{2-2}$$

为了方便,可以编制复利终值系数表,详见附录1。表2-2是其简表,从表中可以查到 i 和 n 的各种组合。

表2-2 1元复利终值系数($FVIF_{i,n}$)简表

期数 (n)	利率(i)				
	1%	3%	5%	8%	10%
1	1.0100	1.0300	1.0500	1.0800	1.1000
2	1.0201	1.0609	1.1025	1.1664	1.2100
3	1.0303	1.0927	1.1576	1.2597	1.3310
4	1.0406	1.1255	1.2155	1.3605	1.4641
5	1.0510	1.1593	1.2763	1.4693	1.6105
6	1.0615	1.1941	1.3401	1.5809	1.7716

(续)

期数	利率(i)				
(n)	1%	3%	5%	8%	10%
7	1.0721	1.2299	1.4071	1.7138	1.9487
8	1.0829	1.2668	1.4775	1.8509	2.1436
9	1.0937	1.3048	1.5513	1.9990	2.3579
10	1.1046	1.3439	1.6289	2.1589	2.5937
15	1.1610	1.5580	2.0789	3.1722	4.1772
20	1.2202	1.8061	2.6533	4.6610	6.7275
25	1.2824	2.0938	3.3864	6.8485	10.835
30	1.3478	2.4273	4.3219	10.063	17.449

例 2-1 的数据查询利息率为 5%，期数为 10 时，1 元的复利终值系数（$FVIF_{5\%,10}$）为 1.6289，计算如下：

$$FV = PV \times FVIF_{5\%,10} = 100 \times 1.6289 = 162.89(元)$$

(2) 复利现值（PV）的计算

现值的计算公式可由终值的计算公式（2-1）变换导出：

$$PV = FV \times \frac{1}{(1+i)^n} \tag{2-3}$$

式（2-3）中的 $\frac{1}{(1+i)^n}$ 称为复利现值系数或折现系数（present value interest factor），可缩写为 $PVIF_{i,n}$，则复利现值的计算公式也可为：

$$PV = FV \times PVIF_{i,n} \tag{2-4}$$

从式（2-3）可以看出，复利的现值与利率及时间成负相关。与复利的终值系数一样，复利的现值系数也可以查表获得，详见附表 2。

【例 2-2】 计划在 10 年后得到 100 元钱，假若利息率为 5%，求现在应存入的金额（现值）。

解：

$$PV = 100 \times PVIF_{i,n} = 100 \times 0.6139① = 61.39(元)$$

2.2.2 年金的计算

在企业管理实践和现实生活中，除了要解决单笔现金收支外，还经常遇到在一段时间内发生多笔现金收支的现象，比如每个月都需要支付房租，在一年之内就出现了 12 笔现金支付。这就是财务管理所讨论的年金问题。

年金（annuity）是一系列金额相等、间隔期相等的收付款项。利息、租金、保险费等支出常常表现为年金的形式。按照付款方式的差异，年金可以分为普通年金（后付年金）、预付年金（先付年金）、延期年金和永续年金等。

---

① 从附录 2 中查得（后文附录 2 查得的数据不再标注）。

(1) 普通年金

普通年金(ordinary annuity)是一定时期内每期期末等额收付的系列款项。在现实经济生活中这种年金较为常见,故称为普通年金。

①普通年金终值(FVA) 一定时期内,每期期末等额收付的系列款项的复利终值之和。假设每期期末等额款项为1元,存款利率为10%,普通年金的终值计算可用图2-1说明。

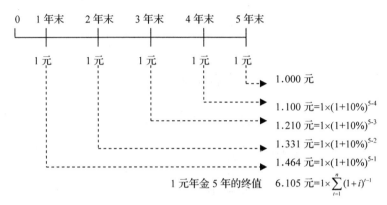

图 2-1 普通年金终值计算示意

由图2-1可知,普通年金终值的计算公式为:

$$FVA = A(1+i)^0 + A(1+i)^1 + A(1+i)^2 + \cdots + A(1+i)^{n-2} + A(1+i)^{n-1}$$
$$= A[(1+i)^0 + (1+i)^1 + (1+i)^2 + \cdots + (1+i)^{n-2} + (1+i)^{n-1}]$$

$$FVA = A\sum_{t=1}^{n}(1+i)^{t-1} \tag{2-5}$$

式中 FVA——年金终值;

A——每期期末收付款项的金额;

i——利率;

t——每笔收付款项的计息期数;

n——全部年金的计息期数。

式(2-5)中,$\sum_{t=1}^{n}(1+i)^{t-1}$ 称为年金终值系数(future value interest factors for annuity),可缩写为 $FVIFA_{i,n}$,其数值可通过查表获得(见附录3)。年金终值的计算公式也可写为:

$$FVA = A \times FVIFA_{i,n} \tag{2-6}$$

【例2-3】每年年末存入银行100元,利息率为5%,求第10年年末年金终值。

解:

$$FVA = 100 \times FVIFA_{5\%,10} = 100 \times 12.578^{①} = 12\,578(元)$$

②普通年金现值(PVA) 一定时期内,每期期末等额收付的系列款项复利现值之和。假设每期期末等额款项为1元,存款利率为10%,普通年金的现值计算可用图2-2说明。

---

① 从附录3中查得(后文附录3查得的数据不再标注)。

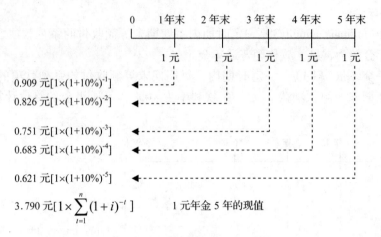

图 2-2　普通年金现值计算示意

由图 2-2 可知，年金现值的计算公式为：

$$PVA = \frac{A}{(1+i)^1} + \frac{A}{(1+i)^2} + \cdots + \frac{A}{(1+i)^{n-1}} + \frac{A}{(1+i)^n}$$

$$= A\left[\frac{1}{(1+i)^1} + \frac{1}{(1+i)^2} + \cdots + \frac{1}{(1+i)^{n-1}} + \frac{1}{(1+i)^n}\right]$$

$$PVA = A\sum_{t=1}^{n}\frac{1}{(1+i)^t} \tag{2-7}$$

式(2-7)中，$\sum_{t=1}^{n}\frac{1}{(1+i)^t}$ 称为年金现值系数(present value interest factors for annuity)，可缩写为 $PVIFA_{i,n}$，其数值可以查阅年金现值系数表(见附录 4)。故年金现值的计算公式又可写为：

$$PVA = A \times PVIFA_{i,n} \tag{2-8}$$

【例 2-4】现在存入一笔钱，准备在 10 年内，每年年末得到 100 元，利息率为 5%，求年金现值。

解：

$$PVA = 4 \times PVIFA_{5\%,10} = 100 \times 7.7217^{①} = 772.17(元)$$

(2) 预付年金

预付年金(annuity due)指一定时期内每期期初等额的系列收付款项。预付年金与普通年金的差别，仅在于收付款的时间不同。由于年金终值系数表和年金现值系数表是按普通年金编制的，在利用普通年金系数表计算预付年金的终值和现值时，可在计算普通年金的基础上进行适当调整。

① 预付年金终值　n 期预付年金与 n 期普通年金相比，两者付款期数相同，但 n 期预付年金终值比 n 期普通年金终值要多一个计息期。为求得 n 期预付年金终值，可在求出 n 期普通年金终值后，再乘以 $(1+i)$。计算公式如下：

---

① 从附录 4 中查得(后文附录 4 查得的数据不再标注)。

$$FVAD = A \times FVIFA_{i,n} \times (1+i) \tag{2-9}$$

式(2-9)可以用图 2-3 说明。

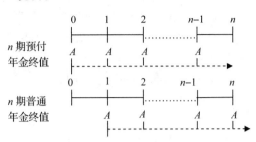

图 2-3 预付年金终值与普通年金终值计算比较

此外，根据 n 期预付年金终值和 $n+1$ 期普通年金终值的关系，还可推导出计算 n 期预付年金终值的另一公式。n 期预付年金与 $n+1$ 期普通年金比较，两者计息期数相同，但 n 期预付年金比 $n+1$ 期普通年金少付一次款。因此，只要将 $n+1$ 期普通年金的终值减去一期付款额，便可求得 n 期预付年金终值。计算公式如下：

$$FVAD = A \times FVIFA_{i,n+1} - A \tag{2-10}$$

【例 2-5】 在例 2-3 的基础上略作改动，即：每年年初存入银行 100 元，利息率为 5%，求第 10 年年末年金终值。

解：

$FVAD = 100 \times FVIFA_{5\%,10} \times (1+5\%) = 100 \times 12.578 \times (1+5\%) = 1320.69(元)$

$FVAD = 100 \times FVIFA_{5\%,10+1} - A = 100 \times 14.207 - 100 = 1320.70(元)$

② 预付年金现值 n 期预付年金现值与 n 期普通年金现值相比，两者付款期数相同，但预付年金现值比普通年金现值少折现一期。为求得 n 期预付年金现值，可在求出 n 期普通年金现值后，再乘以 $(1+i)$。计算公式如下：

$$PVAD = A \times PVIFA_{i,n} \times (1+i) \tag{2-11}$$

此外，根据 n 期预付年金现值和 $n-1$ 期普通年金现值的关系，也可推导出计算 n 期预付年金现值的另一公式。n 期预付年金和 $n-1$ 期普通年期金比较，两者折现期数相同，但 n 期预付年金比 $n-1$ 期普通年金多一期不需折现的付款。因此，先计算出 $n-1$ 期普通年金的现值再加上一期不需折现的付款，便可求得 n 期预付年金现值。计算公式如下：

$$PVAD = A \times PVIFA_{i,n-1} + A \tag{2-12}$$

【例 2-6】 在例 2-4 基础上略作改动，即：现在存入一笔钱，准备在 10 年内，每年年初得到 100 元，利息率为 5%，求年金现值。

解：

$PVAD = 100 \times PVIFA_{5\%,10} \times (1+5\%) = 100 \times 7.7217 \times 1.05 = 810.78(元)$

或 $PVAD = 100 \times PVIFA_{5\%,9} + 100 = 100 \times 7.1078 + 100 = 810.78(元)$

n 期预付年金现值与 n 期普通年金现值的关系为：①付款期数相同，均为 n 次；②付款时间不同，普通年金比预付年金多折现一期。

(3) 延期年金

延期年金(delayed annuity)也称递延年金，是指在最初若干期没有收付款项，随后若干期出现等额收付的系列款项。

延期 m 期后的 n 期年金与 n 期普通年金相比，两者付款期数相同，但延期年金现值是 m 期后的 n 期普通年金现值，还需要再折现 m 期(图 2-4)。因此，为计算 m 期后 n 期年金现值，要先计算出该年金在 n 期期初(m 期期末)的现值，再将它作为 m 期的终值折现至 m 期期初的现值。计算公式如下：

$$PVDA = A \times PVIFA_{i,n} \times PVIF_{i,m} \tag{2-13}$$

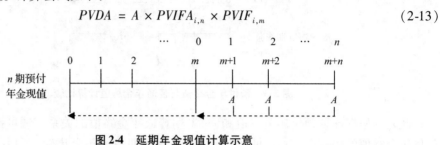

图 2-4　延期年金现值计算示意

此外，还可先求出 $m+n$ 期普通年金现值，减去没有付款的前 m 期的普通年金现值，即为延期 m 期的 n 期普通年金现值。计算公式如下：

$$PVDA = A \times PVIFA_{i,m+n} - A \times PVIFA_{i,m} \tag{2-14}$$

【例 2-7】某个大型项目预计于 2015 年年初动工，施工建设期为 5 年，于 2020 年年初投入使用，从投入使用之日起每年得到收益 100 万元，使用期 10 年。按利息率 5% 计算，求此项目 2015 年年初的现值。

解：

用式(2-13)计算的结果为：

$$\begin{aligned} PVDA &= 100 \times PVIFA_{5\%,10} \times PVIF_{5\%,5} \\ &= 100 \times 7.7217 \times 0.7835 \\ &= 605.00(万元) \end{aligned}$$

用式(2-14)计算的结果为：

$$\begin{aligned} PVDA &= 100 \times PVIFA_{5\%,(10+5)} - 100 \times PVIFA_{5\%,5} \\ &= 100 \times 10.3797 - 100 \times 4.3295 \\ &= 605.02(万元) \end{aligned}$$

(4) 永续年金

永续年金(perpetuity)是指无期限支付的年金。优先股因为有固定的股利而又无到期日，其股利可视为永续年金。西方有些债券未规定偿还期限，其利息也可视为永续年金。在资产评估中，某些可永久发挥作用的无形资产(如商誉)，其超额收益亦可按永续年金计算其现值。

永续年金的计算公式可以由普通年金推导而来，过程如下。

$PVIFA_{i,n} = \sum\limits_{t=1}^{n} \dfrac{1}{(1+i)^t}$ 可展开为：

$$PVIFA_{i,n} = \dfrac{1}{(1+i)^1} + \dfrac{1}{(1+i)^2} + \dfrac{1}{(1+i)^3} + \cdots + \dfrac{1}{(1+i)^{n-1}} + \dfrac{1}{(1+i)^n} \tag{2-15}$$

两边同乘以 $(1+i)$，得：

$$PVIFA_{i,n} \times (1+i) = 1 + \frac{1}{(1+i)^1} + \frac{1}{(1+i)^2} + \cdots + \frac{1}{(1+i)^{n-2}} + \frac{1}{(1+i)^{n-1}} \quad (2\text{-}16)$$

式(2-16)减去式(2-15)得:

$$PVIFA_{i,n} \times (1+i) - PVIFA_{i,n} = 1 - \frac{1}{(1+i)^n},\text{变换可得:}$$

$$PVIFA_{i,n} = \frac{1 - \left[\frac{1}{(1+i)^n}\right]}{i},\text{当}n \to \infty\text{时,则}\left[\frac{1}{(1+i)^n}\right] \to 0,\text{则}PVIFA_{i,n} = \frac{1}{i}$$

由此,永续年金为:

$$PVP = A \times PVIFA_{i,\infty} = A \times \frac{1}{i} \quad (2-17)$$

【例2-8】某企业持有 AB 公司的优先股,每年可获得优先股股利 100 万元。若利息率为 5%,求该优先股历年股利的现值。

解:

$$PVP = 100 \div 5\% = 2000(\text{万元})$$

2.2.3 时间价值计算中的几个特殊问题

(1) 不等额收付款项现值的计算

前文叙述的年金每次收入或付出的款项都是相等的,但在管理实践中,更多的情况是每次收入或付出的款项并不相等。财务管理中,也经常需要计算这些不等额现金流入量或流出量的现值之和。

假设:A_0 代表第 0 年年末的付款;A_1 代表第 1 年年末的付款;A_2 代表第 2 年年末的付款……A_n 代表第 n 年年末的付款。这时需要逐期计算每笔现金收入或支出的现值,即:

$$PV = A_0 \frac{1}{(1+i)^0} + A_1 \frac{1}{(1+i)^1} + A_2 \frac{1}{(1+i)^2} + \cdots + A_{n-1} \frac{1}{(1+i)^{n-1}} + A_n \frac{1}{(1+i)^n}$$

$$= \sum_{t=0}^{n} A_t \frac{1}{(1+i)^t}$$

【例2-9】王涛每年年末都将节省下来的工资存入银行,其存款额见表2-3,利息率现率为 5%。求这笔不等额存款的现值。

解:

表2-3 某不等额现金流量

年(t)	0	1	2	3	4
存款额(元)	100	200	100	300	400

$$PV = A_0 \frac{1}{(1+i)^0} + A_1 \frac{1}{(1+i)^1} + A_2 \frac{1}{(1+i)^2} + A_3 \frac{1}{(1+i)^3} + A_4 \frac{1}{(1+i)^4}$$

$$= 100 \times PVIF_{5\%,0} + 200 \times PVIF_{5\%,1} + 100 \times PVIF_{5\%,2} + 300 \times PVIF_{5\%,3} + 400 \times PVIF_{5\%,4}$$

$$= 100 \times 1.000 + 200 \times 0.952 + 100 \times 0.907 + 300 \times 0.864 + 400 \times 0.823$$

$$= 969.5(\text{元})$$

(2) 计息期短于一年的时间价值的计算

资金的终值和现值通常是按年来计算的，但有些时候也会遇到计息期短于一年的情况。例如，债券利息一般每半年支付一次，股利有时每季度支付一次，这就出现了以半年、季度、月甚至以天为期间的计息期。当计息期短于 1 年，而使用的利率又是年利率时，计息期数和计息率均应按下式进行换算：

$$r = \frac{i}{m}, \text{ 且：} t = m \times n$$

式中　r——期利率；

　　　i——年利率；

　　　m——每年的计息次数；

　　　n——年数；

　　　t——换算后的计息期数。

【例 2-10】王亮拟在第 5 年年底获得 100 万元的收入，假设年利息率为 10%。试计算：①每年计息一次，现在应存入多少钱？②每半年计息一次，现在应存入多少钱？

解：

①如果是每年计息一次，则 $n = 5$，$i = 10\%$，$FV_5 = 100$，则有：

$PV = FV \times PVIF_{i,n} = 1000 \times PVIF_{10\%,5} = 100 \times 0.621 = 62.10$（万元）

②如果每半年计息一次，则 $m = 2$，$r = \frac{i}{m} = \frac{10\%}{2} = 5\%$，$t = m \cdot n = 5 \times 2 = 10$，则有：

$PV = FV \times PVIF_{5\%,10} = 100 \times 0.614 = 61.40$（万元）

(3) 折现率的计算

前面计算现值和终值时，都是假定利率是给定的，但在管理实践中，经常会遇到已知计息期数、终值和现值，求折现率的问题。一般来说，求折现率可以分为两步：第一步求出换算系数，第二步根据换算系数和有关系数表求折现率。根据前述有关公式，复利终值、复利现值、年金终值和年金现值的换算系数分别用下列公式计算：

$$FVIF_{i,n} = \frac{FV}{PV} \qquad (2-18)$$

$$PVIF_{i,n} = \frac{PV}{FV} \qquad (2-19)$$

$$FVIFA_{i,n} = \frac{FVA}{A} \qquad (2-20)$$

$$PVIFA_{i,n} = \frac{PVA}{A} \qquad (2-21)$$

【例 2-11】面值 100 元的债券，10 年后的本利和为 162.9 元，求此债券的票面利率。

解：

$$PVIF_{i,10} = \frac{100}{162.9} = 0.614$$

查复利现值系数表，与 10 年相对应的折现率中，5% 的系数为 0.614，因此，利率应为 5%。

【例 2-12】 某君将退休,现在向银行存入 50 000 元作为养老备用,在利率为多少时,才能够保证在今后 10 年中每年得到 7500 元的养老金支付?

解:

根据式(2-20)有:

$$FVIF_{i,n} = \frac{50\,000}{7500} = 6.667$$

查年金现值系数,当利率为 8% 时,系数为 6.710;当利率为 9% 时,系数为 6.418,所以利率应在 8%~9%之间,假设 x 为利息率,则可用插值法计算 x 的值如下:

利率			现金现值系数	
8%			6.710	
?	$x\%$	1%	6.667	0.043
9%			6.418	0.292

$$\frac{x}{1} = \frac{0.043}{0.292}$$

$$x = 0.147$$

则,利息 $i = 8\% + 0.147\% = 8.147\%$

2.3 证券估价

投资和筹资是企业的财务管理基本决策内容,无论是进行投资还是融资,企业常常会面临对证券进行估价,以便决定投(融)资的合理价格。本节将就几种主要证券的估价问题进行讨论。

2.3.1 证券估价原理

证券估价是指评价和估算各种证券的内在价值。时间价值的计算是证券估价这一定量分析的基础,基本估价原理可概括为以下两点:

(1)金融资产的价值由其未来能够带来的现金流的现值决定。对于债券,未来现金流包括利息收入和本金偿还。对于股票,未来现金流包括股利和售价。

(2)在计算未来现金流的现值时,需要首先确定折现率。折现率可以是市场利率,也可以是必要报酬率,或者其他类型的报酬率。采用的折现率含义不同,所估计的金融资产价值的经济含义也不同。

2.3.2 债券的估价

债券是在发行人全部偿付之前,需要逐期向持有人支付定额利息的一种证券。按照发行主体,可以将债券分为政府债券、金融债券和企业债券。政府债券是由中央政府或地方政府为筹集财政资金或者某一特定投资项目而发行的债券。金融债券是由银行或者非银行金融机构为筹集信贷资金而发行的债券。企业债券是企业为筹集长期资金而发行的债券。

债券发行一般都有面值(face value),此外,几乎所有债券都规定了到期日,届时债券的发行人有义务向债券持有人支付相当于债券面值的款项。另外，债券票面上标明了债券的票面利率(coupon rate，或称名义年利率)。例如，如果一张面值100元的债券票面利率是5%，则发行人在债券到期前，每年都要向债券持有人支付5元的利息。

(1) 债券估价基本模型

债券持有人未来能够获得的现金支付包括两部分，一是利息，二是到期一次偿还的本金。如果一种债券的利息在每年年末支付，其形成的现金流就呈现典型的普通年金特性，本金则为复利特性，该债券当前的价值可以按照年金和复利的计算方法，即：

$$V_b = \frac{I}{(1+r)^1} + \frac{I}{(1+r)^2} + \cdots + \frac{I}{(1+r)^n} + \frac{M}{(1+r)^n}$$

$$= \sum_{t=1}^{n} \frac{I}{(1+r)^t} + \frac{M}{(1+r)^n} = I \times PVIFA_{r,n} + M \times PVIF_{r,n} \quad (2\text{-}22)$$

式中　V_b——债券价值；
　　　n——债券期限；
　　　I——年利息，等于面值乘以票面利率；
　　　r——折现率(市场利率)；
　　　M——债券面值。

【例2-13】 天津市房地产发展股份(集团)有限公司2015年发行面值为100元、利率为7%的5年期债券，债券利息每年年末支付一次，到期一次还本。如果同类债券的市场利率为8%，该债券的价值是多少？如果在债券发行时，同类债券的市场利率降至6%，问企业应将该债券的发行价格定为多少？

解：

① 如果债券发行时，同类债券的市场利率为8%，根据式(2-22)，债券的价值应为：

$$V_b = \sum_{t=1}^{5} \frac{100 \times 7\%}{(1+8\%)^5} + \frac{100}{(1+8\%)^5}$$

$$= 100 \times 7\% \times PVIFA_{8\%,5} + 100 \times PVIF_{8\%,5}$$

$$= 100 \times 7\% \times 3.9927 + 100 \times 0.6806$$

$$= 96.01(元)$$

② 如果债券发行时，同类债券的市场利率降至6%，债券的价值应为：

$$V_b = \sum_{t=1}^{5} \frac{100 \times 7\%}{(1+6\%)^5} + \frac{100}{(1+6\%)^5}$$

$$= 100 \times 7\% \times PVIFA_{6\%,5} + 100 \times PVIF_{6\%,5}$$

$$= 100 \times 7\% \times 4.2124 + 100 \times 0.7473$$

$$= 104.22(元)$$

计算结果显示，当市场利率(折现率)高于票面利率时，债券现值低于面值，意味着债券只能以低于面值的价格出售，称为折价发行。而当市场利率低于票面利率时，债券现值超过面值，意味着市场回报率小于此债券的票面利率，投资者愿意支付溢价来购买债券，发行价高于面值的债券，称为溢价发行。当然，如果市场利率刚好等于票面利率，则债券的现值将等于面值，可根据式(2-22)自行验证此结论。

如果利息和本金均为到期一次偿还(我国有很多债券就属于此种类型)，则该债券的价值应该为：

$$V_b = \frac{n \times I + M}{(1+r)^n} \qquad (2\text{-}23)$$

(2) 零息债券(zero-coupon bond)

这类债券不支付利息，到期按面值偿还本金。投资人之所以会购买并不支付利息的债券，原因就在于该债券折价发行。购买人仍然能获得自债券发行起其价值逐渐升高而带来的增值，即投资人以低于面值的价格购买而在到期时发行人以面值赎回。该债券价值为：

$$V_b = \frac{M}{(1+r)^n} \qquad (2\text{-}24)$$

【例 2-14】 企业准备折价发行债券，面值为 100 元，期限为 3 年。该种债券不付息，到期一次还本 100 元。如果投资者要求的报酬率为 7%，企业应如何确定发行价格？

解：

$$V_b = \frac{100}{(1+7\%)^3} = 100 \times PVIF_{7\%,3} = 100 \times 0.816 = 81.6(元)$$

巴菲特认为，零息债券对企业来说能起到节税作用，若被没有信誉的企业所利用，那就是一种欺骗工具了。从购买者角度看要特别警惕该债券到期不能支付的风险。

(3) 半年计息一次的债券

有些债券(特别是在欧洲市场上发行的债券)每年支付一次利息，美国市场上的大多数债券则每年支付两次利息。计算每年付息两次的债券的价值，可以参考前文 2.2.3 节介绍的计息期短于一年的时间价值的计算，将债券的估价公式变换为：

$$V_b = \sum_{t=1}^{2n} \frac{\frac{I}{2}}{(1+r/2)^t} + \frac{M}{(1+r/2)^{2n}} \qquad (2\text{-}25)$$

$$= \frac{I}{2} \times PVIFA_{r/2,2n} + M \times PVIF_{r/2,2n}$$

需要注意：不仅半年支付的利息要以半年为期间折现，到期时支付的价值总额也要以半年为期间折现。

2.3.3 股票的估价

不同于债券的固定利息，普通股未来现金流报酬有很大的不确定性，但二者估价的原理相同，都遵循现值理论，着眼于未来现金流的现值。债券以利息作为估价基础，股票以股利作为估价基础。

(1) 普通股估价基本模型

普通股的每股价值是对持有人在持有股票期间获得的预计现金股利的折现值。股票价值取决于每期所发放的股利和股票投资人要求的必要报酬率，其估价基本模型为：

$$V_s = \sum_{t=1}^{\infty} \frac{D_t}{(1+K)^t} \qquad (2\text{-}26)$$

式中　V_s——股票的价值；

　　　D_t——第 t 年每股股利；

K——折现率(必要报酬率)。

式(2-26)的股利折现模型,是股票估价最基本的模型,其假设未来的股利是可以预计的,折现率是事先可以确定的。美林(Merrill, Lynch)、瑞士信贷第一波士顿银行(CS First Boston)和其他很多投资银行,都基于自己特有的模型和估计常规性地进行这种估算。

如果投资人在未来出售股票,那么,可以获得的现金流既有股利,又有售价,由此,股票的估价模型可以转化为:

$$V_s = \sum_{t=1}^{n} \frac{D_t}{(1+K)^t} + \frac{P_n}{(1+K)^n} \tag{2-27}$$

式中 P_n——未来出售股票的预期售价。

(2)股利固定估价模型

如果公司每年每股股利固定不变,都为 D,即:$D_t = D$,$t = 1$,2,…将其代入式(2-26),利用无穷等比级数求和公式,或者参照永续年金的计算方法(式2-17),可得:

$$V_s = \frac{D}{K} \tag{2-28}$$

【例2-15】某股票每股股利预计将长期固定不变,都为1.5元,必要报酬率为12%,求该股票的价值。

解:

$$V_s = \frac{1.5}{12\%} = 12.5(元)$$

美国AT&T公司是一个在较长期间保持稳定股利的公司的例子。1922—1958年的36年里,AT&T公司每年支付的每股股利都是9美元,若必要报酬率为12%,则由式(2-28)可知其股价应为75元。

(3)股利固定增长股估价模型

如果每股股利增长率 g 长期保持固定不变,则将式(2-26)展开为:

$$V_s = \frac{D_0(1+g)^1}{(1+K)^1} + \frac{D_0(1+g)^2}{(1+K)^2} + \cdots + \frac{D_0(1+g)^n}{(1+K)^n} \tag{2-29}$$

当 $K > g$ 时,将式(2-29)等号两边同乘以 $(1+K)/(1+g)$,再减式(2-29),得:

$$V_s \frac{(1+K)}{(1+g)} - V_s = D_0 - \frac{D_0(1+g)^n}{(1+K)^n}$$

由于 $K > g$,当 $n \to \infty$,$D_0(1+g)^n/(1+K)^n \to 0$,则有:

$$V_s \frac{(1+K)}{(1+g)} - V = D_0$$

$$V_s = \frac{D_0(1+g)}{K-g} = \frac{D_1}{K-g} \tag{2-30}$$

【例2-16】已知某公司股票预计今后各年每股股利按2%的固定增长率稳步提高,最近一次发放的股利为每股1.2元,必要报酬率为10%,求该股票的价值。

解:

$$V_s = \frac{D_1}{K-g} = \frac{1.2 \times (1+2\%)}{10\% - 2\%} = 15.3(元)$$

(4) 优先股价值

优先股①的特点是具有固定的股利率,这与前述每股股利长期保持固定不变的普通股情况相同,因此优先股价值计算公式可以表示为:

$$V_p = \frac{D_p}{K} \tag{2-31}$$

式中　V_p——优先股价值;
　　　D_p——优先股每股股利。

【例 2-17】 作为第一批获批并发行优先股的公司,中国银行 2014 年在境内发行优先股,面值 100 元,票面股息率为 6%,投资者要求的报酬率为 8%,求价值。

解:

$$V_p = \frac{100 \times 6\%}{8\%} = 75(元)$$

2.4　风险与风险报酬

企业经营的目的在于取得盈利,通常采用报酬率(又称收益率、回报率)表达投资的获利能力。然而,投资的两难抉择在于一定条件下报酬率越高,承担的风险也越大,实现的可能性就越小。投资决策的基本原则是:在一定的风险水平下,使收益达到较高的水平,或在收益一定的情况下,将风险维持在较低的水平。究竟如何衡量风险以及风险报酬,就成为财务管理探讨的基本内容之一。

2.4.1　概念

在汉语中,风险可用"危机"一词来描述,它包含了"危险"和"机会"的双重含义。机会使投资者敢于承担风险,危险要求承担风险必须得到补偿。

(1) 风险及其分类

与风险相近的概念是不确定性,1921 年美国经济学家 F·H·奈特在《风险、不确定性和利润》一书中将风险与不确定性进行了明确的区分,认为风险是可测定的不确定性。也就是说,风险是衡量未来不确定性的量的标准。因此,风险具有一定的可测性,若用数学公式表示,风险是某种事件(不利或有利)发生的概率及其后果的函数。

财务学将风险界定于资产未来报酬的不确定性上,是指未来实际报酬率相对于期望报酬率变动的可能性和变动的幅度。

为有效管理风险,通常根据风险的不同特征进行分类。按风险的来源,分为经营风险和财务风险;按风险能否分散,分为系统风险和非系统风险。

①经营风险和财务风险　经营风险是指经营行为(生产经营和投资活动)给公司收益带来的不确定性。通常采用息税前盈余的变动程度(标准差、经营杠杆等指标)描述经营风险的大小。经营风险是公司商业活动中固有的风险,主要来自企业经营内部和外部环境的不

---

① 优先股持有人通常没有投票权,股利以固定形式发放,并且金额高于普通股股利。

确定性。

财务风险一般是指举债经营给公司收益带来的不确定性。通常用净资产收益率或每股收益的变动(标准差、财务杠杆等指标)描述财务风险的大小。财务风险主要来源于利率、汇率变化的不确定性以及公司负债比重的大小。如果公司的经营收入到期不足以偿付利息和本金，就会使公司陷入财务危机，甚至破产。

当企业的资金全部是自有资金时，企业只有经营风险而无财务风险。当企业借入一部分资金后，企业既有经营风险，又有财务风险。财务风险加大了经营风险。因此，企业在决定是否举债之前，应当考虑风险的大小、风险报酬的多少以及企业是否愿意冒险等因素。

②系统风险和非系统风险　系统风险又称市场风险、不可分散风险。它是指由于政治、经济及社会环境等公司外部某些因素的不确定性而产生的风险，如通货膨胀、利率和汇率的波动、国家宏观经济政策变化、战争冲突、政权更迭、所有制改革等。系统风险是由综合因素导致的，这些因素是个别公司或投资者无法通过多样化投资予以分散的。

非系统风险又称公司特有风险、可分散风险。它是指由于经营失误、消费者偏好改变、劳资纠纷、工人罢工、新产品试制失败等内部因素影响所产生的个别公司的风险。非系统风险只发生在个别公司中，由特殊因素引起。由于这些因素的发生是随机的，因此可以通过多样化投资来分散。

(2)风险报酬及其分类

一般而言，投资者都讨厌风险，并力求回避风险。那么，为什么还有人进行风险投资呢？这是因为，风险投资可以得到额外报酬——风险报酬。所谓风险报酬，是指投资者因承担风险进行投资而获得的超过时间价值的那部分报酬。

风险报酬有两种表示方法：风险报酬额和风险报酬率。在财务管理中，通常用相对数——风险报酬率来计量，以方便不同投资项目之间的比较。常见的风险报酬率有三种：必要报酬率、期望报酬率和实际报酬率。

必要报酬率是指投资者进行投资而要求得到的最低报酬率，包括无风险利率和风险溢价两部分。其中经营风险、财务风险、流动性风险、外汇风险和国家风险是影响某一种资产在特定期间报酬率标准差(总风险)的内在因素。

期望报酬率是投资者在未来获得的报酬率。既然是未来的资产报酬，期望报酬率就是不确定的。不确定的报酬率可以用多种可能的取值及其对应的概率来表示，将两者加权平均，得到数学期望值，就是资产的期望报酬率。在一个完善的资本市场中，所有投资的净现值都为零，所有的价格都为公平市价，此时，期望报酬率等于必要报酬率。

实际报酬率是在特定时期实际获得的报酬率，是已经发生的、不可能通过决策改变的报酬率。由于存在风险，实际报酬率很少与预期报酬率相同，这两者之间的差异越大，风险就越大，反之亦然。同样原因，实际报酬率与必要报酬率之间也没有必然的联系。

2.4.2　单项风险报酬的计算

通常用两种方法估计风险报酬率：一是根据某项资产收益的历史数据的样本均值作为估计数，这种方法假设该种资产未来收益的变化服从其历史上实际收益的大致概率分布；

另一种是根据未来影响收益的各种可能结果及概率分布大小估计预期报酬率。本节将应用后一种方法对单项风险报酬进行定量分析。

风险性投资的特点在于最终获得的报酬率的可能值有多个，每个可能值的出现又具有一定的概率。数学上将具有上述特点的变量称为随机变量。而风险的度量与随机变量的概率分布有着密切联系。所以，度量风险的首要任务是确定报酬率的概率分布。

(1) 确定概率分布

随机变量期望报酬率 R 的概率分布是指该变量的所有可能取值及相应发生的概率。把所有可能获得的收益率以及对应的概率列示在一起，便构成了概率的分布。

为方便理解，可以用以下例题展示风险及收益的求算过程。

【例 2-18】考察以下两种投资方案。

A 方案：销售空调，其报酬率大小与夏天的天气有关。如果天气炎热，销售空调的报酬率预计可达 35%；如果天气正常，报酬率预计可达 15%；如果天气偏凉，则因空调需求较低，不得不大幅降价出售，报酬率为 -5%。根据该商业企业所在城市的夏季气候历史资料统计可知，天气炎热的概率为 0.2，天气正常的概率为 0.6，天气偏凉的概率为 0.2。销售空调报酬率的概率分布见表 2-4。

B 方案：从事某种原材料加工，其年报酬率的高低主要取决于原材料价格水平，投资报酬率的概率分布见表 2-5。

表 2-4　A 方案的概率分布

气候情况	概率	期望报酬率(%)
炎热	0.2	35
正常	0.6	15
偏凉	0.2	-5

表 2-5　B 方案的概率分布

原材料价格涨幅情况(%)	概率	期望报酬率(%)
0	0.3	15
10	0.5	10
20	0.2	5

(2) 计算预期报酬率的期望值

一般而言，随机变量期望值的计算公式为：

$$R = \sum_{i=1}^{n} R_i \times P_i \tag{2-32}$$

式中　R——期望报酬率；

R_i——第 i 种可能结果的报酬率；

P_i——第 i 种可能结果的概率。

对于 A 方案，投资报酬率的期望值为：

$$R_A = 35\% \times 0.2 + 15\% \times 0.6 - 5\% \times 0.2 = 15\%$$

期望值的直观意义为平均值。例如，对于上述 A 方案，设想企业拿出 100 万元在今后 10 年中每年用于销售空调，大约有 2 年夏季天气炎热（其年收益为 35 万元）；大约有 6 年夏季天气正常（其年收益为 15 万元）；大约有 2 年夏季天气偏凉（其年收益为 -5 万元）。于是 10 年总收益大约为：

$$2 \times 35 + 6 \times 15 + 2 \times (-5) = 150(万元)$$

$$年均报酬 = \frac{10 年总收益}{10 年} = \frac{150}{10} = 15(万元)$$

$$\text{年平均报酬率} = \frac{\text{年均报酬}}{\text{投资额}} = \frac{15}{100} = 15\%$$

这就是说，对于 A 方案，平均年报酬率为 15%。这正是期望报酬率的直观意义。

对于 B 方案，其报酬率的期望值为：

$$R_\text{B} = 15\% \times 0.3 + 10\% \times 0.5 + 5\% \times 0.2 = 10.5\%$$

(3) 计算预期报酬率的标准差

随机变量的标准差是用于反映随机变量取值分散集中程度的指标，其计算公式为：

$$\sigma = \sqrt{\sum_{i=1}^{n}(R_i - R)^2 \times P_i} \tag{2-33}$$

式中　σ——标准差；

n——可能的结果数。

对于 A、B 两方案：

$$\sigma_\text{A} = \sqrt{(35\% - 15\%)^2 \times 0.2 + (15\% - 15\%)^2 \times 0.6 + (-5\% - 15\%)^2 \times 0.2}$$
$$= 12.65\%$$

$$\sigma_\text{B} = \sqrt{(15\% - 10.5\%)^2 \times 0.3 + (10\% - 10.5\%)^2 \times 0.50 + (5\% - 10.5\%)^2 \times 0.20}$$
$$= 3.5\%$$

随机变量的标准差越大，该变量取值偏离其期望值程度越大；反之，该随机变量的取值与其期望值的偏离程度越小。如图 2-5 所示出，A 方案报酬率的取值较为分散，B 方案的取值较为集中。从这个意义上说，报酬率的标准差可以在一定程度上反映出投资风险的大小。

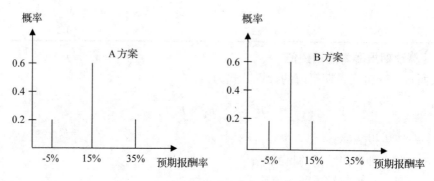

图 2-5　A、B 两种方案报酬率的概率分布

(4) 计算预期报酬率的变异系数

在比较期望报酬率不同的两项投资的风险大小时，直接采用标准差来度量风险大小往往缺乏可比性。在这种情况下，应该采用变异系数（coefficient of variation, CV）来衡量风险大小。变异系数是标准差与期望值之比，其值越大说明风险越大。上述两方案的变异系数分别为：

$$CV_\text{A} = \frac{\sigma_\text{A}}{R_\text{A}} = \frac{12.65\%}{15\%} = 0.843$$

$$CV_B = \frac{\sigma_B}{R_B} = \frac{3.5\%}{10.5\%} = 0.333$$

由于 A 方案的变异系数明显大于 B 方案的变异系数，所以 A 方案的风险显著高于 B 方案。

(5) 计算风险报酬

习惯上把投资者因承担风险所获得的高于无风险投资的报酬称为风险报酬（也称风险溢价，risk premium）。一项投资的总报酬率可以表示为：

$$R = R_f + R_r \tag{2-34}$$

式中　R——投资的总报酬率；

　　　R_f——无风险报酬率（通常取为短期国债利率）；

　　　R_r——风险报酬率。

要计算风险报酬率，必须借助一个系数——风险报酬系数 b。风险报酬率、风险报酬系数和标准离差率之间的关系，可用公式表示如下：

$$R_r = b \times CV \tag{2-35}$$

式中　b——风险报酬系数；

　　　CV——标准离差率。

则投资的总报酬率可表示为：

$$R = R_f + R_r = R_f + b \times CV \tag{2-36}$$

无风险报酬率 R_f 就是通货膨胀贴水以后的货币时间价值，西方国库券的报酬率可视为无风险报酬率。风险报酬系数 b 可由企业高层，如总经理、财务副总经理、总会计师、财务主任等根据经验加以确定，也可由企业组织有关专家确定。实际上，风险报酬系数的确定，在很大程度上取决于各公司对风险的态度。比较敢于承担风险的企业，往往把 b 值定得低些；反之，比较稳健的企业，常常把 b 值定得高些。

风险报酬系数是将标准离差率转化为风险报酬的一种系数，假设 A 项目的风险报酬系数为 5%，B 项目的风险报酬系数为 8%，无风险报酬率为 10%，则两个项目的投资报酬率分别为：

$$R_A = R_f + R_r = R_f + b \times CV = 10\% + 0.843 \times 5\% = 14.22\%$$
$$R_B = R_f + R_r = R_f + b \times CV = 10\% + 0.333 \times 8\% = 12.67\%$$

2.4.3　证券组合的风险与报酬

(1) 风险与报酬的关系

不同投资项目的风险相差很大，在选择投资项目时，为何不将资金全部购买国债，而去从事具有较大风险的项目投资呢？其根本原因在于承担风险可以获得额外的预期报酬。

国外有关真实历史统计资料证实了证券投资风险与报酬率两者之间的关系。表 2-6 给出了美国 1926—1990 年间各类证券投资的历史平均报酬率及相应的标准差。

表 2-6 美国各类证券投资的风险与报酬率(%)

证券类型	平均年报酬率	标准差	风险报酬率*
小公司普通股	17.1	35.4	13.4
大公司普通股	12.1	20.8	8.4
长期公司债券	5.5	8.4	1.8
长期政府债券	4.9	8.5	1.2
美国国库券	3.7	3.4	0.0
通货膨胀率	3.2	4.7	—

* 数值是由各种证券平均年收益率减去国库券平均年收益率而得。

(引自：Ross, S. A., R. W. Westerfield, and B. D. Jordan)

表 2-6 中的各类证券投资的风险大体上依次降低，相应的平均年报酬率也依次下降。之所以会出现这种现象，是因为通常投资者所冒的风险越大，则要求获得的报酬率就越高。例如，甲、乙两公司同时发行面值为 1000 元、利率为 15% 的三年期公司债券。甲公司知名度高、信誉好，于是按面值 1000 元顺利售出，相比之下，乙公司知名度低、信誉差，因此投资于乙公司债券的风险明显大于投资于甲公司，其结果是：债券投资者争先购买甲公司债券，直至甲公司债券全部售完后，也无人购买乙公司债券。无奈，乙公司只得折价出售债券，最终以每张 955 元价格勉强售出。这说明，投资于甲公司债券的风险小，投资者只要求能够获得 15% 的报酬率即可满足。相比之下，投资于乙公司债券的风险较大，投资者要求能够获得较高的实际报酬率。风险与投资者要求的必要报酬率的关系如图 2-6 所示。

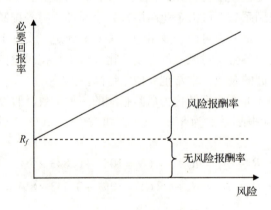

图 2-6 风险与报酬率的关系

综上所述，要想获得较高的预期报酬率，通常需要承担较大风险。决策者都希望能够找到一项投资，其风险较小而预期报酬率又较高。但是在一个非垄断市场上，这种理想的投资机会是不存在的，或者即使存在也会稍纵即逝。当市场上存在某个低风险、高报酬的投资项目，便会吸引众多的投资者加入投资行列，这就会产生激烈竞争，导致风险增大，同时报酬率降低。同理，市场上也不会长久地存在一个风险又高，同时报酬率又低的投资项目，如果在某一时期存在这样的投资项目，由于人们都回避它，所以竞争激烈程度大大降低，导致风险降低，报酬率逐步提高。正是由于风险与报酬具有正相关关系，所以在进行投资决策过程中，既要追求足够的报酬率，又要考虑对风险的承受能力，这就是所谓的风险报酬相权衡(risk-return trade-off)。

(2) 证券投资组合(portfolio)

由于多种证券构成的投资组合能够分散风险，投资者在进行证券投资时，一般不是"把所有的鸡蛋放在一个篮子里"，而是同时持有多种证券，这样的投资方式就称为证券的组合投资，简称证券组合或投资组合。绝大多数法人投资者如工商企业、投资信托公司、投资基金等都同时投资于多种证券。即使是个人投资者，一般也持有多种证券而不只是投资于某一个公司的股票或债券。所以，了解证券投资组合的风险与报酬有助于理解证券组合的基本原理，科学地进行投资决策。

① 投资组合的风险 证券投资的风险可以分为两种性质完全不同的风险，即非系统性风险和系统性风险(详见 2.4.1 节相关内容)。通过投资组合可以分散掉大部分非系统风险。

由图 2-7 中可见，随着投资组合中股票数量的增加，可分散风险逐渐降低。根据相关统计，一种股票组成的投资组合的标准离差约为 28%，市场投资组合的标准离差为 15.1%。一般来讲，一个包含 40 种股票而且组合比较合理的投资，能消除大部分可分散风险。

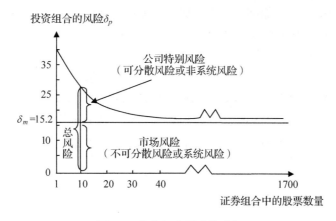

图 2-7 投资组合风险构成图

构成投资组合的两项资产可能正相关也可能负相关，还可能毫不相关，即零相关。这些不同的关系对两种资产构成的投资组合的风险和报酬的影响可以用下面的例题来说明。

【例 2-19】假设 A 和 B 股票构成投资组合，每种股票在投资组合中各占 50%，它们的报酬率和风险的详细情况见表 2-7。

表 2-7 完全负相关的两种股票以及由它们构成的投资组合的报酬率

年(t)	期望报酬率(%)		
	R_A	R_B	R_{AB}
2011 年	40	-10	15
2012 年	-10	40	15
2013 年	35	-5	15
2014 年	-5	35	15
2015 年	15	15	15
平均报酬率 R	15	15	15
标准离差 δ	22.6	22.6	0.00

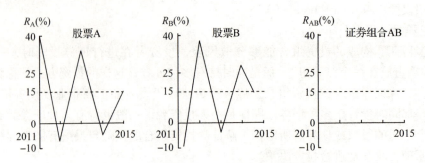

图 2-8 两种完全负相关股票的报酬率

根据表 2-7 的资料,可以绘制出两种股票以及由它们构成的投资组合报酬率的示意图(图 2-8)。

从表 2-7 和图 2-8 可以看出,如果分别持有两种股票,都有很大风险,但如果把它们组合成一个证券组合,则风险为 0。

A 股票和 B 股票之所以能结合起来组成一个无风险的证券组合,是因为它们报酬率的变动呈现负相关,即变化趋势正好相反——当 A 股票的报酬下降时,B 股票正好上升(并且上升与下降的幅度相同);反之亦然。

与完全负相关相反的是完全正相关,两个完全正相关的股票的报酬率将一起上升或下降(并且上升与下降的幅度相同),这样的股票组成的投资组合不能抵消任何风险。表 2-8 和图 2-9 说明了两种完全正相关的股票 X 和 Y 进行投资组合的情况。

表 2-8 完全正相关的两种股票以及由它们构成的投资组合的报酬情况

年(t)	期望报酬率(%)		
	R_X	R_Y	R_{XY}
2011 年	40	40	40
2012 年	-10	-10	-10
2013 年	35	35	35
2014 年	-5	-5	-5
2015 年	15	15	15
平均报酬率 R	15	15	15
标准离差 δ	22.6	22.6	22.6

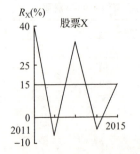 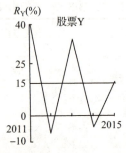 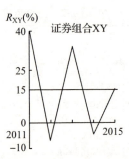

图 2-9 两种完全正相关股票的报酬率

从表 2-8 可以看出，两种完全正相关的股票进行组合，没有提高投资的期望报酬率，也没有降低风险。

从以上分析可知，当两种股票完全负相关时，所有的风险都可以分散；当两种股票完全正相关时，从分散风险的角度来看，同时持有两种股票没有好处。实际上，完全负相关从而消除所有风险的股票在现实中是很难实现的，大部分股票都是正相关（但不是完全正相关）。在这种情况下，把两种股票投资组合能降低风险，但不能完全消除风险。一般而言，股票的种类越多，风险越小。存在一种极端的情况：如果投资组合包括全部股票，则只承担市场风险，而不承担公司特别风险。

投资组合可以分散非系统风险，而不能分散系统风险。不可分散的系统风险是由市场变动所产生，它对所有股票都有影响，不能通过投资组合而消除。图 2-7 可以直观说明这个观点。

股票的不可分散风险由市场变动所产生，它对所有股票都有影响，不能通过投资组合而消除。不可分散风险是通过 β 系数来测量的，一些标准的 β 值如下：

$\beta = 0.5$，说明该股票的风险只有整个市场股票风险的一半；

$\beta = 1.0$，说明该股票的风险等于整个市场股票的风险；

$\beta = 2.0$，说明该股票的风险是整个市场股票风险的两倍。

②投资组合的报酬　投资者进行投资组合投资与进行单项投资一样，都要求对承担的风险进行补偿，股票的风险越大，要求的回报就越高。但是，与单项投资不同，投资组合要求补偿的风险只是不可分散风险，而不要求对可分散风险进行补偿。因此，投资组合的风险报酬是投资者因承担不可分散风险而要求的超过时间价值的那部分额外报酬，可用下列公式计算：

$$R_p = \beta_p (R_M - R_F) \tag{2-37}$$

式中　R_p——投资组合的风险报酬率；

β_p——投资组合的 β 系数；

R_M——全部股票投资组合的平均报酬率，简称市场报酬率；

R_F——无风险报酬率，一般用政府公债的利息率来衡量。

【例 2-20】 施耐公司持有由 A、B、C 三种股票构成的投资组合，它们的 β 系数分别是 1.8、1.3 和 0.5，它们在投资组合中所占的比重分别为 50%、30% 和 20%，股票的市场报酬率为 10%，无风险报酬率为 7%，试确定这种投资组合的风险报酬率。

解：

首先，确定投资组合的 β 系数。

$$\beta_p = 50\% \times 1.8 + 30\% \times 1.3 + 20\% \times 0.5 = 1.39$$

其次，计算该投资组合的风险报酬率。

$$R_p = \beta_p (R_M - R_F) = 1.39 \times (10\% - 7\%) = 4.17\%$$

当然，计算出风险报酬率后，便可根据投资额和风险报酬率计算出风险报酬数额。

从以上计算可知，调整各种证券在投资组合中的比重可以改变投资组合的风险报酬率和风险报酬额。同时，在其他因素不变的情况下，风险报酬取决于投资组合的 β 系数，β 系数越大，风险报酬就越大；反之亦然。或者说，β 系数反映了股票收益对于系统性风险的反应程度。

2.4.4 资本资产定价模型

(1) 资本资产定价模型的产生

一种资产的期望报酬与其风险之间具有相关性。而只有当预期的报酬足以补偿其承担的风险时，投资者才会持有这种资产。由此，风险衡量就成为投资领域中最为重要的问题。但是直到 Markowitz 投资组合理论诞生以后，才为风险、非系统风险和系统风险的量化提供了理论基础，并在此基础上用模型清晰地描述风险和报酬之间的关系。1952 年马克维茨把可能报酬率的分布，以其方差为指标，度量资产组合的风险，方差越大，意味着股票的风险越大。威廉·夏普和约翰·林特勒分别独立将这一模型进行了简化，并提出了资产定价的均衡模型，也就是资本资产定价模型（capital asset pricing model，CAPM）。作为第一个不确定性条件下的资产定价均衡模型，它具有重大的历史意义，导致了西方金融理论的一场革命。同时，由于资本资产定价模型在资产组合管理中具有重要的作用，从其创立的 20 世纪 60 年代中期起，就迅速为财务管理实践所接受并转化为实际应用。

(2) 资本资产定价模型的主要内容

资本资产定价模型是在马柯维茨均值方差理论基础上发展起来的，它继承了均值方差理论的假设，如资本市场是有效的，资产无限可分，投资者可以购买股票的任何部分，投资者根据均值方差选择投资组合，投资者是厌恶风险、永不满足的，存在着无风险资产，投资者可以按无风险利率自由借贷等。同时又由于马柯维茨的投资组合理论计算的烦琐性，其实用性较差，后人在继承的同时，为了简化模型，又增加了新的假设。包括资本市场是完美的，没有交易成本，信息是免费的并且是立即可得的，所有投资者借贷利率相等，投资期是单期的或投资者都有相同的投资期限，投资者有相同的预期，即他们对预期回报率、标准差和证券之间的协方差具有相同的理解等。

① 资本资产定价模型的公式表达　资本资产定价模型的实质是讨论资本风险与报酬的关系，它十分简明地表达了这一关系，其模型为：

某种证券的预期报酬率 = 无风险报酬率 + β × 预期市场风险溢价

$$R_i = R_F + \beta_i(R_M - R_F) \tag{2-38}$$

式中　R_i——i 资产的投资报酬率；

R_F——无风险报酬率；

R_M——市场所有证券的平均报酬率；

β_i——i 资产报酬率的变动对于市场所有证券的平均报酬率变动的敏感程度。

【例 2-24】 施耐公司的股票的 β 系数为 1.5，无风险利率为 3%，市场上所有股票的平均报酬率为 7%，求施耐公司的股票的报酬率。

解：

$$R_i = R_F + \beta_i(R_M - R_F) = 3\% + 1.5 \times (7\% - 3\%) = 9\%$$

也就是说，施耐公司股票的报酬率达到或超过 9% 时，投资者方进行投资，如果低于 9%，则投资者不会购买施耐公司的股票。

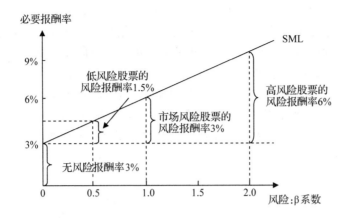

图 2-10　证券必要报酬率与 β 系数之间的关系

资本资产定价模型通常可以用图形来表示，该图又叫证券市场线（security market line，SML）。它说明必要报酬率 R 与不可分散风险 β 系数之间的关系（图 2-10）。

从图 2-10 中可以看到，无风险报酬率为 3%，β 系数不同的股票有不同的风险报酬率。当 $\beta = 0.5$ 时，风险报酬率为 1.5%；当 $\beta = 1.0$ 时，风险报酬率为 3%；当 $\beta = 2.0$ 时，风险报酬率为 6%。也就是说，β 值越高，要求的风险报酬率也就越高，在无风险报酬率不变的情况下，必要报酬率也就越高。

④通货膨胀的影响　从投资者的角度来看，无风险报酬率 R_F 是其投资的报酬率，但从筹资者的角度来看，R_F 是其支出的无风险成本，或称无风险利息率。现在市场上的无风险利率由两方面构成：一个是无通货膨胀的报酬率 R_0，这是真正的时间价值部分；另一个是通货膨胀贴水 IP，它等于预期的通货膨胀率。则无风险报酬率 $R_F = R_0 + IP$。在图 2-10 中，$R_F = 3\%$，假设它包括 2% 的真实报酬率和 1% 的通货膨胀贴水，则有 $R_F = R_0 + IP = 2\% + 1\% = 3\%$。

如果预期通货膨胀率上升 2%，增加到 3%，这将使 R_F 上升到 5%，这种变化显示在图 2-11 中。R_F 的增加也会引起所有股票报酬率的增加，即市场上股票的平均报酬率从 6% 增加到 8%。

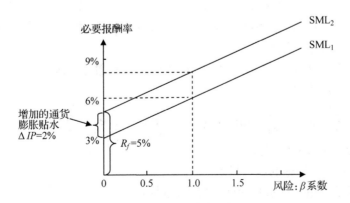

图 2-11　通货膨胀对证券报酬的影响

⑤风险回避程度的变化　证券市场线(security market line，SML)反映了投资者回避风险的程度——直线越陡峭，投资者越回避风险，也就是说，在同样的风险水平上，要求的报酬更高，或者在同样的报酬水平上，要求的风险更小。当风险回避增加时，风险报酬率增加，证券市场线的斜率也增加。图2-12说明了风险回避增加的情况，市场风险报酬率从3%上升到5%，必要报酬率也从6%上升到8%。风险回避的程度对风险较大的证券影响更为明显。例如，一个 β 系数为0.5的股票的必要报酬率只增加了一个百分点，即从4.5%增加到5.5%；而一个 β 系数为2.0的股票的必要报酬率却增加了4个百分点，即从9%上升到13%。

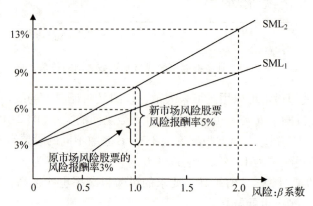

图2-12　风险回避对证券报酬的影响

⑥股票 β 系数的变化　随着时间的推移，不仅证券市场线在变化，β 系数也在不断变化。β 系数可能会因一个企业的资产组合、负债结构等因素的变化而改变，也会因为市场竞争的加剧、专利权的期满等情况而改变。β 系数的变化会使公司股票的报酬率发生变化。假设施耐公司股票的 β 系数从2.0降为1.5，那么，其必要报酬率为：

$$R = R_F + \beta(R_M - R_F) = 3\% + 1.5 \times (6\% - 3\%) = 7.5\%$$

反之，如果施耐公司股票的 β 系数从2.0上升到2.5，那么其必要报酬率为：

$$R = R_F + \beta(R_M - R_F) = 3\% + 2.5 \times (6\% - 3\%) = 10.5\%$$

(3) 资本资产定价模型在投资组合中的运用

上面讨论的资本资产定价模型是针对单个证券而言的。实际上，由单个证券形成的投资组合，其期望报酬率与风险仍然满足资本资产定价模型所揭示的关系，即各种投资组合均衡点也将落在证券市场线上。

假设投资组合 P 由 m 个证券组成，各证券的组合权数分别为 $\omega_1, \omega_2, \cdots, \omega_m$，则在市场均衡状态下，$P$ 的期望报酬率为：

$$R_p = \sum_{i=1}^{m} \omega_i R_i = \sum_{i=1}^{m} \omega_i [R_F + \beta_i(R_M - R_F)] = R_F + \sum_{i=1}^{m} \omega_i \beta_i (R_M - R_F) \quad (2\text{-}39)$$

式中　R_p——投资组合的期望报酬率；

R_i——为第 i 个证券的期望报酬率。

根据上述的证券组合 β 系数的计算公式，则：

$$\beta_p = \sum_{i=1}^{m} \omega_i \beta_i \qquad (2\text{-}40)$$

将其代入证券组合的期望报酬率公式中,得:

$$R_p = \sum_{i=1}^{m} \omega_i R_i = \sum_{i=1}^{m} \omega_i [R_F + \beta_i (R_M - R_F)]$$
$$= R_F + \sum_{i=1}^{m} \omega_i \beta_i (R_M - R_F)$$
$$= R_F + \beta_i (R_M - R_F)$$

【例 2-25】假设 W 公司投资了两种证券 A 和 B,两种证券的投资比例为 1∶1,其中 β_A 为 1.3,β_B 为 0.9,市场组合的平均报酬率为 10%,无风险报酬率为 6%,求 W 公司的期望报酬率。

解:
$$R_p = R_F + \beta_i (R_M - R_F) = 6\% + (0.5 \times 1.3 + 0.5 \times 0.9) \times (10\% - 6\%)$$
$$= 6\% + 1.1 \times 4\%$$
$$= 10.4\%$$

▲思考题

1. 如何理解时间价值?在财务决策中为什么要考虑时间价值?
2. 什么是复利?复利和单利有何区别?
3. 什么是年金?后付年金和先付年金有何区别与联系?
4. 各种证券价值评估模型有何不同?
5. 证券投资者的必要报酬率与期望报酬率、实际报酬率有何差异?
6. 如何度量风险大小?何谓风险报酬?怎样理解风险与报酬的关系?
7. 什么是资本资产定价模型?它在公司理财中有何作用?

▲练习题

1. 某公司拟于 2016 年年初向银行借款 200 万元,计划在 2025 年年底一次还清借款的本息。该企业拟从 2021—2025 年,每年年末存入银行一笔等额存款,以便在 2025 年年末还清借款的本息。假定借款利率为 10%,存款利率为 12%。请计算每年的存款额。

2. 某公司拟购置一台设备,有两个方案可供选择:方案一,从现在起,每年年初支付 20 万元,连续支付 10 次,共 200 万元;方案二,从第五年开始,每年年末支付 25 万元,连续支付 10 次,共 250 万元。假定该公司的资金成本率为 10%。思考并尝试计算以上两个方案的现值,并作出选择。

3. 刘先生购买了 10 000 股某公司的股票,据分析该股票的 β 系数为 1.26,目前市场上国库券的利率为 5%,市场的平均报酬率为 10%。请问,刘先生进行该股票投资的必要报酬率应是多少?如果刘先生预计该股票投资可以获得 12% 的报酬率,你是否建议他进行投资,为什么?

▲案例

假设你在某咨询公司谋得一份财务咨询员的工作,目前正帮助客户进行一项总值为 100 000 元的投资。主管要求你将投资备选方案限定于以下 5 项,各方案的投资期都是一年,对应于 5 种不同经济状况的估计报酬率(表 4-10)。

表 4-10 不同经济条件下 5 种方案估计的报酬率

经济状况	概率	备选方案报酬率(%)				
		A	B	C	D	E
衰退	0.20	8	−22	28	−20	−13
一般	0.40	8	20	0	7	15
繁荣	0.20	8	50	−20	30	43

问题：

1. 计算各方案的期望报酬率、标准离差、标准离差率。标准离差衡量的是哪种风险？
2. 用标准离差算出的各投资方案的风险排序与用标准离差率计算出的顺序一致吗？公司主管要求你根据 5 项待选方案各自的标准离差和期望报酬率来确定是否可以淘汰其中某一方案，应如何回复？
3. 上述分析思路存在哪些问题？
4. 假设你将 B 和 C 进行组合投资，每种方案投资各 5 万元，请计算该投资组合的期望报酬率、标准离差、标准离差率。这项投资组合的风险与其单项投资的风险相比，发生了怎样的变化？
5. 通过分析，你能得出各方案的风险报酬率分别是多少吗？

阅读指引

1. 公司理财. 8 版. Ross et al. 吴世浓，译. 机械工业出版社，2009.
2. 财务管理. 谷祺，刘淑莲. 东北财经大学出版社，2007.
3. 财务管理基础. 13 版. 范霍恩. 清华大学出版社，2009.
4. 财务管理. 刘志远. 南开大学出版社，1999.

第 3 章 财务分析

学习目标

* 了解企业财务分析的意义和内容；
* 掌握企业各项财务比率指标的含义；
* 理解企业财务分析的方法。

企业定期编制的财务报表，在一定程度上反映了企业的财务状况和经营成果，但财务报表本身只是相对静止地、孤立地反映企业的财务状况，本身并不能直接揭示各财务项目之间的内在联系。财务报表使用者想要从报表中获得对决策有用的信息，还必须要对财务报表进行系统的分析。

本章主要介绍财务分析的基本方法，并说明各种财务分析方法的具体运用。

3.1 财务分析概述

3.1.1 财务分析的概念和意义

财务分析是以企业的财务报表等资料为基础，采用一系列专门的方法，借助一系列财务评价指标，对企业的财务状况、经营成果以及发展趋势进行分析和评价，为企业投资者、债权人、管理人员及其他相关人员掌握企业财务状况和进行经营决策提供财务信息的一项管理活动。

财务分析是对企业一定期间完成的财务活动所做的总结，也是企业进行财务预测、财务决策等财务循环的前提，在财务管理的循环中起着"承上启下"的作用。因此，进行财务分析具有重要意义。

(1) 财务分析是评价企业财务状况和经营成果的重要依据

通过财务分析，可以掌握企业的偿债能力、经营水平、盈利能力和发展能力，便于经营者和其他信息使用者掌握企业的财务状况和经营成果，分析企业生产经营活动中存在的问题，明确各自的经济责任，合理评价经营业绩，总结财务管理工作的经验教训，促使经营者不断改善经营管理工作。

(2) 财务分析是企业实现理财目标的重要手段

企业财务管理的目标是使企业价值最大化。通过对企业的资金周转情况和盈利情况的分析，可以进一步发现影响企业财务状况和经营成果的各种因素，便于企业挖掘内部潜力，充分利用人力、物力和财力等各种资源，进一步改善经营管理，实现企业的财务目标。

(3) 财务分析是企业实施经营决策的重要步骤

通过财务分析，信息使用者可以了解企业的偿债能力、资金营运能力、盈利能力和发展能力等方面的信息，并在此基础上进行科学的预测和决策。

3.1.2 财务分析的内容

企业财务报告不是针对个别利益群体的特殊要求设计的，而是根据全部利益相关者的一般要求来设计的。不同的使用者出于自身利益的考虑，会从各自的角度选取相关的财务信息进行分析，以满足其特定需要。债权人主要关心的是企业的偿债能力；企业所有者更关注企业的盈利能力和发展能力；企业管理层不仅关注企业的偿债能力、盈利能力、发展能力，同时也关注资金的营运能力；而政府经济管理部门主要关心的是企业对社会的贡献能力。所以，财务分析主要包括四个方面的内容，即偿债能力分析、营运能力分析、盈利能力分析和发展能力分析。

(1) 偿债能力分析

偿债能力分析就是对企业偿还债务的能力进行分析评价，包括短期偿债能力和长期偿债能力的分析。企业的投资者，特别是债权人都非常关注企业的偿债能力，通过分析可以了解企业的财务状况，揭示企业债务资本的利用程度，评估企业的财务风险，以保证有足够的现金流入来偿付各项到期债务。

(2) 营运能力分析

营运能力分析又称经营能力分析，就是通过对企业资产结构、资金周转使用等方面的分析，对企业生产经营资金的利用效率进行分析评价。通过分析来了解企业的资产是否得到合理有效的配置，各种资产的营运是否顺畅，并据此测算企业未来的资金需要量。营运能力的关注者主要是企业的治理层和管理层。

(3) 盈利能力分析

盈利能力分析就是对企业获取利润的能力进行分析评价。利润是企业投资者投资收益和债权人获得本息的资金来源，也是企业经营者经营管理水平的集中体现。因此，无论是企业的投资者、债权人，还是企业的经营管理者、雇员和中介机构，都非常关心企业的盈利能力。企业只有维持持久而足够的盈利能力，才能偿还企业的各项债务，实现持续的经营和发展。

(4) 发展能力分析

市场经济条件下，企业的发展能力分析越来越重要，它受到各方面财务信息使用者的关注。发展能力分析主要是通过观察企业的规模、支付能力、经营成果的增长等情况，分析判断企业发展的可持续性。

偿债能力是实现企业财务目标的保证，营运能力是实现企业财务目标的物质基础，盈利能力是偿债能力和营运能力共同作用的结果，并反过来推动和增强企业偿债能力和营运能力，而发展能力是企业偿债能力、营运能力及盈利能力的集中表现，反映企业的发展潜力和发展前景。它们相辅相成，共同构成企业财务分析评价的基本内容。

3.1.3 财务分析的方法

(1) 比较分析法

比较分析法也叫对比分析法,是把两个或两个以上的有关数据进行对比。其作用是通过经济指标数量上的比较,揭示财务活动中各经济指标的数量关系和存在的差距,进一步分析产生差距的原因,并制定相应的措施。这种方法是财务分析最基本的方法,运用该方法时应特别注意指标的可比性。按照比较的对象,比较分析法又可以分为以下几种方式。

①本期实际指标与计划指标比较　将分析期的实际指标与计划指标进行比较,通过比较揭示实际执行结果和计划目标之间的差异,评价企业计划的完成情况。

【例3-1】某企业2015年产品销售的计划成本和实际成本见表3-1。

表3-1　产品销售成本计划指标完成情况分析表

指标	实际数（元）	计划数（元）	差异	
			金额(元)	百分比(%)
产品销售成本	6 667 580	6 500 000	167 580	2.58

从表3-1中可以看到,该企业销售成本的实际数比计划高出167 580元,超支2.58%,没有完成计划目标。企业可以据此进一步分析超支的原因,以便采取措施降低成本。

②本期实际指标同上期或历史指标比较　通过比较可以反映企业不同时期该指标的差异和变动情况,表明该指标的发展趋势和财务管理工作成效。

③本期实际指标与同行业先进水平比较　通过比较揭示本企业与同行业先进企业的差距,以便汲取先进经验,不断改善经营管理,赶超先进水平。

(2) 趋势分析法

趋势分析法是将同一企业若干时期的财务指标进行比较,确定该指标增减变动的方向、数额和幅度,以此来揭示企业不同时期该指标的增减变动趋势。该方法是运用不同时期的指标进行动态比较分析,它和比较分析法相类似,但趋势分析法要求比较的指标在时间上必须是连续的,而且只反映百分比而不反映绝对额,因此该方法也叫百分率分析法。根据所采用的比较期的不同,这种方法又可分为定基动态比率法和环比动态比率法。定基动态比率是以某一时期的指标值为固定的基数而计算的比率。环比动态比率是以分析期的前期指标值为比较基础而计算的比率。计算公式分别为:

$$定基动态比率 = (分析期指标值 - 固定基期指标值)/固定基期指标值$$

$$环比动态比率 = (分析期指标值 - 前期指标值)/前期指标值$$

【例3-2】假设某公司2011—2015年的销售收入如表3-2所列。

表3-2　销售收入情况　　　　　　　　　　单位:百万元

2015年	2014年	2013年	2012年	2011年
13 300	13 000	12 820	8055	6759

若以 2011 年为比较基础，2012 年的销售收入相对于基础年的定基比率计算如下：

定基比率 = (8055 − 6759)/6759 = 19%，即该公司 2012 年的销售收入比 2011 年增加 19%。其他年份比较的结果见表 3-3。从变化的增加率来看，该公司的销售收入逐年都有较大幅度的增长。

表 3-3 销售收入定基比率

2015 年	2014 年	2013 年	2012 年	2011 年
96.8%	92.3%	89.7%	19.2%	

若逐年进行对比，则变化率如表 3-4 所列。

表 3-4 销售收入各年的环比比率

2015 年	2014 年	2013 年	2012 年	2011 年
2.3%	1.4%	59.2%	19.2%	

从上述对比中可以知道，该公司的销售收入 2013 年比 2012 年有显著的快速增长，但是在随后的年份中，该增长率明显变缓。

趋势分析法有助于了解和掌握某些重要财务指标在分析期间的变动趋势，为企业预测发展前景提供依据。具体应用时，应注意指标口径一致，剔除异常数据，同时，还应注意所选基期的代表性和合理性，防止偏高或偏低。

(3) 比率分析法

比率分析是将企业同一时期的财务报表中彼此相关联的项目进行对比计算得出的系列财务比率，以此来分析企业的财务状况。这些比率包括构成比率、效率比率和相关比率。

① 构成比率 也叫结构比率，它是某项财务指标的各组成部分的数值占总体数值的百分比，反映部分与总体的关系。其计算公式为：

构成比率 = 某个组成部分的数值/总体数值

据此计算出来的比率就是比重。比如，流动资产占总资产的比重等。这些比率主要包括资产构成比率、负债构成比率、费用构成比率、利润构成比率等。

② 效率比率 即某项经济活动中所费与所得的比率，反映投入与产出的关系。其计算公式为：

效率比率 = 所得数额(产出量)/所费数额(投入量)

一般而言，涉及利润的有关比率指标基本上是效率比率，如营业利润率、成本费用利润率等。因此要明确这里的效率不是衡量速度快慢的，而是评价投入与产出之间关系的指标。

③ 相关比率 即某个项目和与其有关但又不同的项目加以对比所得的比率，反映有关经济活动的相互关系。其计算公式为：

相关比率 = 某项目数值/相关项目数值

例如，流动比率 = 流动资产/流动负债。因为流动负债是要靠流动资产来偿还的，因此流动资产与流动负债是相关的。但是他们又是不同的项目，一个是资产，一个是负债。

财务比率是以相对数的形式来表现财务数据间的内在联系,这可以抵消因为经济规模不同所产生的差异影响,使不同比较对象建立可比性。比率分析可用于分析企业在不同时期的财务状况,或者将企业同本行业及主要竞争对手进行比较。但是,利用一个或几个财务比率只能从某个侧面对企业财务状况进行分析,其分析的有效性具有相对局限性。因此,在运用财务比率进行分析的同时,还应结合企业的其他相关资料和实际情况,如企业的技术发展水平、企业的主要竞争对手的财务状况表现等,这样才能作出正确、客观的判断。详细介绍见3.2节的内容。

(4) 因素分析法

因素分析法是依据分析指标与其影响因素的关系,从数量上确定各因素对分析指标影响方向和影响程度的一种方法。这种方法适用于受多种因素影响的综合性指标的分析,如成本、利润、资金周转等方面的指标。

运用因素分析法的一般程序为:首先,确定需要分析的指标;其次,确定影响该指标的各因素及与该指标的关系;最后,计算确定各个因素影响的程度数额。

因素分析法具体包括连环替代法和差额分析法两种。

① 连环替代法　连环替代法是因素分析法的基本形式,它是将分析指标分解为各个可以计量的因素,并根据各个因素之间的依存关系,顺次用各因素的比较值(通常为实际值)替代基准值(通常为标准值或计划值),据以测定各因素对分析指标的影响。其计算分析程序是:首先,确定对分析指标产生影响的因素,并列出关系式;其次,对各个影响因素进行分析,决定各因素的排列顺序,在假定其他因素不变的情况下,逐项进行替代;再次,逐项计算各因素的影响程度;最后,将各因素的影响程度进行验证。

例如:假设某经济指标 D 可分解为 A、B、C 三个因素,则计划(标准)指标和实际指标的关系式表示为:

计划(标准)指标:$D_0 = A_0 \times B_0 \times C_0$

实际指标:$D_1 = A_1 \times B_1 \times C_1$

则该指标实际与计划(标准)的差异为 $N = (D_1 - D_0)$,造成该差异的原因,可能是上列三因素同时影响的结果。在测定各个因素的变动对指标 N 的影响程度时可顺序计算如下:

计划(标准)指标:$D_0 = A_0 \times B_0 \times C_0$ ①

第一项替代:$D_2 = A_1 \times B_0 \times C_0$ ②

第二项替代:$D_3 = A_1 \times B_1 \times C_0$ ③

第三项替代:D_1(实际指标)$= A_1 \times B_1 \times C_1$ ④

据此测定的结果:

②－① $= D_2 - D_0$……………是由于 A 变动的影响

③－② $= D_3 - D_2$……………是由于 B 变动的影响

④－③ $= D_1 - D_3$……………是由于 C 变动的影响

把各因素变动的影响程度综合起来,则:

$(D_1 - D_3) + (D_3 - D_2) + (D_2 - D_0) = D_1 - D_0$

【例3-3】某公司生产的 A 产品有关材料消耗的计划和实际资料见表3-5,采用连环

表 3-5 材料消耗计划和实际资料表

项 目	单 位	计 划	实 际
产品产量	件	1000	1100
单位产品材料消耗量	kg	20	18
材料单价	元	4	5
材料费用总额	元	80 000	99 000

替代法确定各因素变动对材料消耗的影响。

根据表 3-5 资料可知材料费用总额实际值比计划值增加 19 000 元(99 000 − 80 000),这是分析对象。材料费用受产品产量、单位产品材料消耗量和材料单价三个因素影响。其关系式为:

材料费用总额 = 产品产量 × 单位产品材料消耗量 × 材料单价

以下分析各因素变动对材料费用总额的影响程度:

计划指标:　1000 × 20 × 4 = 80 000(元)　　　　　　　　　　　　　①
第一次替代:1100 × 20 × 4 = 88 000(元)　　　　　　　　　　　　　②
第二次替代:1100 × 18 × 4 = 79 200(元)　　　　　　　　　　　　　③
第三次替代:1100 × 18 × 5 = 99 000(元)　　　　　　　　　　　　　④

产量增加对材料费用的影响:② − ① = 88 000 − 80 000 = 8000(元)
材料消耗节约对材料费用的影响:③ − ② = 79 200 − 88 000 = −8800(元)
单价提高对材料费用的影响:④ − ③ = 99 000 − 79 200 = 19 800(元)
全部因素的影响程度:8000 − 8800 + 19 800 = 19 000(元)

②差额分析法　是连环替代法的一种简化形式,它是利用各个因素的比较值与基准值之间的差额,来计算各因素对分析指标的影响。

计划(标准)指标:$D_0 = A_0 \times B_0 \times C_0$
替换第一项(A 变动的影响):$(A_1 − A_0) \times B_0 \times C_0$
替换第二项(B 变动的影响):$A_1 \times (B_1 − B_0) \times C_0$
替换第三项(C 变动的影响):$A_1 \times B_1 \times (C_1 − C_0)$

然后将计算结果相加,计算总体影响结果。

【例 3-4】仍以表 3-5 所列数据为例,采用差额计算法确定各因素变动对材料消耗的影响。

产品数量变动的影响:(1100 − 1000) × 20 × 4 = 8000(元)
单位产品消耗量变动的影响:1100 × (18 − 20) × 4 = −8800(元)
材料单价变动的影响:1100 × 18 × (5 − 4) = 19 800(元)
全部因素的影响程度:8000 − 8800 + 19 800 = 19 000(元)

采用因素分析法时,必须注意以下问题:

第一,因素分解的关联性,即构成指标的各因素与分析指标之间客观上存在因果关系。

第二,因素替代的顺序性,进行因素替代时,必须按照各因素之间的依存关系,确定排列顺序,并依次替代,不可随意颠倒,否则会得出不同的计算结果。

第三,顺序替代的连环性。在分析每一因素变动的影响时,都是在前一步计算的基础上,用连环替代的方法进行计算分析,确定各因素的影响结果。

第四,计算结果的假定性。因为该方法会因替代顺序的不同而产生不同的结果,所以,计算结果有一定的假定性,不能达到绝对准确。

3.2 比率分析法

财务报表分析人员可以根据自己的需要构建许多财务比率。运用这些比率可以分析企业的偿债能力、营运能力、盈利能力和发展能力。

3.2.1 偿债能力比率分析

企业的负债包括流动负债和非流动负债,所以反应企业偿债能力的指标可分为短期偿债能力比率和长期偿债能力比率。

(1) 短期偿债能力比率分析

短期偿债能力比率也叫流动性比率,它是反映企业偿还短期债务能力的财务比率。短期债务偿还能力也是反映企业财务状况的重要指标。短期债务一般都要在一年内偿付,如果企业不能及时偿还,就可能使企业面临倒闭的风险。在资产负债表中,流动负债与流动资产形成一种对应关系,一般情况下企业会用流动资产清偿流动负债。评价企业短期偿债能力的主要财务比率有流动比率、速动比率和现金流量比率等。

①流动比率 流动比率是企业的流动资产与流动负债的比率。其计算公式为:

$$流动比率 = \frac{流动资产}{流动负债} \tag{3-1}$$

流动比率高,说明企业偿还短期债务的能力强。但并不是流动比率越高越好,该比率高,也可能存在存货过多,或者管理效率低、资金闲置等问题。而过多的资金积压在流动资产上可能影响企业整体资产的报酬率。传统观点认为,企业合理的流动比率为2:1(即2)比较合理。

【例3-5】假设利民公司简化的比较资产表如表3-6所列,求2015年利民公司的流动比率。

解:

2015年利民公司的流动比率为:

$$流动比率 = \frac{8040}{6193} = 1.3$$

表 3-6　比较资产负债表

年份 项目	2015 年		2014 年		2013 年	
	百万元	%	百万元	%	百万元	%
流动资产：						
货币资金	1332	14.0	1045	15.35	995	14.17
应收账款	3501	36.9	1484	21.80	1300	18.52
存货	3170	33.4	2579	37.89	2826	40.25
其他应收款	37	0.4	19	0.28	71	1.01
流动资产合计	8040	84.7	5127	75.33	5192	73.95
非流动资产：						
固定资产	1368	14.4	1350	19.84	1545	22.01
长期股权投资	79	0.8	329	4.83	284	4.05
非流动资产合计	1447	15.3	1679	24.67	1829	26.05
资产合计	9487.00	100	6806.00	100.00	7021.00	100.00
流动负债：						
短期借款	24	0.25	132	1.94	769	10.95
应付账款	4881	51.45	2580	37.91	2228	31.73
预收账款	610	6.43	434	6.38	394	5.61
其他流动负债	678	7.15	450	6.61	377	5.37
流动负债合计	6193.00	65.28	3596.00	52.84	3768.00	53.67
非流动负债合计	7	0.07	24	0.35	89	1.27
负债合计	6200.00	65.35	3620.00	53.19	3857.00	54.94
股东权益合计	3287	34.65	3186	46.81	3164	45.06
负债和股东权益总计	9487.00	100	6806.00	100	7021.00	100.00

该比率表明，该公司每有 1 元的流动负债，就有 1.3 元的流动资产做保障。但是，在实际应用流动比率进行分析时，应考虑多种因素，如行业的流动比率平均水平、企业流动资产的实际变现能力等。

② **速动比率**　在流动资产中，一般存货的变现能力较弱。在西方管理实践中，将流动资产扣除存货的部分称为速动资产。速动比率就是速动资产与流动负债的比率。该比率比流动比率能进一步反映企业的短期偿债能力。其计算公式为：

$$速动比率 = \frac{流动资产 - 存货}{流动负债} \tag{3-2}$$

根据表 3-6，利民公司 2015 年的速动比率为：

$$速动比率 = \frac{8040 - 3170}{6193} = 0.79$$

保守的算法，企业在计算速动比率时，还应从流动资产中扣除预付账款、一年内到期的非流动资产、无法收回的坏账以及待处理的流动资产损失等变现能力弱且不稳定的资产，这样更能可靠地评价企业资产的流动性和短期偿债能力。

国际上公认的速动比率的标准为 100%。由于行业间的差异，速动比率合理水平值的差异较大,在实际运用中,应结合行业特点分析判断。

③现金流量比率 是企业一定时期的经营现金净流量同流动负债的比率,它可以从现金流量角度来反映企业当期偿付短期负债的能力。其计算公式为:

$$现金流量比率 = \frac{经营现金净流量}{流动负债} \times 100\% \tag{3-3}$$

其中,经营现金净流量是指一定时期内企业经营活动所产生的现金及现金等价物的流入量与流出量的差额,其数值来源于企业的现金流量表。

现金流量比率是从现金流入和流出的动态角度对企业实际偿债能力进行考察,反映本期经营活动所产生的现金净流量足以抵付流动负债的倍数。一般该指标大于1,表示企业流动负债的偿还有可靠保证,该比率越大,表明企业经营活动产生的现金净流量越多,越能保障企业按期偿还到期债务。但是,该指标也不是越大越好,指标过大表明企业流动资金利用不充分,获利能力不强。

由于净利润与经营活动产生的现金净流量有可能背离,有利润不一定有足够的现金(含现金等价物)来偿还债务,所以利用以收付实现制为基础计量的现金流动负债比率指标,能充分体现企业经营活动所产生的现金净流量,更大程度上保证当期流动负债的偿还,直观地反映出企业偿还流动负债的实际能力。

(2)长期偿债能力比率

长期偿债能力比率反映企业长期债务偿还能力,主要比率有资产负债率、权益乘数和利息保障倍数等。

①资产负债率 资产负债率是企业的负债总额与资产总额的比率,它反映企业的资产中通过债务获取资金的比例。其计算公式为:

$$资产负债率 = \frac{负债总额}{资产总额} \times 100\% \tag{3-4}$$

该比率越高,企业偿还债务的能力越差。

根据表3-6,2015年利民公司的资产负债率为:

$$资产负债率 = \frac{6200}{9487} \times 100\% = 65.35\%$$

这说明,利民公司2015年每100元资产中有65.35元是通过债务资金的方式获得的。究竟资产负债率达到多少对企业有利,这在实际中很难判断。因为,对于资产负债率,企业的债权人、投资者或股东、企业的管理层会分别从不同的角度进行评价。

债权人总是希望企业的资产负债率越低越好。因为债权人最关心的是其贷出资金的安全性。若企业的资产负债率过高,意味着企业的全部资产中,大部分由债务资金形成,企业的财务风险主要由债权人承担,其收回资金的安全系数大大降低。

企业的投资者希望企业有较高的资产负债率。因为他们主要关心的是投资收益率的高低。企业通过债务获得的资金与股东投入的资金在生产经营过程中发挥着同样的作用。如果企业的资产报酬率高于企业支付给债权人的利率,剩余的投资报酬将归股东所有,股东就可以获得企业举债经营所带来的额外报酬。相反,若企业的资产报酬率低于企业支付给债权人的利率,则股东的报酬会降低。这意味着,当企业的资产报酬率高于企业支付给债权人的利率时,企业的资产负债率越高,股东可得到的额外报酬越多,反之越少。

从企业的管理层来看，他们既要考虑股东的利益，又要顾虑企业所承担的财务风险。资产负债率过高，企业的财务风险将增大，危害投资者和债权人的利益；资产负债率过低，表明企业管理层未能充分利用举债经营给股东带来更多的利益。所以，作为企业的管理者，要结合企业发展的不同阶段作出适当的举债决策。

② 权益乘数　权益乘数是企业资产总额与权益总额的比率。该比率越高，说明企业资产中来源于权益资金的部分越少。其计算公式为：

$$权益乘数 = \frac{资产总额}{权益总额} = \frac{资产总额}{资产总额 - 负债总额} = \frac{1}{1 - 资产负债率} \tag{3-5}$$

根据表3-6，2015年利民公司的权益乘数为：

$$权益乘数 = \frac{9487}{3287} = 2.89$$

③ 利息保障倍数　利息保障倍数是税前利润加利息费用之和与利息费用的比率。其计算公式为：

$$利息保障倍数 = \frac{税前利润 + 利息费用}{利息费用} \tag{3-6}$$

上述公式中的利息费用，一般可用利润表中的财务费用表示。

利息保障倍数反映企业通过经营所得偿付债务利息的能力。该比率越高，表明企业偿付债务利息能力越强，企业越可能从债权人那里获得充分的资金用于企业的发展；该比率过低，说明企业支付债务利息的能力弱，会引起债权人的不安，企业的财务状况会趋于恶化。从长远看，利息保障倍数至少应大于1。

【例3-6】假设利民公司简化的比较利润表如表3-7所列，求2015年利民公司的利息保障倍数。

表3-7　比较利润表

时间 项目	2015年		2014年		2013年	
	百万元	%	百万元	%	百万元	%
营业收入	12 820	100	8055	100	6759	100
减：营业成本	10 925	85.22	6824	84.72	6182	91.46
营业费用	1443	11.26	900	11.17	934	13.82
管理费用	298	2.32	248	3.08	286	4.23
财务费用	24	0.19	35	0.43	84	1.24
加：投资收益	-5		-50		0	
营业利润	125	0.98	-2	-0.025	-727	-10.76
加：营业外收入	10		331		353	
减：营业外支出	7		275		314	
税前利润	128		54		-688	
减：所得税	16		8		6	
净利润	112	0.87	46	0.57	-694	-10.27

解：

2015 年利民公司的利息保障倍数为：

$$利息保障倍数 = \frac{128+24}{24} = 6.33$$

3.2.2 营运能力比率分析

营运能力比率也叫资产使用效率比率，它反映企业资金的周转情况，通过这些财务比率可以了解企业的经营状况和经营管理水平。企业的资金周转状况同企业的采购、生产、销售等各个环节紧密相关。资金只有顺利通过每一个环节，才能以最快的速度在最短的时间完成一次资金循环。资金周转状况良好，说明企业的经营管理水平高，企业资金利用效率高。

评价企业资产使用效率的财务比率主要有应收账款周转率、存货周转率、流动资产周转率、固定资产周转率以及总资产周转率等。

(1) 应收账款周转率

应收账款周转率是企业一定时期赊销收入与应收账款的比率。其计算公式为：

$$应收账款周转率 = \frac{赊销收入}{应收账款} \tag{3-7}$$

公式中的应收账款包括应收票据，其金额一般用期初与期末的平均数，也可以是期末金额。

【例 3-7】 假设利民公司利润表(表 3-7)中的销售收入项目均是赊销收入，结合表 3-6，求 2015 年利民公司的应收账款周期率。

解：

2015 年利民公司的应收账款周转率为：

$$应收账款周转率 = \frac{12\,820}{3501} = 3.66$$

应收账款周转率的高低可以在一定程度上反映企业管理水平的高低。该比率高，说明企业催收赊账的速度快，资产的流动性强，资金的使用效率高。但是，如果该比率过高，可能是企业采取的信用政策过于严格，信用标准和付款条件过于苛刻所造成的。若是这样，则可能会限制企业的销售能力，从而影响企业的盈利水平。

从利民公司来看，利民公司销售收入的增加是以牺牲应收账款周转率为代价的，该公司的应收账款周转率从 2013 年的 5.20(6759/1300) 下降到 2015 年的 3.66。

在实践中还可以应收账款回收期(周转天数)来反映应收账款周转的效率。其计算公式为：

$$应收账款回收期 = \frac{360}{应收账款周转率} \tag{3-8}$$

该比率表示应收账款周转一次平均所需要的天数。回收期越短，说明应收账款周转速度越快。根据上面的计算，利民公司 2015 年应收账款回收期为：

$$应收账款回收期 = \frac{360}{3.66} = 98.36(天)$$

(2) 存货周转率

存货周转率是企业一定时期销售产品成本与存货的比率。其计算公式为：

$$存货周转率 = \frac{销售产品成本}{存货} \qquad (3-9)$$

公式中的销售产品成本一般是利润表中的主营业务成本项目，存货一般为期初和期末的平均数，也可以是期末金额。根据表 3-6 和 3-7 中的数据，利民公司 2015 年的存货周转率为：

$$存货周转率 = \frac{10\ 925}{3170} = 3.45$$

存货周转率表明一定时期内企业存货周转的次数，反映企业存货变现的速度，衡量企业的销售能力及存货是否过量。在正常情况下，存货周转率高，企业的销售能力越强，企业资金占用在存货上的金额越少。存货周转率低，通常是由于存货管理不力，销售状况不甚理想，造成存货积压。因此，企业应加强存货管理，以提高其变现能力和盈利能力。

从利民公司来看，虽然存货周转率不是很理想，但是可以看到该公司的存货周转从 2013 年的 2.19 提高到 2015 年的 3.45，同时，存货占总资产的比例从 2013 年的 40.25% 下降到 2015 年的 33.4%，表明该公司在扩大销售，改变存货积压等方面做了很大努力。

存货周转速度也可以用存货周转天数或回收期表示，表明存货周转一次需要的天数。回收期越短，说明存货周转速度越快。用公式表示为：

$$存货周转天数 = \frac{360}{存货周转率} \qquad (3-10)$$

(3) 流动资产周转率

流动资产周转率反映企业流动资产的使用效率，是企业销售收入与流动资产的比率。其计算公式为：

$$流动资产周转率 = \frac{销售收入}{流动资产} \qquad (3-11)$$

根据表 3-6 和表 3-7，利民公司 2015 年的流动资产周转率为：

$$流动资产周转率 = \frac{12\ 820}{8040} = 1.59$$

流动资产周转率是分析流动资产周转速度的一个综合性指标，流动资产周转率高，说明流动资金周转速度快，资金的使用效率高。

(4) 固定资产周转率

固定资产周转率是企业销售收入与固定资产的比率。其计算公式为：

$$固定资产周转率 = \frac{销售收入}{固定资产} \qquad (3-12)$$

公式中的固定资产可以是期末金额，也可以是期初与期末的平均数。根据表 3-6 和表 3-7，利民公司 2015 年的固定资产周转率为：

$$固定资产周转率 = \frac{12\ 820}{1368} = 9.37$$

固定资产周转率是衡量企业一定时期固定资产利用状况和利用效率的指标。该比率越高，说明企业的厂房、机器设备等固定资产的周转速度越快，利用效率越高。

（5）总资产周转率

总资产周转率是企业销售收入与资产总额的比率。其计算公式为：

$$总资产周转率 = \frac{销售收入}{资产总额} \tag{3-13}$$

总资产周转率衡量企业全部资产的使用效率，该比率越大，说明企业的资产使用效率越高，企业的资产报酬率越高。根据表3-6和表3-7，利民公司2015年资产周转率为：

$$总资产周转率 = \frac{12\,820}{9487} = 1.35$$

流动资产、固定资产以及总资产的周转速度也可以用周转天或回收期表示。回收期越短，说明其周转速度越快。

3.2.3 盈利能力比率分析

盈利能力是指企业通过资产运作赚取利润的能力。盈利能力比率反映企业在一时期内的经营成果，利用该类比率还可以评价企业管理层的工作业绩水平。盈利是企业经营的重要目标，是企业生存和发展的物质基础。无论是企业股东、企业的债权人，还是企业的管理人员、普通员工，都日益重视和关心企业的盈利能力。企业盈利能力的高低会影响到企业的流动性和企业成长，所以，债权人和投资者更关心该类比率。企业各年的盈利水平可能会受到各种非正常的因素影响，企业盈利能力比率分析一般分析企业正常的经营活动的盈利能力。

评价企业盈利能力的比率主要有销售利润率、资产报酬率、权益报酬率、每股盈余及市盈率等指标。

（1）销售利润率

销售利润率是企业净利润与销售收入的比率，其计算公式为：

$$销售利润率 = \frac{净利润}{销售收入} \times 100\% \tag{3-14}$$

销售利润率反映企业净利润占销售收入的比例，它可以用来评价企业通过销售行为赚取利润的能力。该比率越高，企业通过扩大销售获得收益的能力越强。根据表3-7，利民公司2015年的销售利润率为：

$$销售利润率 = \frac{112}{12\,820} \times 100\% = 0.87\%$$

通过计算可知，该公司2015年每销售100元可获利0.87元，说明该公司的产品销售处于微利阶段。评价企业的销售利润率，应比较企业过去的历史数据，从而判断企业销售利润率的变化趋势。同时，还应将本企业的数据与同行业的平均数据，特别是与竞争对手的数据进行比较，以判断本企业在同行业中的盈利水平。

（2）资产报酬率

资产报酬率是企业的净利润与资产总额的比率。其计算公式为：

$$资产报酬率 = \frac{净利润}{资产总额} \times 100\% \tag{3-15}$$

在该公式中，净利润是时期金额，而资产总额是时点金额，它可用一年的期末数字，也可以用期初和期末的平均数。

资产报酬率主要衡量企业利用资产获取利润的能力，反映企业资产的利用效率。该比率越高，说明企业的资产获利能力越强。根据表3-6和表3-7资料计算可知，利民公司2015年每100元资产投入可以产出净利润1.18元（$112 \div 9487 \times 100 = 1.18$）。

资产报酬率是一个综合性很强的财务比率，它能全面反映企业利用资产获利的效率。但由于不同行业的技术含量和资本需求量的不同，资产报酬率会有很大的差异。高技术产业的资产报酬率普遍比一般产业要高。资本密集性企业的资产报酬率要高于劳动密集型企业。另外，由于竞争的存在，同一企业在不同时期的资产报酬率也会发生变动。因此，在采用资产报酬率评价企业的赢利水平和管理层的工作业绩时，应参考该公司的竞争对手和同行业的资产报酬率。

（3）权益报酬率

权益报酬率又称净资产报酬率或权益净利率，是企业一定时期的净利润与权益总额的比率。其计算公式为：

$$权益报酬率 = \frac{净利润}{权益总额} \times 100\% \tag{3-16}$$

同资产报酬率计算公式一样，权益总额可以采用公司期末的数字，也可以采用一年的期初和期末权益总额的平均数。根据表3-6和表3-7，利民公司2015年的权益报酬率为：

$$权益报酬率 = \frac{112}{3287} \times 100\% = 3.41\%$$

权益报酬率是评价企业利用所有者资金获取利润的能力，它反映了企业投资者获取投资报酬的高低。该比率越高，说明投资者获得的报酬水平越高。企业的投资者或股东最关心该财务指标。

（4）市盈率

市盈率是普通股每股市场价格与每股盈余的比率。它表示投资者为获得1元净利润愿意支付的价格。其计算公式为：

$$市盈率 = \frac{每股市价}{每股盈余} \tag{3-17}$$

市盈率是反映企业获利能力的一个重要财务比率，可用来估计股票的投资报酬和投资风险。市盈率低，说明该股票的投资风险低。市盈率高，既可能意味该股票的投资风险高，可能反映投资者对该公司的前景看好，所以愿意出高价购买该公司股票。

假设2015年年末利民公司股票的市场价格为每股2.8元，则其市盈率为：

$$市盈率 = \frac{2.8}{0.056} = 50（倍）$$

3.2.4 发展能力比率

企业要在市场竞争中获胜，就必须不断地发展，发展是企业的生存之本，也是企业盈利之源。因此，财务信息使用者对企业发展能力的分析评价日益重视。企业发展能力分析的目的是要说明企业的长远扩展能力以及企业未来生产经营实力。评价企业发展能力的主要指标有营业收入增长率、资本积累率、技术投入比率等指标。

(1) 营业收入增长率

营业收入增长率是指企业本年营业收入增长额同上年营业收入总额的比率。其计算公式为：

$$营业收入增长率 = \frac{本年营业收入增长额}{上年营业收入总额} \times 100\% \qquad (3-18)$$

其中：

本年营业收入增长额 = 本年营业收入总额 - 上年营业收入总额

根据表3-7有关数据，利民公司2015年的营业收入增长率为：

$$营业收入增长率 = \frac{12\,820 - 8055}{8055} \times 100\% = 59.16\%$$

该指标也可以计算主营业务收入增长率，即：

$$主营业务收入增长率 = \frac{本年主营业务收入增长额}{上年主营业务收入总额} \times 100\% \qquad (3-19)$$

该指标反映了企业成长状况和发展能力，是衡量企业经营状况和市场占有能力、预测企业经营业务拓展趋势的重要指标。营业收入增长率大于0，表明企业本年营业收入有所增长。该比率越高，表明企业营业收入的增长速度越快，企业市场前景越好，企业有良好的发展能力。

(2) 资本积累率

资本积累率是指企业本年所有者权益增长额同年初所有者权益的比率。该指标反映企业当年资本的积累能力，是评价企业资本增长潜力的重要指标。其计算公式为：

$$资本积累率 = \frac{本年所有者权益增长额}{年初所有者权益总额} \times 100\% \qquad (3-20)$$

其中，本年所有者权益增长额 = 年末所有者权益总额 - 年初所有者权益总额

资本积累率越高，表明企业的资本积累越多，应对风险、持续发展的能力越强。一般来说，该指标至少要达到0。如果小于0，说明资本在流失。

根据表3-6，2015年利民公司的资本积累率为：

$$资本积累率 = \frac{3287 - 3186}{3186} \times 100\% = 3.2\%$$

(3) 技术投入比率

技术投入比率就是企业本年科技支出（包括用于研究开发、技术改造、科技创新等方面的支出）与本年营业收入的比率。其计算公式为：

$$技术投入比率 = \frac{本年科技支出总额}{本年营业收入总额} \times 100\% \qquad (3-21)$$

企业在科技进步方面的投入，在一定程度上可以体现企业的发展潜力。该指标从企业技术创新方面反映企业发展潜力和可持续发展能力。

3.3 财务综合分析

企业的各项财务指标是企业经营战略和经营决策结果的体现，而企业管理者在考虑经

营战略时,不仅要对本企业不同时期的同一指标进行对比分析,还必须与同行业的平均水平、本企业的竞争对手进行比较。同时,财务比率分析法是用一系列的财务比率指标分析评价企业的偿债能力、营运能力以及盈利能力等,但这些指标难以全面分析评价企业的财务状况和经营成果。要对企业的财务状况和经营成果作出全面的判断,还应把这些指标纳入某个系统的整体中,同时应用比较法、比率法等进行综合的分析评价,只有这样,才能对企业的财务状况作出全面、合理的评价。

3.3.1 杜邦分析

杜邦分析法也叫杜邦财务分析体系或杜邦体系,因美国杜邦公司最早采用而得名。该方法利用主要财务指标之间的内在联系对企业的财务状况和经济效益进行综合系统的分析评价。其基本原理是在若干财务比率指标中,找出一个最具综合性的指标来反映企业财务状况和经营成果的好坏,然后将该指标层层分解,直到会计报表项目。当该指标升高或降低时,进一步对各分解指标进行分析,说明这些分解指标对该指标的升降所作的贡献,据此来改进管理,从而实现企业价值最大化的目标。

杜邦分析以权益报酬率为核心,揭示各财务指标之间的内在联系,形成杜邦体系的基本结构。分析时,可把各项财务指标之间的关系绘制成杜邦分析图。

权益报酬率也叫权益净利率,它是一个最具综合性的财务指标,是杜邦分析体系的核心。它不仅反映投资人投入资本的盈利能力,同时还反映企业筹资、投资以及资产营运的效率。权益报酬率的高低取决于资产报酬率和权益乘数两个指标,其关系如下:

$$权益报酬率 = \frac{净利润}{权益总额} = \frac{净利润}{资产总额} \times \frac{资产总额}{权益总额} = 资产报酬率 \times 权益乘数 \quad (3\text{-}22)$$

而资产报酬率又可分解成两个相关的财务指标:销售利润率和资产周转率。其关系如下:

$$资产报酬率 = \frac{净利润}{资产总额} = \frac{净利润}{销售收入} \times \frac{销售收入}{资产总额} = 销售利润率 \times 资产周转率 \quad (3\text{-}23)$$

由上述公式可知,企业要提高资产报酬率,有两个基本途径:一是提高销售利润率;二是加快资产周转速度。提高销售利润率意味着要做好成本控制,扩大销售。而改善资产周转率则要充分高效地利用各项资产。

由上述两个公式可得出:

$$权益报酬率 = 销售利润率 \times 资产周转率 \times 权益乘数 \quad (3\text{-}24)$$

可见权益报酬率是企业综合性最强的指标,它受销售利润率、资产周转率和权益乘数影响。通过杜邦分析,可以找出权益净利率升高或降低的原因,为企业下一步决策及时提供信息。

根据表3-6和表3-7,绘制2015年利民公司的杜邦分析图(图3-1)。

杜邦分析方法的局限性为:

第一,总资产报酬率(总资产利润率)指标中的总资产和净利润不匹配。因为总资产来源于股东和债权人,而净利润仅指股东的回报。

第二,净利润指标没有区分经营活动损益和融资活动损益。如财务费用是企业筹资活

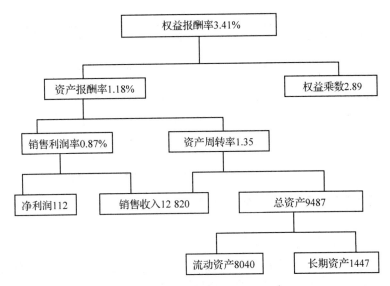

图 3-1 利民公司 2015 年杜邦系统分析图

动产生的,而且还有公允价值变动损益等。

第三,不能准确解释负债筹资的杠杆作用。因为负债指标中没有区分有息负债和无息负债,而只有有息负债才能产生杠杆作用。

3.3.2 沃尔评分法

沃尔评分法是指将选定的财务比率用线性关系结合起来,并分别给定各自的比重,然后通过与标准比率进行比较,确定各项指标的得分及总体指标的累计分数,从而对企业的信用水平作出评价的方法。该方法是由财务状况综合评价的先驱亚历山大·沃尔提出而得名。

亚历山大·沃尔于20世纪初出版的《信用晴雨表研究》和《财务报表比率分析》中提出了信用能力指数的概念,他选择了七个财务比率,即流动比率、产权比率、固定资产比率、存货周转率、应收账款周转率、固定资产周转率和自有资金周转率,分别给定各指标的比重(比重总和为100),然后确定标准比率(以行业平均数为基础),将实际比率与标准比率相比,得出相对比率,将此相对比率与各指标比重相乘,得出总评分。若实际得分大于或接近100分,则说明财务状况良好;反之,若相差较大,则说明财务状况较差。

表 3-8 是用沃尔评分法对利民公司 2015 年度财务状况的评价。

表 3-8 利民公司沃尔评分表

财务比率	比重 ①	标准比率 ②	实际比率 ③	相对比率 ④=③/②	实际得分 ⑤=①×④
流动比率	25	2.00	1.30	0.65	16.25
净资产/负债	25	1.50	0.53	0.35	8.83
资产/固定资产	15	2.50	6.94	2.78	41.64

(续)

财务比率	比重 ①	标准比率 ②	实际比率 ③	相对比率 ④=③/②	实际得分 ⑤=①×④
销售成本/存货	10	8.00	3.45	0.43	4.31
销售额/应收账款	10	6.00	3.66	0.61	6.10
销售额/固定资产	10	4.00	9.37	2.34	23.43
销售额/净资产	5	3.00	3.90	1.30	6.50
合计	100				107.06

由表3-8可以看出，利民公司的总体评分为107.06，说明该企业的总体财务状况良好。

沃尔的评分法的缺陷为：

第一，理论上的问题。该方法未能证明为什么要选择这7个指标，而不是更多或更少些，或者选择别的指标；也未能证明每个指标所占比重的合理性。

第二，技术上的问题。当某一个指标严重异常时，会对总评分产生不合逻辑的重大影响。这是因为某指标的得分是根据相对比率与其比重相乘得出来的。

尽管沃尔的方法在理论上还有待证明，在技术上也不完善，但它还是在实践中被应用。

我国财政部、国家经济贸易委员会、中央企业工作委员会、劳动和社会保障部(现人力资源和社会保障部)和国家计划委员会(现国家发展和改革委员会)，2002年2月22日颁布了《企业效绩评价操作细则(修订)》，设置了更加全面详细的评价指标、指标权数、评价标准、评价方法和适用范围，构成一套比较完整的评价体系，以此来全面评价企业的财务状况和经营成果(表3-9)。

表3-9 企业绩效评价指标

指标类别(100分)	定量指标(权重80%)		定性指标(权重20%)
	基本指标(100分)	修正指标(100分)	评议指标(100分)
财务效益状况 (38分)	净资产收益率(25分) 总资产报酬率(13分)	资本保值增值率(12分) 主营业务利润率(8分) 盈余现金保障倍数(8分) 成本费用率(10分)	1. 经营者基本素质(18分) 2. 产品市场占有能力(服务满意度)(16分) 3. 基础管理水平(12分) 4. 发展创新能力(14分) 5. 经营发展战略(12分) 6. 在岗员工素质(10分) 7. 技术装备更新水平(服务硬环境)(10分) 8. 综合社会贡献(8分)
资产营运状况 (18分)	总资产周转率(9分) 流动资产周转率(9分)	存货周转率(5分) 应收账款周转率(5分) 不良资产比率(8分)	
偿债能力状况 (20分)	资产负债率(12分) 已获利息倍数(8分)	现金流动负债比率(10分) 速动比率(10分)	
发展能力状况 (24分)	销售(营业)增长率(12分) 资本积累率(12分)	三年资本平均增长率(9分) 三年销售平均增长率(8分) 技术投入比率(7分)	

思考题

1. 简述反映企业偿债能力的指标。
2. 简述反映企业盈利能力的指标。
3. 简述反映企业资产利用效率的指标。
4. 简述反映企业发展能力的指标。
5. 论述杜邦分析可以揭示企业哪些财务信息。

练习题

1. 某企业2009年销售收入为200万元,销售成本120万元,赊销比例为80%,销售净利润率为16%,存货周转率为5次,期初存货余额为20万元,期初应收账款余额为48万元,期末应收账款余额为16万元,速动比率为1.6,流动比率为2,流动资产占资产总额的28%,该企业期初资产总额为300万元。该公司期末没有待处理流动资产损失。

要求:计算以下指标:
①应收账款周转率;
②总资产周转率;
③资产报酬率。

2. 某企业2007年和2008年的营业净利润分别为7%和8%,资产周转率分别为2和1.5,两年的资产负债率相同。

要求:分析该企业净资产收益率的变动趋势。

3. 已知某公司2009年会计报表的有关资料见表3-10:

表3-10 资产负债表　　　　　　　　　　　　　单位:万元

项目	年初数	年末数
资产	8500	10 500
负债	4500	6000
所有者权益	4000	4500

利润表中期末的主营业务收入净额为20 000万元,净利润为800万元。

要求:(1)计算杜邦财务分析体系中的下列指标(凡计算指标涉及资产负债表项目数据的,均按平均数计算):
① 净资产收益率;
② 总资产净利率(保留三位小数);
③ 主营业务净利率;
④ 总资产周转率(保留三位小数);
⑤ 权益乘数。

(2)用文字列出净资产收益率与上述其他各项指标之间的关系式,并用本题数据加以验证。

案例

宏达公司是一家主营家电、计算机和通讯终端等产品的企业,表3-11、表3-12是该公司连续4年的资产负债表和利润表。假设不考虑其他因素,要求:

1. 计算并分析该企业连续4年的相关财务指标(包括盈利能力、偿债能力、营运能力和发展能力指标);

2. 观察并描述各项指标的变动趋势，从总体上判断企业的财务状况；
3. 运用所学的综合分析方法，对该企业进行综合分析。

表 3-11　宏达公司资产负债表　　　　　　　　　　　　　　　单位：万元

项目	2012 年	2013 年	2014 年	2015 年
流动资产：				
货币资金	61 929	38 485	36 610	16 096
应收票据	2000	2850	5620	5570
应收股利	500	245	400	466
应收账款	15 921	20 013	18 440	20 980
其他应收款	509	1856	4330	444
预付账款	790	418	1750	644
存货	54 954	60 425	74 616	78 990
流动资产合计	136 603	124 292	141 766	123 190
非流动资产：				
固定资产净值	223 535	270 900	285 100	285 375
无形资产	468	990	1360	3155
长期待摊费用	140	78	68	110
非流动资产合计	224 143	271 968	286 528	288 640
资产总计	360 746	396 260	428 294	411 830
流动负债：				
应付账款	24 110	30 826	46 280	35 350
短期借款	45 641	44 384	45 800	41 480
流动负债合计	69 751	75 210	92 080	76 830
非流动负债：				
长期借款	26 105	45 752	35 842	39 200
应付债券	6677	15 985	25 750	20 280
非流动负债合计	32 782	61 737	61 592	59 480
负债总计	102 533	136 947	153 672	136 310
股本及保留盈余*	258 213	259 313	274 622	275 520
负债及股东权益	360 746	396 260	428 294	411 830

*表中股本为 250 000。

表 3-12　宏达公司利润表　　　　　　　　　　　　　　　　　单位：万元

项目	2012 年	2013 年	2014 年	2015 年
营业收入	795 650	794 628	785 580	846 510
减：营业成本	511 505	516 106	528 540	569 400
营业税金及附加	39 783	39 731	39 279	42 326
管理费用	51 900	58 045	62 664	73 535
销售费用	1210	2224	3431	3878
财务费用	1154	1559	1990	2451
加：投资收益	0	0	0	0

(续)

项目	2012 年	2013 年	2014 年	2015 年
营业利润	190 098	176 963	149 676	154 920
加：补贴收入	0	0	0	0
营业外收入	12	11	10	13
减：营业外支出	9	7	8	9
利润总额	190 101	176 967	149 678	154 925
减：所得税费用	47 525	44 242	37 420	38 731
净利润	142 576	132 725	112 259	116 194

阅读指引

1. 企业绩效评价操作细则(修订)　财统〔2002〕5 号．财政部，国家经济贸易委员会，中央企业工作委员会，劳动和社会保障部，国家计划委员会．2002．

2. 企业绩效评价标准值 2015．国务院国资委财务监督与考核评价局．经济科学出版社，2015．

第二篇　企业资金投放与运用

企业提高利润、增加股东财富、提升企业价值的主要途径就是将资金投放于各类高回报资产，并有效加以运用。因此，如何有效地投入和运用资金以减少经营风险是财务管理的核心内容之一。企业既可以投资于生产经营性资产直接赚取利润，也可以投资于金融性资产获取利息、股利或资本利得。本篇将分别叙述这些资产投资的决策与运营资金管理所遵循的基本原理和一般方法。

第4章 投资决策基础

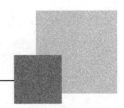

学习目标

* 了解投资活动的意义；
* 了解公司投资的分类及投资决策的依据；
* 掌握投资现金流量的构成及其计算；
* 掌握投资决策指标的计算方法和决策规则；
* 了解各种投资决策方法的相互比较。

4.1 投资概述

投资是指特定经济主体（包括国家、公司和个人）为了在未来一定时期内获得与风险相适应的报酬，在一定时机向一定领域的标的物投放足够数额的资金或实物等货币等价物的经济行为。从特定公司角度看，投资就是公司投放财力于一定对象，以期望在未来获取一定收益的经济行为。

4.1.1 投资的意义

(1) 公司投资是取得利润的基本前提

公司财务管理的目标是不断提高公司价值。为此，公司要采取各种措施增加利润、降低风险。公司要想获得利润，必须拥有一定数量的资金，并把资金投放到各种资产上。

(2) 公司投资是生存发展的必要手段

在科学技术、社会经济迅速发展的今天，公司无论是维持简单再生产还是实现扩大再生产，都必须进行一定的投资。要维持简单再生产的顺利进行，就必须及时对机器设备进行更新，对产品和工艺进行改革，不断提高职工的科学技术水平等；要实现扩大再生产，就必须新建、扩建厂房，增添机器设备，增加职工人数，提高人员素质等。公司只有通过一系列的投资活动，才能创造增强实力、提高效率所不可缺少的条件。

(3) 公司投资是降低风险的重要方法

公司把资金投向生产经营的关键环节或薄弱环节，可以使公司各种生产经营能力配套、平衡，形成更大的综合生产能力。公司如把资金投向多个行业，实行多元化经营，既能增加公司销售和盈余的稳定性，也是降低公司经营风险的重要方法。

4.1.2 投资的分类

为了加强投资管理、提高投资效益，必须分清投资的性质，对投资进行科学的分类。公司投资可进行如下分类。

(1) 直接投资与间接投资

按投资与公司生产经营的关系，可将投资分为直接投资和间接投资两类。直接投资是指把资金投放于生产经营性资产，以形成或改善公司的生产能力为最终目的的投资。间接投资又称证券投资，是指把资金投放于证券等金融资产，通过让渡资金的使用权而获取股利、使用费或利息收入等收益的投资。随着我国金融市场的完善和多渠道筹资的形成，公司间接投资将越来越广泛。

(2) 短期投资与长期投资

按投资回收时间的长短，可将投资分为短期投资和长期投资两类。短期投资又称流动资产投资，是指能够并且准备在一年以内收回的投资，主要包括对现金、应收账款、存货、短期有价证券等的投资。长期投资则是指一年以上才能收回的投资，主要包括对厂房、机器设备等固定资产的投资，也包括对无形资产和长期有价证券等的投资。由于长期投资中固定资产所占比重最大，因此长期投资有时专指固定资产投资。长期有价证券投资如能随时变现，也可用于短期投资。

(3) 对内投资与对外投资

按投资的方向，可将投资分为对内投资和对外投资两类。对内投资是指把资金投向公司内部，购置各种生产经营用资产的投资。对外投资是指公司以现金、实物、无形资产等方式或以购买股票、债券等有价证券等方式投向其他单位的投资。随着公司横向经济联合的展开，对外投资越来越重要。对内投资是直接投资，对外投资主要是间接投资，但也可以是直接投资。

(4) 初创投资与后续投资

按投资在再生产过程中的作用，可将投资分为初创投资和后续投资。初创投资是指在建立新公司时所进行的各种投资。通过初创投资可建设形成公司的原始资产，为公司的生产经营创造必备的条件。后续投资是指为了巩固和发展公司再生产所进行的各种投资，包括为维持简单再生产所进行的更新性投资，为实现扩大再生产所进行的追加性投资，以及为调整生产经营方向所进行的转移性投资等。

投资除以上分类外，也可以按照其他不同标准进行分类。如按照投资的影响范围分为战术性投资和战略性投资；按照投资项目之间的关系分为独立项目投资、相关性项目投资、互斥项目投资等；按照投资项目现金流入与流出的时间分为常规项目投资和非常规项目投资。不同的投资分类之间存在着交叉的现象。

本章后续内容中的投资主要指对内长期直接投资，即为巩固和发展公司再生产，将资金投向公司内部、购置期限较长的生产经营性资产的投资，尤指固定资产投资。

4.1.3 投资决策的依据

投资决策是对各个可行性方案进行分析和评价，并从中选出最优方案的过程。投资决策的分析评价，需要借助于一定的评价方法，以便科学地对投资的风险和收益进行估计与判断，减少投资决策失误。通常不论借助于何种投资决策评价方法，都需要一些具体的投资决策评价指标。

投资决策评价指标是指用于衡量和比较投资项目可行性、据以进行方案决策的定量化标准与尺度，是由一系列综合反映投资效益、投入产出关系的量化指标构成的。它是评价投资方案是否可行或优劣的标准，是投资者进行投资决策分析的主要依据。

投资决策评价指标按其是否考虑货币时间价值，可分为非贴现现金流量指标和贴现现金流量指标两大类。非贴现现金流量指标是指在指标计算过程中不考虑资金时间价值的各种指标，又称静态指标，包括投资回收期和平均报酬率等。贴现现金流量指标是指在计算过程中必须充分考虑和利用资金时间价值的指标，又称动态评价指标，包括净现值、获利指数、内含报酬率和动态投资回收期等。

投资决策评价指按其性质不同，可以分为正指标和反指标。投资报酬率、净现值、净现值率、获利指数和内含报酬率均属于正指标，其越大表明项目越具有投资价值；投资回收期及动态投资回收期属于反指标，其越小表明项目越具有投资价值。

投资决策评价指标按其在决策中所处的地位，可分为主要指标、次要指标和辅助指标。净现值、内含报酬率为主要指标；静态投资回收期为次要指标；投资利润率、年平均投资报酬率为辅助指标。

投资决策评价指标按其数量特征的不同，可分为绝对量指标和相对量指标。前者包括以时间为计量单位的投资回收期和以价值量为计量单位的净现值；后者包括获利指数、平均报酬率和内部报酬率，该类指标除获利指数外大多为百分比指标。

4.2 现金流量的估算

现金流量是各个投资决策指标的重要基础，因此对现金流量的准确分析和计算是正确进行投资决策的关键。但是，现金流量是在预测的基础上进行的估计，要做到完全准确是不现实的，只能在对投资环境和项目本身进行周全考虑的基础上，尽量科学、合理地预计。

4.2.1 现金流量的概念

投资中的现金流量是指与投资决策相关的现金流入和流出的数量的统称。一定时期内凡是由该项投资而增加的现金收入或现金支出的节约额都称为现金流入；凡是由该项投资引起的现金支出都称为现金流出。现金流入量与现金流出量之差，称为净现金流量（net cash flow，NCF）。

投资决策中以现金流量信息为基础进行投资决策，而不采用传统财务会计中以权责发生制为基础确定的利润作为决策依据的原因主要有以下两方面：

（1）采用现金流量有利于科学地考虑资金的时间价值

利润的计算是以权责发生制为基础的，它不考虑资金收付的具体时间，而现金流量则反映了每一笔资金收付的具体时间。由于科学的投资决策必须认真考虑资金的时间价值，因此与利润相比,现金流量是更好的选择。

(2) 采用现金流量使投资决策更加客观

利润的计算带有一定的主观性,采用不同的会计政策、会计估计可能出现不同的利润数据。相比之下,现金流量则更加客观、真实,不易受人为因素的影响。因此,在投资决策中采用现金流量更符合客观实际。

理解投资决策中的现金流量,首先应注意投资决策中计算的现金流量是与决策相关的现金流量,它是建立在"差量"概念的基础之上的。所谓差量现金流量,是指与没有作出某项决策时公司现金流量之间的差额。也就是说,只有当作出某项决策后才会发生改变的现金流量才是与决策相关的,决策时必须考虑。如果无论是否作出该决策,一笔现金流量均会发生或均不会发生,那么该笔现金流量就与决策不相关,决策时不需要予以考虑。在确定差量现金流量时需要注意以下三个问题:

(1) 沉没成本

沉没成本是指已经发生的成本,无法由现在或者将来的任何决策所能改变的成本。由于沉没成本既成事实,不可能因为投资决策而发生改变,因此属于决策无关成本,在决策中不予考虑。例如,公司为某项目已经进行了一定的市场调查和技术分析,这些活动花费了8万元,现在需要作出是否投资的决策。此时,8万元的前期费用就属于沉没成本,在决策中不应考虑。

(2) 机会成本

机会成本是指在投资决策中,从多种方案中选取了最优方案而放弃次优方案所丧失的收益。当存在多个投资机会而资源又有限时,选择一个投资机会就意味着丧失其他投资机会可能带来的收益,因此,该收益的丧失是由作出的投资决策引起的,与决策相关,在决策中应当考虑。例如,某项投资需要在公司所有的一块土地上建造厂房,目前土地的价格为200万元。如果公司将这块土地用于建造厂房,公司将失去土地出售收入,则目前土地可出售价格200万元为投资建造厂房的机会成本。虽然该项成本并未实际发生,但作为一项潜在成本必须加以考虑,以便为现有的资源寻求最佳的使用途径。

(3) 交叉影响

公司投资一个新的项目可能会对原来的项目或业务产生影响,这种影响可能是消极的,也可能是积极的,从公司整体角度考虑决策中应该将这种较差影响纳入决策考虑的范围。当新项目与原有项目之间存在互补关系时,产生积极的影响;当新项目与原有项目之间存在替代关系是产生消极的影响。例如,某饮料生产公司过去只有橙汁一种产品,现在考虑是否增加梨汁作为新产品,这种情况下,不仅应计算梨汁可能给公司直接带来的现金流量,还应考虑梨汁的推出后对橙汁销量的影响,并将由此减少的现金流量也纳入决策考虑范围内。

另外,投资决策中现金流量的计算一定是建立在税后的基础之上的,因为只有扣除税收因素之后的现金流入才是公司增加的净流入,只有扣除税收因素之后的现金流出才是公司增加的净流出。凡是由投资决策引起的计入当期收入或当期费用、损失的项目都应考虑其对所得税的影响。

4.2.2 现金流量的构成

估计或预测投资项目现金流量是投资决策中最重要也是最难之处。以投资项目为例，其现金流量，一般分为初始现金流量(initial investment cash flows)、营业现金流量(operating cash flows)和终结现金流量(termination cash flows)三部分。

(1) 初始现金流量的构成

初始投资现金流量是指自投资项目开始实施到项目投入使用之前这段时间所产生的现金流量。这类现金流量的特点通常表现为只有现金流出而无现金流入。因此，这个时期的净现金流量通常为负值。

构成初始投资现金流量主要有以下几项内容：

①投资前费用 指在正式投资前为做好各项准备工作而发生的费用，包括勘察设计费、技术资料费和土地购入费用等；

②设备购置安装费用 包括购买机器设备所支付的费用、运输费用和安装调试费用等。它是初始投资现金流量的最主要构成部分。

③营运资本垫支 当项目投入使用后，企业需要相应增加流动资金，用于原材料等存货储备和应收账款周转等，一般在项目终结时收回。这种投资应视为长期投资，而不属于短期投资。

④原有固定资产变价净收益 当企业准备用新设备更换现有设备时，需要对现有设备进行清理，所得变现净收入应该作为一项现金流入量，列入初始投资现金流量中。

(2) 营业现金流量的构成

营业现金流量是指投资项目投入使用后，在其寿命周期内由于生产经营所产生的现金流入和流出的数量。这种现金流量一般按年度进行计算。这里的现金流入一般指由于营业收入所带来的现金流入，现金流出一般指由需要付现的营业成本和所得税引起的现金流出。

(3) 终结现金流量的构成

终结现金流量是指投资项目完结时所发生的现金流量，主要包括固定资产的残值收入或变价收入、固定资产的清理费用以及原来垫支的营运资金的收回。

应当引起注意的是，在确定投资项目的初始现金流量、营业现金流量和终结现金流量时，不应包含与筹资相关的内容。虽然筹资的目的是投资，投资活动中使用的资金是筹资得来，但二者不可混为一谈。投资项目的现金流量应只包括与投资项目本身相关的内容，即使是为了某项投资而专项借入的资金，其本金的借入与偿还、初始筹资费用和各年利息费用的支付也不应当计入投资项目的现金流量中，否则，同一个投资项目会因为使用自有资金还是借入资金而出现截然不同的现金流量，进而可能带来截然不同的决策结果。企业筹资成本的高低的确会在一定程度上影响投资决策，但它是以贴现率的形式出现，而不是以现金流量的形式出现。如果从投资项目的现金流量中扣除各年利息，然后按资金成本进行贴现，就对筹资的成本进行了重复考虑。因此，筹资活动的现金流量应在筹资管理中予以考虑，投资活动的现金流量则在投资管理中进行分析，二者通过资金成本这条纽带相互联系，而不是在现金流量上不分彼此。

4.2.3 现金流量的计算方法

为了正确评价投资项目的优劣,必须正确计算现金流量。其中初始现金流量和终结现金流量的计算比较简单,只需逐项列出然后相加即可。但需要注意的是,如果初始投资时存在费用化的支出,或涉及旧固定资产的出售损益,则要考虑所得税的影响。营业现金流量的计算相对较为复杂,其计算方法主要有以下三种。

(1) 根据定义直接计算

根据营业现金流量的定义,营业现金流量是营业现金流入扣减营业现金流出后的净额。为了便于计算,假定投资项目每年的营业现金流入等于营业收入,而营业现金流出则等于付现成本(不包括折旧的营业成本)和所得税之和。于是,得到每年营业现金流量计算的第一种方法:

$$营业现金流量 = 营业收入 - 付现成本 - 所得税 \tag{4-1}$$

(2) 根据税后净利推导计算

投资项目每年的营业现金流量包括两个方面的内容:一是所获得的税后净利;二是所计提的折旧。折旧不需要付出现金,但抵减了当期利润。所以,在计算营业现金流量时应将其加回到税后净利中。于是,可以得出营业现金流量计算的第二种方法:

$$营业现金流量 = 税后净利 + 折旧 \tag{4-2}$$

式(4-2)也可以由式(4-1)推导而来,推导过程如下:

$$\begin{aligned}营业现金流量 &= 营业收入 - 付现成本 - 所得税 \\ &= 营业收入 - (营业成本 - 折旧) - 所得税 \\ &= 营业收入 - 营业成本 - 所得税 + 折旧 \\ &= 税后净利 + 折旧\end{aligned}$$

(3) 根据所得税推导计算

由于企业所得税的作用,公司实际得到的现金流入是税后收入,成本费用是税前扣除项目,都可以起到抵减所得税费用的作用,因而实际支付的金额并不是真实的成本,所以成本费用引起的现金流出计算中需要将因此而减少的所得税考虑进去。折旧是税前扣除项目,因此起到递减所得税费用的作用。于是,得到营业现金流量计算的第三种方法:

$$\begin{aligned}营业现金流量 &= 税后收入 - 税后成本 + 税负减少 \\ &= 营业收入 \times (1-税率) - 付现成本 \times (1-税率) + 折旧 \times 税率\end{aligned} \tag{4-3}$$

式(4-3)也可以由式(4-2)推导得来,推导过程如下:

$$\begin{aligned}营业现金流量 &= 税后净利 + 折旧 \\ &= (营业收入 - 营业成本) \times (1-税率) + 折旧 \\ &= (营业收入 - 付现成本 - 折旧) \times (1-税率) + 折旧 \\ &= 营业收入 \times (1-税率) - 付现成本 \times (1-税率) \\ &\quad - 折旧 \times (1-税率) + 折旧 \\ &= 营业收入 \times (1-税率) - 付现成本 \times (1-税率) + 折旧 \times 税率\end{aligned}$$

以上三种方法的计算结果是一样的,可以根据已知条件选择最简便的方法。其中式(4-3)较为常用,因为它不需要计算投资项目带来的利润,就可直接根据投资项目的营业收入、付现成本和折旧和公司的所得税税率来计算。

【例 4-1】ABC 公司打算购买一台设备以扩充生产能力。现有甲、乙两个方案可供选择。甲方案需投入 10 000 元购置设备,设备使用寿命 5 年,采用直线法计提折旧。5 年后设备无残值。5 年中每年销售收入为 6000 元,付现成本为 2000 元。乙方案需投入 12 000 元购置设备,垫支 3000 元营运资金,设备使用寿命为 5 年,采用直线法计提折旧,5 年后净残值 2000 元。5 年中每年销售收入 10 000 元,第一年付现成本为 3000 元,往后每年增加修理费和维护费 400 元。假设所得税税率为 25%,并不考虑营业税的影响。试计算两个方案的现金流量。

解:
① 计算两个方案的初始现金流量
甲方案初始现金流量 = 固定资产投资 = 10 000(元)
乙方案初始现金流量 = 固定资产投资 + 垫支营运资金 = 12 000 + 3000 = 15 000(元)
② 计算两个方案各年的营业现金流量(以第三种方法为例)
甲方案每年折旧额 = 10 000/5 = 2000(元)
乙方案每年折旧额 = (12 000 − 2 000)/5 = 2000(元)
甲方案每年营业现金流量
　　= 6000 × (1 − 25%) − 2000 × (1 − 25%) + 2000 × 25% = 3500(元)
乙方案第一年营业现金流量
　　= 10 000 × (1 − 25%) − 3000 × (1 − 25%) + 2000 × 25% = 5750(元)
乙方案第二年营业现金流量
　　= 10 000 × (1 − 25%) − 3400 × (1 − 25%) + 2000 × 25% = 5450(元)
乙方案第三年营业现金流量
　　= 10 000 × (1 − 25%) − 3800 × (1 − 25%) + 2000 × 20% = 5150(元)
乙方案第四年营业现金流量
　　= 10 000 × (1 − 25%) − 4200 × (1 − 25%) + 2000 × 25% = 4850(元)
乙方案第五年营业现金流量
　　= 10 000 × (1 − 25%) − 4600 × (1 − 25%) + 2000 × 25% = 4550(元)
③ 计算两个方案的终结现金流量
甲方案终结现金流量 = 0
乙方案终结现金流量 = 固定资产净残值 + 营运资金收回
　　　　　　　　= 2000 + 3000 = 5000(元)
两个方案的现金流量如表 4-1 所示。

表 4-1 中,$t = 0$ 代表第一年年初,$t = 1$ 代表第一年年末,$t = 2$ 代表第二年年末,依此类推,在现金流量的计算中,为了简便起见,一般都假定各年投资在年初一次进行,各年营业现金流量在年末一次发生,终结现金流量在最后一年年末发生。

表 4-1　投资项目现金流量

t	0	1	2	3	4	5
甲方案						
初始现金流量	-10 000					
营业现金流量		3500	3500	3500	3500	3500
现金流量合计	-10 000	3500	3500	3500	3500	3500
乙方案						
初始现金流量	-12 000					
营运资本垫支	-3000					
营业现金流量		5750	5450	5150	4850	4550
终结现金流量						5000
现金流量合计	-15 000	5750	5450	5150	4850	9550

4.3　投资决策指标

由于长期投资时间长,占用资金量大,一般而言,长期投资风险高于短期投资,与此对应,长期投资收益通常高于短期投资。因此长期投资决策责任重大,这就要求决策者要运用专门的方法进行决策分析。本节主要介绍投资决策中常用方法:净现值法、获利指数法、内含报酬率法及回收期法。

4.3.1　净现值法

净现值法是以净现值作为投资分析指标的一种评价方法。所谓净现值(net present value,NPV)是指投资项目的未来净现金流量的现值与原始投资额现值之间的差额,所有的未来现金流入量和流出量都要按照预定的折现率折算为现值,然后计算它们的差额。其计算公式为:

$$NPV = \sum_{t=1}^{n} NCF_t \times PVIF_{i,t} - C \tag{4-4}$$

式中　t——投资开始到项目寿命终结的年数;

　　　NCF_t——第 t 年的现金净流量;

　　　i——折现率(资金成本或公司要求的必要报酬率);

　　　C——初始投资额。

如果投资项目投入使用后每年的净现金流量相等,则式(4-4)可简化为:

$$NPV = NCF \times PVIFA_{i,t} - C \tag{4-5}$$

如果投资期超过 1 年,则 C 应为各年投资额的现值之和,同时,t 的开始年份可能不再是 1,而是投资项目开始投入使用的年份。这种情况下,净现值也可以表述为从投资开始至项目寿命终结时所有现金流量的现值之和。其计算公式为:

$$NPV = \sum_{t=0}^{n} \frac{NCF_t}{(1+i)^t} \tag{4-6}$$

净现值法设定的折现率是投资者所要求的最低投资报酬率。采用净现值法进行项目决策的标准是：在没有融资约束的情况下，独立项目决策时接受净现值大于 0 的项目，放弃净现值小于 0 的项目；当互斥方案选择时，选择净现值最大的方案，或者按照净现值从大到小进行排队并对净现值大的项目优先考虑。

【例 4-2】 以例 4-1 的 ABC 公司的资料为例（表 4-1），假设资金成本率为 10%，计算甲、乙两个方案的净现值。

解：

①甲方案投入使用后每年的净现金流量相等。

$$NPV_甲 = 未来现金流量总现值 - 初始投资额$$

$$NPV_甲 = NCF \times PVIFA_{i,t} - C = 3500 \times 3.791 - 10\,000 = 3268.5（元）$$

②乙方案净现值计算，如表 4-2 所示。

表 4-2 乙方案净现值表　　　　　　　　　　　　　　　　单位：元

t	NCF_t	现值系数 $PVIF_{10\%,t}$	现值 $NCF_t \times PVIF_{10\%,t}$
0	-15 000	1.000	-15 000
1	5750	0.909	5226.75
2	5450	0.826	4501.70
3	5150	0.751	3867.65
4	4850	0.683	3312.55
5	9550	0.621	5930.55
NPV			7839.2

甲乙两方案净现值都为正，两个方案都是可取的，但如果二者是互斥方案，应选择净现值较大的乙方案。

净现值法考虑了货币的时间价值，能够反映各种投资方案的净收益，因而是一种较好的方法。但是，净现值法只能说明投资项目的报酬率高于或低于预定的报酬率，而不能显示各个投资方案可以达到的实际报酬率，而且净现值本身又是一个绝对数，不利于不同投资规模间的比较。

4.3.2 获利指数法

获利指数（profitability index，PI）是指投资项目未来现金流量的现值与初始投资的现值之比。其计算公式为：

$$PI = \left[\sum_{t=1}^{n} \frac{NCF_t}{(1+i)^t} \right] \div C \tag{4-7}$$

与净现值计算公式一样，如果投资期超过 1 年，则 C 应为各年投资额的现值之和。同时，t 的开始年份可能不再是 1，而是投资项目开始投入使用的年份。

获利指数经济含义是 1 元原始投资有望获得的现值收益。若获利指数大于 1，说明方案实施后的投资报酬率高于预期报酬率，方案可行；若获利指数小于 1，说明方案实施后的投资报酬率低于预期报酬率,方案不可行。

采用获利指数进行投资项目决策的标准是:在独立项目决策时接受获利指数大于或等于1的项目,放弃获利指数小于1的项目;当有多个备选方案的互斥项目选择决策时,采用获利指数大于1最多的项目。

【例4-3】以例4-1的ABC公司的资料为例,计算甲、乙两个方案的获利指数。(假设资金成本为10%)

解:

①甲方案的获利指数 = $\dfrac{未来现金流量的总现值}{初始投资额}$ = 13 268.5/10 000 = 1.33

②乙方案的获利指数 = $\dfrac{未来现金流量的总现值}{初始投资额}$ = 22 839.2/15 000 = 1.52

甲乙两方案的获利指数都大于1,两个方案都是可取的,但如果二者是互斥方案,应选择获利指数较大的乙方案。

与净现值法相比,获利指数法是一个相对数,有利于在初始投资额不同的投资方案之间进行对比。但获利指数代表了获得收益的能力而不代表实际可能获得的收益,忽略了互斥项目在投资规模上的差异,因此在多个互斥项目选择中可能会导致错误的决策。

4.3.3 内含报酬率法

内含报酬率(internal rate of return, IRR)是指项目投资实际可望达到的收益率,即能使投资项目的净现值等于0的折现率。

净现值法和获利指数法虽然考虑了资金的时间价值,可以说明投资方案高于或低于某一特定的投资报酬率,但没有揭示方案本身可以达到的具体报酬率是多少。内含报酬率是根据方案的现金流量计算的,揭示了方案本身的投资报酬率。

内含报酬率的计算公式为:

$$\sum_{t=1}^{n} \dfrac{NCF_t}{(1+IRR)^t} - C = 0 \tag{4-8}$$

如果投资项目投入使用后每年的NCF相等,则公式可简化为:

$$NCF \times PVIFA_{IRR,n} - C = 0 \tag{4-9}$$

采用内含报酬率进行投资项目决策的标准是:在独立项目决策时接受内含报酬率大于或等于项目资本成本或投资最低收益率的项目,放弃内含报酬率小于项目资本成本或投资最低收益率的项目;在多个互斥项目决策时选择内含报酬率最高的项目。

【例4-4】以例4-1的ABC公司的资料为例,计算甲、乙两个方案的内含报酬率。

解:

①甲方案投入使用后每年的NCF相等,属于上述第一种情况,计算如下:

$$PVIFA_{r,5} = C/NCF = 10\ 000/3500 = 2.857$$

查年金现值系数表,在 $n=5$ 的栏中,与2.857邻近的年金现值系数为2.991和2.689,与之对应的折现率分别为20%和25%。

甲方案的内含报酬率:

$$i_{甲} = 20\% + \frac{2.991 - 2.857}{2.991 - 2.689} \times (25\% - 20\%) = 22.22\%$$

②乙方案投入使用后每年的 NCF 不相等，根据式(4-9)计算如下：

第一步进行折现率测算，具体测算过程如表 4-3 所示。

表 4-3　乙方案内含报酬率测试表　　　　　　　单位：元

测试次数	第一次		第二次	
设定折现率	25%		30%	
每年 NCF	折现系数	折现值	折现系数	折现值
-15 000	1	-15 000	1	-15 000
5750	0.800	4600	0.769	4421.75
5450	0.64	3488	0.592	3226.4
5150	0.512	2636.8	0.455	2343.25
4850	0.41	1988.5	0.35	1697.5
9550	0.32	3056	0.269	2568.95
净现值		769.3		-742.15

应用插值法：

$$i_{乙} = 25\% + \frac{769.3 - 0}{769.3 - (-742.15)} \times (30\% - 25\%) = 27.54\%$$

如果公司的资金成本为 10%，则甲乙两方案都可取，因为它们的内含报酬率都高于 10%，如果二者是互斥方案，则只能选择内含报酬率高的乙方案。

内含报酬率从动态的角度反映投资项目的实际收益水平，计算过程不受行业基准收益率高低的影响，比较客观。但这种方法的计算过程复杂，特别是在每年的 NCF 不相同时更是如此；再者，在互斥投资方案决策时，如果各方案的原始投资额不相等，一般无法作出正确的决策。产生这种现象的原因及分析详见本章 4.3.5。

4.3.4　回收期法

回收期是指投资项目的未来现金净流量与原始投资额相等时所经历的时间，即原始投资额通过未来现金流量回收所需要的时间。

投资者希望投入的资本能以某种方式尽快地收回，收回的时间越长，所担风险就越大。因此，投资方案回收期的长短是投资者十分关心的问题，也是评价方案优劣的标准之一。采用回收期法评价方案时，回收期越短越好。

(1)静态投资回收期

静态投资回收期是指在不考虑货币时间价值的情况下回收初始投资所需要的时间。该指标以年为单位,包括以下两种形式:包括建设期的投资回收期(PP)和不包括建设期的投资回收期(PP')。在建设期为 s 时,$PP' + s = PP$。投资回收期的计算因投资方案投入使用后每年的净现金流量是否相等而有所不同。

如果投资方案每年净现金流量相等,则投资回收期可按下式计算:

$$不包括建设期的投资回收期 = \frac{C}{NCF} \tag{4-10}$$

如果投资方案每年净现金流量不相等,则投资回收期要根据每年年末尚未收回的投资额加以确定。假设初始投资在第一年和第 $n+1$ 年之间收回,则投资回收期可按下式计算:

$$投资回收期 = n + \frac{第\ n\ 年未收回的投资额}{第\ n+1\ 年的净现金流量} \tag{4-11}$$

采用静态投资回收期进行项目决策的标准是:在独立项目决策时接受回收期低于公司要求的投资回收期的方案,放弃高于公司要求的投资回收期的方案。在多个投资方案的互斥项目决策时,在投资回收期低于公司要求的投资回收期的方案中选择最短的方案。

【例 4-5】以例 4-1 的 ABC 公司的资料为例,分别计算甲、乙两个方案的静态投资回收期。

解:

①甲方案投入使用后每年 NCF 相等,故:

甲方案投资回收期 = 初始投资额/每期年 NCF = 10 000/3500 = 2.86(年)

②乙方案投入使用后每年 NCF 不相等,所以应先计算各年末尚未收回的投资额,如表 4-4 所示。

表 4-4 乙方案投入使用后各年末尚未收回的投资额　　　　　　　　单位:元

t	NFC	未回收额	t	NFC	未回收额
0	-15 000		3	5150	—
1	5750	9250	4	4850	—
2	5450	3800	5	9550	—

乙方案投资回收期 = 2 + 3800/5150 = 2.74(年)

例 4-5 中假设公司要求的投资回收期最高为 5 年,则甲乙两方案都是可取的,因为它们的投资回收期都低于 5 年,如果二者是互斥方案,则应选择投资回收期更短的乙方案。

静态投资回收期是一个静态的绝对量反指标,在实践中应用较为广泛。它的优点是计算简便,易于理解,能够直观地反映原始投资的返本期限。在评价方案可行性时,包括建设期的投资回收期比不包括建设期的投资回收期用途更为广泛。该指标的缺点是:一是忽视了资金时间价值因素;二是不能正确地反应投资方式的不同对项目的影响;三是没有考虑回收期满后的继续发生的净现金流量,完全忽略了回收期后现金流量的经济效益。静态投资回收期的不足举例说明如下:

【例4-6】 A、B两个方案的预计现金流量如表4-5所示。

表4-5 A、B两个方案的预计现金流量表　　　　　　　　　　　单位：元

t	0	1	2	3	4	5
A方案现金流量	-10 000	40 000	60 000	60 000	60 000	60 000
B方案现金流量	-10 000	40 000	60 000	80 000	80 000	80 000

两个方案的初始投资额相同，静态投资回收期也相同，均为2年，如果用静态投资回收期评价，似乎并无优劣之分，但实际上B方案明显优于A方案。在前2年内，虽然二者的营业现金流量之和都是100 000元，但是B方案第三年流入较多，而A方案第三年流入较少。

(2) 动态投资回收期

动态投资回收期又称贴现回收期，它是指未来现金净流量的现值等于原始投资额现值所经历的时间。通常动态投资收回期只计算包括建设期的投资收回期。

如果每年现金净流量相等，假定经历 n 年所取得的未来现金净流量的年金现值系数为 $PVIFA_{i,n}$，则：

$$PVIFA_{i,n} = \frac{C}{NCF} \qquad (4-12)$$

计算出年金现值系数后，通过查年金现值系数表，即可推算出回收期 n。

如果每年现金净流量不相等，与静态投资收回期类似采用列表法进行计算。

动态投资收回期的决策规则与静态投资收回期的决策规则相同。

【例4-7】 以例4-1中ABC公司的资料为例（见表4-1），假定该公司的资金成本为10%，计算甲、乙两方案的动态投资回收期。

解：

① 计算甲方案的年金现值系数：$PVIFA_{i,n} = 10\,000/3500 = 2.857$

查年金现值系数表可得：在 $i = 10\%$ 时，与2.857相邻的两个值2.486和3.169。它们对应的其数分别为3和4，采用插入法计算期数 n：

$$n = 3 + \frac{2.857 - 2.486}{3.169 - 2.486} = 3.54(年)$$

② 乙方案每年现金净流量不相等，应把每年的净现金流量逐一贴现并相加，根据累计现金净流量现值来确定回收期。乙方案的动态投资回收期计算过程如表4-6所示：

表4-6 未回收投资额计算表　　　　　　　　　　　单位：元

t	每年 NCF	复利现值系数	NCF 折现值	未回收额
0	-15 000	1.000	-15 000	
1	5750	0.909	5226.75	9773.25
2	5450	0.826	4501.70	5271.55
3	5150	0.751	3867.65	1403.90
4	4850	0.683	3312.55	—
5	9550	0.621	5930.55	—

该方案的动态投资回收期 = 3 + 1403.90/3312.55 = 3.42(年)

通过以上两个实例的计算可见,对于同一个投资项目,动态投资回收期长于静态投资回收期。如果动态投资回收期能满足公司收回全部投资的期限要求,那么静态回收期自然也能满足。因此,用动态回收期指标评价投资项目比静态回收期更加安全、可靠。

这种方法的优点是概念易懂,计算简便,同时又考虑了资金的时间价值,能反映各期现金净流量的影响,有助于促使公司压缩建设周期,提前收回投资;但它仍有无法揭示回收期后继续发生的现金流量变动情况的缺点,有一定的片面性。

4.3.5 投资决策指标的比较

(1) 贴现现金流量指标与非贴现现金流量指标的对比分析

20世纪50年代以前,世界各国公司在进行投资决策时多采用非贴现现金流量指标。50年代以后,贴现现金流量指标得到越来越广泛的运用。从70年代开始贴现现金流量指标已占据主要地位。贴现现金流量指标相对于非贴现现金流量指标的优势之所以越来越明显,主要基于如下两个原因:

① 非贴现现金流量指标不考虑资金的时间价值,将不同时点上的现金流量同等看待,从而夸大了远期现金流量的影响,夸大了项目的盈利水平。贴现现金流量指标则考虑了资金的时间价值,将不同时点的现金流量按照一定的折现率折算到同一时点上,这样更具可比性,因而更加科学。

② 电子计算机的广泛应用,使过去贴现现金流量指标相对复杂的计算过程变得非常容易,从而使得过去计算相对简单的非贴现现金流量指标的优势不复存在。

(2) 不同贴现现金流量指标之间的对比分析

① 净现值与获利指数的对比分析 由净现值和获利指数的计算公式可知:净现值为正,说明投资项目投入使用后的现金流量现值大于初始投资,则获利指数大于1;净现值为负,说明投资项目投入使用后的现金流量现值小于初始投资,则获利指数小于1。因此,二者的结论通常是一致的。只有当不同投资方案的初始投资规模不同时,二者可能出现分歧。主要是由于净现值是绝对值指标表示投资的效益,获利指数是相对值指标表示投资的效率。在资金不受限制的情况下互斥方案决策中,应选用净现值较大的投资项目。

【例4-8】两个互斥投资项目C和D的现金流量情况如表4-7所示,公司的资金成本为10%,分别采用净现值和获利指数测试应选择的项目。

表4-7 项目C、D的现金流量表   单位:元

t	0	1	2	3	4	5
C项目	-110 000	30 000	30 000	30 000	30 000	30 000
D项目	-11 000	3200	3200	3200	3200	3200

解:

(1) C和D的净现值计算:

$NPV_C = 30\,000 \times PVIFA_{10\%,5} - 110\,000 = 30\,000 \times 3.791 - 110\,000 = 3730(元)$

$$NPV_D = 3200 \times PVIFA_{10\%,5} - 11\,000 = 3200 \times 3.791 - 11\,000 = 1131.2(元)$$

（2）C 和 D 的获利指数计算：

$$PI_C = \frac{30\,000 \times 3.791}{110\,000} = 1.03$$

$$PI_D = \frac{3200 \times 3.791}{11\,000} = 1.10$$

采用净现值，应选择 C 项目；而采用获利指数，应选择 D 项目。但是在资金不受限制的情况下应选用 C 项目。

②净现值与内含报酬率的对比分析　由净现值和内含报酬率的概念可知，如果利用公司资金成本或必要报酬率作为折现率计算出的净现值为正，那么使净现值为零所采用的折现率即内含报酬率，就应大于资金成本或必要报酬率；相反，如果利用公司资金成本或必要报酬率作折现率计算出的净现值为负，那么使净现值为零所采用的折现率即内含报酬率，就应小于资金成本或必要报酬率。因此，在大多数情况下二者得出的结论总是一致的。但是当出现以下两类情况时也可能产生差异：一是在常规的互斥项目选择中，可能会因为投资规模的不同或现金流量发生的时间不同而产生差异；二是在非常规项目决策中也可能产生差异。各种情况下两种方法决策差异产生的原因分析如下：

第一，常规项目中各方案的初始投资规模不同。常规项目是指只有一期初始现金流量，之后是一期或者多期的现金流入项目。和净现值与获利指数的差异类似，净现值是绝对值指标，内含报酬率是相对值指标，因而在投资规模不同时，二者的结论可能会不一致。

【例 4-9】利用例 4-8 的资料，计算 C、D 两个投资项目的内含报酬率。

解：

①计算 C 项目的内含报酬率 i_C：

$$PVIFA_{i_C,5} = 110\,000/30\,000 = 3.667$$

查找年金现值系数表，在 $n = 5$ 的栏中，找到与 3.667 邻近的两个值 3.605 和 3.696，它们对应的折现率分别为 12% 和 11%。采用内插法计算 C 项目的内含报酬率 i_C：

$$\frac{i_C - 11\%}{12\% - 11\%} = \frac{3.667 - 3.605}{3.696 - 3.605}$$

解方程得：$i_C = 11.68\%$

②计算 D 项目的内含报酬率 i_D：

$$PVIFA_{i_D,5} = 11\,000/3200 = 3.4375$$

查找年金现值系数表，在 $n = 5$ 的栏中，找到与 3.4375 邻近的两个值 3.433 和 3.517，它们对应的折现率分别为 14% 和 13%。采用内插法计算 D 项目的内含报酬率 i_D：

$$\frac{i_D - 13\%}{13\% - 14\%} = \frac{3.517 - 3.4375}{3.517 - 3.433}$$

解方程得：$i_D = 13.95\%$

通过计算可知采用内含报酬率，应选择 D 项目；而根据例 4-7，采用净现值，应选择 C 项目。但这两个互斥项目之间的选择实质上是效率和效益之间的选择，通常决策者会选择效益。因此，在在资金不受限制的情况下，应选择 C 项目。

第二，常规项目中各方案现金流量发生的时间不一致。净现值和内含报酬率对投资项目使用过程中产生的现金净流量的再投资报酬率持有不同的假定：净现值法假定再投资报酬率为公司的资金成本或必要报酬率；内含报酬率法则假定再投资报酬率为内含报酬率。这种差异可能导致两种方法对现金流入时间不同的投资项目作出不同的判断。

【例 4-10】两个互斥投资项目 E 和 F 的现金流量如表 4-8 所示，公司的资金成本为 14%，分别计算它们的净现值和内含报酬率。

表 4-8　项目 E、F 的现金流量表　　　　　　　　　　　　　　　　　　单位：元

t	0	1	2	3	4	5
E 项目	−10 000	5000	5000	5000	0	0
F 项目	−10 000	0	0	6502	6502	6502

解：

① 计算 E 项目的净现值：

$NPV_E = 5000 \times PVIFA_{14\%,3} - 10\,000 = 5000 \times 2.322 - 10\,000 = 1610(元)$

② 计算 F 项目的净现值：

$NPV_F = 6502 \times PVIFA_{14\%,3} \times PVIF_{14\%,2} - 10\,000 = 6502 \times 2.322 \times 0.769 - 10\,000$
$= 1610.09(元)$

③ 计算 E 项目的内含报酬率：

$$PVIFA_{i_E,3} = 10\,000/5000 = 2$$

查找年金现值系数表，在 $n = 3$ 的栏中，找到与 2 邻近的两个值 2.106 和 1.952，它们对应的折现率分别为 20% 和 25%。采用插值法计算 E 项目的内含报酬率 i_E：

$$i_E = 20\% + \frac{2.106 - 2}{2.106 - 1.952} \times 5\% = 23.44\%$$

④ 计算 F 项目的内含报酬率：

$$PVIFA_{i_F,3} \cdot PVIF_{i_F,2} = 10\,000/6502 = 1.538$$

通过年金现值系数表和复利现值系数表，得到如下对应关系：

$$i_F = 18\% + \frac{0.023}{0.050} \times 1\% = 18.46\%$$

采用净现值应选择 F 项目（差异微小）；而采用内含报酬率，则应选择 E 项目。究其原因，是由于 E 项目的现金流入较早，F 项目的现金流入较晚，因而根据内含报酬率的假定，E 项目可以先行获得相当于其内含报酬率的再投资收益，故倾向于选择现金流入较早的项目 E。但是由于两个方案的净现值差异不大，因此可以按照内含报酬率选择 E 项目。

第三，非常规项目。非常规项目是指现金流出不发生在期初，或者在期初和以后期间有多次现金流出的项目。在这种情况下就会出现多个内含报酬率的问题，此时内含报酬率法失去了作用。这种情况下如果盲目地使用内含报酬率进行决策，就会出现决策错误。

③ 获利指数与内含报酬率的对比分析　　由以上两个问题的分析可知：当净现值为正时，获利指数大于 1，内含报酬率高于资金成本或必要报酬率；当净现值为负时，获利指

数小于1，内含报酬率低于资金成本或必要报酬率。因此，在独立项目的决策中，获利指数与内含报酬率也会得出相同的结论。在多个备选方案的互斥项目决策中，二者则有可能出现差异。获利指数和内含报酬率都是相对值指标，因而投资规模对二者的结论没有影响，这一点从例4-8和例4-9中也可以得到验证。二者结论可能出现差异的情况只有一种，即现金流量发生的时间不一致，其原因同样是由于二者对再投资报酬率的假定不同。

【例4-11】利用例4-10的资料，计算E和F两个投资项目的获利指数。

解：

$$PI_E = 11\ 610/10\ 000 = 1.16$$

$$PI_F = 11\ 610.09/10\ 000 = 1.1609$$

因而，采用获利指数，E和F两个投资项目差异非常微小，可以任选一个。而由例4-10可知，如采用内含报酬率，则应选择现金流入较早的E项目。

由上面的对比分析可知，在独立项目的决策中，净现值、获利指数和内含报酬率总会得出相同的结论，因此，采用哪个指标都可以。但是，在多个备选方案的互斥项目决策中，三个指标可能作出不同的判断，此时就存在指标选用的问题。

第一，考虑投资规模的问题。如果项目的投资规模不同，则净现值绝对值指标和获利指数、内含报酬率这两个相对值指标就可能得出不同的结论。如果资金是无限量的，也就是说，公司总有足够的资金或能筹集到足够的资金用于所有有利的投资机会，那么投资项目只要能给公司带来更多的净现值，就能增加公司的价值，而不用考虑其相对的效率问题。因此，在资金无限量的情况下，不同投资规模的互斥投资项目的选择以净现值指标更优。

第二，考虑现金流入时间不一致的问题。当不同投资项目现金流入的时间不一致时，净现值和获利指数对再投资报酬率的假定与内含报酬率不同。在实际的经济活动中，投资项目带来的现金流入进行再投资所能获得的报酬率要受经济形势、市场状况等诸多因素的影响，因而不可能是一成不变的，既不可能总是等于资金成本和必要报酬率，也不可能总是等于投资项目的内含报酬率。因此，这两种假定都缺乏一定的客观性。此外，假定再投资报酬率等于项目的内含报酬率，将会导致对不同的投资项目赋予不同的再投资报酬率。内含报酬率高，则再投资报酬率也高；内含报酬率低，则再投资报酬率也低。这显然是不符合实际情况的，因为不管是哪个投资项目，只要是在同一时间带来的现金流入，进行再投资时所面临的投资环境和投资机会都应该是一样的，不会出现截然不同的再投资报酬率，而假定再投资报酬率等于资金成本或必要报酬率，就克服了这一主观性，因为它假定的再投资报酬率对每个投资项目都相同，不会人为地对不同的项目赋予不同的再投资报酬率。因此，相比而言净现值和获利指数的假定相对要合理一些。

综上所述，在资金没有限量的情况下，净现值就是最优的互斥选择决策指标。

思考题

1. 在投资决策中为什么采用现金流量而不是利润？
2. 投资决策中的现金流量由哪些部分构成？应如何计算？
3. 所得税对投资项目的现金流量有哪些影响？
4. 在何种情况下，净现值、获利指数和内含报酬率的决策结果一致？在什么情况下会出现分歧？

5. 在没有资金限量的情况下，哪个投资决策指标最优？为什么？

练习题

1. 某投资项目，原始投资 70 000 元，无建设期，生产经营期为 10 年，每年的现金净流量均为 15 000 元，期末无残值回收。计算该项目的内含报酬率。

2. 某长期投资项目累计的净现金流量资料见表 4-9。

表 4-9　某项目各年现金流量表　　　　　　　　单位：万元

年份	0	1	2	3	4	5	6
累计的净现金流量	−100	−300	−200	−150	−20	30	200

要求：（1）计算该项目各年的净现金流量；
　　　（2）计算该项目的静态回收期；
　　　（3）若折现率为 10%，计算该项目的动态回收期。

3. C 公司的资金成本为 10%。现有丙、丁两个互斥投资方案，其现金流量如表 4-10 所示。

表 4-10　C 公司丙、丁项目的现金流量表　　　　单位：万元

年份	0	1	2	3	4	5	6
丙方案	−500	200	200	150	150	100	50
丁方案	−500	100	100	150	200	200	250

要求：（1）试计算丙、丁两方案的净现值和内含报酬率；
　　　（2）解释二者的差异并作出投资决策。

案例

甲酒店想加盟另一个叫 KJ 酒店的项目，期限 8 年，相关事项如下：

（1）初始加盟保证金 10 万元，初始加盟保证金一次收取，合同结束时归还本金（无利息）；

（2）初始加盟费按酒店房间数 120 间计算，每个房间 3000 元，初始加盟费一次收取；

（3）每个特许经营费按酒店收入的 6.5% 上缴，加盟后每年年末支付；

（4）甲酒店租用的房屋 4200 平方米，租金每平方米每天 1 元，全年按 365 天计算（下同），每年年末支付；

（5）甲酒店需要在项目初始投入 600 万元的装修费用，按税法规定可按 8 年平均摊销；

（6）甲酒店每间房屋定价 175 元/天，全年平均入住率 85%，每个房间的客房用品、洗涤费用、能源费用等支出为 29 元/天，另外酒店还需要支付每年 30 万元的固定付现成本；

（7）酒店的人工成本 105 万元，每年年末支付；

（8）酒店的营业税金为营业收入的 5.5%；

（9）酒店运营需要投入 50 万元的营运资本，项目期末收回；

（10）KJ 酒店加盟酒店项目的资本成本为 12%，公司所得税税率为 25%。

要求：

（1）填表计算加盟酒店项目的税后利润及会计收益率。

项目	单价(元/间/天)	年销量(间)	金额(元)
销售收入			
变动成本			
其中:			
固定成本			
其中:			
税前利润			
所得税			
税后利润			

(2) 计算该加盟酒店项目各年的净现金流量和净现值,并判断该项目是否值得投资。

项目	零时点	第一至七年	第八年
初始加盟费			
现金净流量			
折现系数			
现金净流量的现值			
净现值			

阅读指引

1. 公司理财. 8 版. Ross, S. A., 等, 吴世农, 等译. 机械工业出版社, 2009.
2. 财务管理基础. 13 版. 范霍恩. 清华大学出版社, 2009.
3. 证券投资分析. 7 版. 杨老金, 邹照洪. 经济管理出版社, 2010.
4. 证券投资学. 朴明根, 邹立明, 王春红. 清华大学出版社, 2009.
5. 证券投资学. 3 版. 霍文文. 高等教育出版社, 2008.
6. 财务管理学. 6 版. 荆新, 王化成, 刘俊彦. 中国人民大学出版社, 2012.
7. 财务成本管理. 中国注册会计师协会. 中国财政经济出版社, 2014.

第 5 章 投资决策的应用

学习目标

* 理解税负和折旧对投资的影响；
* 掌握固定资产投资决策分析方法；
* 理解证券投资决策分析方法；
* 掌握风险调整法；
* 了解敏感性分析。

5.1 固定资产投资决策

会计中的固定资产通常是指使用期限超过一年，单位价值在规定标准以上，并且在使用过程中保持原有物质形态的资产，包括厂房、机器设备和运输工具等。固定资产投资的目的主要是提高公司的生产经营能力，但固定资产仅是构成公司生产经营能力的一个要素，要真正形成这种能力，还必须有其他资产如流动资产、无形资产等配合。因此，财务管理中所讲的固定资产投资并不局限于投放在符合上述定义的固定资产上的资金，还包括了在固定资产投资过程中也必然发生的其他相关资产投资，在投资决策分析中必须将他们作为一个整体对待才能得出正确结论。由于固定资产投资活动所形成的各项支出，通常不能用当年的销售收入来补偿，它们在财务会计中被称为资本性支出。因此，固定资产投资决策又称资本支出决策(capital expenditure decision)或资本预算(capital budgeting)。本节将主要讨论固定资产新建项目决策与固定资产更新项目决策，并进一步讨论资本限额决策、项目投资时机决策和投资期选择决策等内容。

5.1.1 固定资产新建项目投资决策

企业在不断发展过程中，都会面临固定资产新建项目的投资决策问题。为简化问题，以例 5 – 1 为例，并假设：① 所有初始投资都在年初进行；② 营业现金流量都在年末发生；③ 会计政策的处理与税法相关规定相同，即不需要为计算应纳税额而调整应纳税所得额。

【例 5-1】A 公司拟新建一个固定资产项目，需要一次性投资 120 万元，建设期为 1 年，该固定资产可使用 10 年，按直线计提折旧，期满可取得变价收入 20 万元。投入使用后，经营期第一年年初垫支流动资金10万元。经营期第1~7年每年产品的销售收入（不含增值税）为70万元，第8~10年每年产品的销售收入为60万元，同时第1~10年每年的付现成本为36万元。经营期第10年每年年末收回垫支的流动资金。公司的所得税税率为25%，资本成本为10%。请使用净现值法分析该固定资产是否值得投资。

解：有关项目的计算如下：

① 计算各年现金流量：

$$年折旧额 = \frac{120-20}{10} = 10（万元）$$

固定资产净残值变价收入因未超过原值，因此不需要上交增值税；固定资产净残值变价收入应缴的所得税为：

$$(20-20) \times 25\% = 0（万元）$$

投资项目的各年现金流量计算见表5-1。

表5-1 固定资产投资项目现金流量表 单位：万元

项目	0	1	2	3	4	…	8	9	10	11
固定资产初始投资(1)	-120	0								
垫支的流动资金(2)		-10								10
固定资产变价收入(3)										20
变价收入应缴纳的增值税(4)										0
变价收入应缴纳的所得税(5)										0
营业收入		0	70	70	70	…	70	60	60	60
付现成本		0	36	36	36	…	36	36	36	36
折旧		0	10	10	10	…	10	10	10	10
税前利润			24	24	24	…	24	14	14	14
所得税			6	6	6	…	6	3.5	3.5	3.5
税后利润			18	18	18	…	18	10.5	10.5	10.5
营业现金净流量(6)			28	28	28	…	28	20.5	20.5	20.5
现金流量合计 (7)=(1)+(2)+(3)+(4)+(5)+(6)	-120	-10	28	28	28	…	28	20.5	20.5	50.5

② 计算净现值：

根据表5-2的计算结果，该项目的净现值为：

$$\begin{aligned}NPV &= (-10) \times PVIF_{10\%,1} + 28 \times PVIFA_{10\%,7} \times PVIF_{10\%,1} + 20.5 \times PVIFA_{10\%,2} \\ &\quad \times PVIF_{10\%,8} + 50.5 \times PVIF_{10\%,11} - 120 \\ &= (-10) \times 0.909 + 28 \times 4.868 \times 0.909 + 20.5 \times 1.736 \\ &\quad \times 0.467 + 50.5 \times 0.350 - 120 \\ &= 29.10（万元）\end{aligned}$$

因为该项目的净现值为正，故可以考虑进行此项投资。

5.1.2 固定资产更新项目投资决策

固定资产更新是对技术上或经济上不宜继续使用的旧资产进行更换，或用先进的技术对原有的设备进行局部改造。

固定资产更新项目投资决策主要研究两个问题：一是决定是否更新，即继续使用旧资产还是更换新资产；二是决定选择何种资产进行更新。实际上，这两个问题是结合在一起考虑的，如果市场上没有比现有设备更适用的设备，那么就继续使用旧设备。

更新决策不同于新建固定资产，设备更新如果不改变公司的生产能力，就不会增加公司的现金流入，即使有少量的残值或变价收入，也属于支出抵减，而非实质上的流入增加。固定资产更新也有可能提高公司的生产能力，相应增加公司在市场上的市场份额，从而增加公司的现金流入。在固定资产更新决策中还会遇到新旧固定资产使用寿命不相同的情况。下面分别就新旧固定资产使用寿命是否相同两种情况，以及固定资产更新是否增加现金流入情况对固定资产更新决策进行分析。

(1) 新旧设备使用寿命相同的情况

在新旧固定资产尚可使用年数相同的情况下，无论更新固定资产是否会增加公司的现金流入，均可使用差量分析法进行决策，忽略使用旧固定资产时所产生的现金流入，以简化决策分析。下面以例5-2、例5-3结合差量分析法进行具体说明。

【例5-2】A公司考虑用一台效率更高的设备来代替旧设备，以减少成本。假设更新后的固定资产不增加公司的销售收入，并且无法确知该项固定资产带给公司原有的现金流入是多少。两个设备均采用直线法折旧，公司的所得税率为25%，资本成本为10%，固定资产残值变价收入超过原值时需要缴纳增值税的税率为4%，处置固定资产的清理费用忽略不计。其他数据见表5-2，试作出该公司是否对设备进行更新的决策。

表5-2 设备更新数据表   单位：元

	旧设备	新设备
原值	20 000	26 000
预计使用年限	10	6
已经使用年限	4	0
预计最终残值	2000	2000
当前变现价值	6000	26 000
年付现成本	7000	5000
年折旧额	1800	4000

解：
① 计算初始投资的差量现金流量：
△初始投资 = 26 000 - 6000 = 20 000（元）
② 计算各年营业现金流量的差量，见表5-3：

表 5-3　各年营业净现金流量差量表　　　　　　　　　　　　　　单位：元

项目	第1年	第2年	第3年	第4年	第5年	第6年
△销售收入	0	0	0	0	0	0
△付现成本	−2000	−2000	−2000	−2000	−2000	−2000
△折旧额	2200	2200	2200	2200	2200	2200
△税前利润	−200	−200	−200	−200	−200	−200
△所得税	0	0	0	0	0	0
△税后净利	−200	−200	−200	−200	−200	−200
△营业净现金流量	2000	2000	2000	2000	2000	2000

③计算两个方案的现金流量的差量，见表 5-4：

表 5-4　两方案现金流量的差量　　　　　　　　　　　　　　　　单位：元

项目	第0年	第1年	第2年	第3年	第4年	第5年	第6年
△初始投资	−20 000						
△营业净现金流量		2000	2000	2000	2000	2000	2000
△终结现金流量							0
△现金流量	−20 000	2000	2000	2000	2000	2000	2000

④计算净现值的差量：

$\Delta NPV = 2000 \times PVIFA_{10\%,6} - 20\,000 = 2000 \times 4.355 - 20\,000 = -11\,290$（元）

因为固定资产更新后将减少净现值 11 209 元，故不能进行更新。

【例 5-3】假设更新后的固定资产每年可增加公司的销售收入 2000 元，其他条件与例 5-2 相同。试作出是否对设备进行更新的决策。

解：

①计算初始投资的差量现金流量：

△初始投资 = 26 000 − 6000 = 20 000（元）

②计算各年营业现金流量的差量，见表 5-5：

表 5-5　各年营业净现金流量差量　　　　　　　　　　　　　　　单位：元

项目	第1年	第2年	第3年	第4年	第5年	第6年
△销售收入	2000	2000	2000	2000	2000	2000
△付现成本	−2000	−2000	−2000	−2000	−2000	−2000
△折旧额	2200	2200	2200	2200	2200	2200
△税前利润	1800	1800	1800	1800	1800	1800
△所得税	450	450	450	450	450	450
△税后净利	1350	1350	1350	1350	1350	1350
△营业净现金流量	3550	3550	3550	3550	3550	3550

表 5-6 两方案现金流量的差量　　　　　　　　　　　　　　单位：元

项目	第0年	第1年	第2年	第3年	第4年	第5年	第6年
△初始投资	-20 000						
△营业现金流量		3550	3550	3550	3550	3550	3550
△终结现金流量							0
△现金流量	-20 000	3550	3550	3550	3550	3550	3550

③计算两个方案的现金流量的差量，见表 5-6：

④计算净现值的差量：

$\Delta NPV = 3550 \times PVIFA_{10\%,6} - 20\,000 = 3550 \times 4.355 - 20\,000 = -4539.75（元）$

因为固定资产更新后，将减少净现值 4539.75 元，因此不能进行更新。

(2) 新旧固定资产使用寿命不相同的情况

现实中大多数情况下，新固定资产比旧固定资产的使用寿命长。两个项目的净现值或者内含报酬率不具有可比性。因此，为了使各项指标具有可比性，可以采用最小公倍法、年均净现值法或者固定资产的平均年成本法等方法。但各种方法的使用情况不同，当更新固定资产不能增加企业现金流入时，使用固定资产的年均成本法较为简洁；当新旧固定资产为企业带来的现金流入量能够确定时，可以使用最小公倍法和年均净现值法进行决策。

① 固定资产的平均成本　是指该资产引起的现金流出的年平均值。考虑资金时间价值，固定资产的平均年成本是未来使用年限内现金流出总现值与年金现值系数的比值，即平均每年的现金流出。即：

平均年成本 = 投资方案的现金流出总现值/年金现值系数　　　　　　　　(5-1)

决策中选用年均成本较低的方案。下面以例 5-4 进行具体说明。

【例 5-4】假设旧固定资产尚可使用 6 年，新固定资产尚可使用 10 年，新固定资产的原值及当前变现价值均为 24 000 元，其他条件同例 5-2。相关数据见表 5-7，试作出该公司是否对设备进行更新的决策。

表 5-7 设备更新数据表　　　　　　　　　　　　　　　单位：元

项目	旧设备	新设备
原值	20 000	24 000
预计使用年限	10	10
已经使用年限	4	0
预计最终残值	2000	2000
当前变现价值	6000	24 000
年付现成本	7000	5000
年折旧额	1800	2200
每年折旧抵减的税负	450(1800×25%)	550(2200×25%)

解：

旧设备每年现金流出量 = 付现成本 - 折旧抵税 = 7000 - 450 = 6550(元)

新设备每年现金流出量 = 付现成本 - 折旧抵税 = 5000 - 550 = 4450(元)

两种方案各自使用期满最后一年年末的现金流入均为 2000 元。那么，两种方案的现金流如图 5-1 所示。

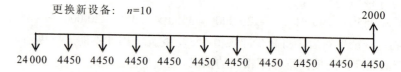

图 5-1　继续使用旧设备与更新设备的现金流量

$$旧设备年均成本 = \frac{6000 + 6550 \times PVIFA_{10\%,6} - 2000 \times PVIF_{10\%,6}}{PVIFA_{10\%,6}}$$

$$= \frac{6000 + 6550 \times 4.355 - 2000 \times 0.564}{4.355}$$

$$= 7668.7(元)$$

$$新设备年均成本① = \frac{24\,000 + 4450 \times PVIFA_{10\%,10} - 2000 \times PVIF_{10\%,10}}{PVIFA_{10\%,10}}$$

$$= \frac{24\,000 + 4450 \times 6.145 - 2000 \times 0.386}{6.145}$$

$$= 8230.0(元)$$

通过上述计算可知，使用旧设备的平均年成本较低，不宜进行设备更新。

【例 5-5】以例 5-4 为例，假设更新设备每年可以增加公司现金流入 2000 元。试作出是否更新设备的决策。

这种情况下比较方便的方法是平均年成本法。用增加的年现金流入量抵减新设备的平均年成本，即：

$$\frac{24\,000 + 4450 \times PVIFA_{10\%,10} - 2000 \times PVIF_{10\%,10}}{PVIFA_{10\%,10}} - 2000$$

$$= \frac{24\,000 + 4450 \times 6.145 - 2000 \times 0.386}{6.145} - 2000$$

$$= 6223.0(元)$$

旧设备的平均年成本不变，仍然为 7668.7 元。在这种情况下，应该选择更新设备这一方案。

平均年成本法的假设前提是，将来设备更换时，可以按照原来的平均年成本找到可代

---

① 不考虑旧设备的变价收入扣除了折余价值之后，如果还有净收益对公司的所得税增加的影响。

替的设备。例如，6 年后旧设备报废时，仍可以找到使用年成本为 8230 元的可替代设备。如果有明显证据表明，6 年后更新设备平均年成本会高于当前更新设备的市场年成本（8230 元），则需要把 6 年后更新设备的成本纳入分析范围，合并计算当前使用旧设备及 6 年后更新设备的综合平均年成本，然后与当前更新设备的平均年成本进行比较。这就会成为多阶段决策问题。由于未来数据估计的主观性，时间越长可靠性越低，因此，平均年成本法通常以旧设备尚可使用年限（6 年）为比较期，一般情况下不会有太大误差。如果以新设备可用年限（10 年）为比较期，则要有旧设备报废时再购置新设备的可靠成本资料。另一种替代方法是预计当前拟更换新设备 6 年后的变现价值，计算其 6 年的平均成本，与旧设备的平均年成本进行比较。但是预计 6 年后尚可使用设备的变现价值比较困难，这种分析方法实际意义不大。

② 最小公倍法 又称方案重复法，是将各方案计算期的最小公倍数作为比较方案的计算期，进而调整相关指标，并据以进行多方案比较决策的一种方法。最小公倍的决策标准是在相同的时期内选择净现值大的方案。下面以例 5-6 进行具体说明。

【例 5-6】A 公司考虑用一台效率更高的设备来代替旧设备，以减少成本。使用原有旧设备和更新设备的项目期分别为 3 年和 6 年，投资者要求的必要报酬率为 10%，有关资料如表 5-8。试采用最小公倍法作出决策。

表 5-8 甲、乙方案净现金流量表   单位：元

项目	0	1	2	3	4	5	6	净现值
旧设备	-700	480	480	600				583.88
新设备	-2100	700	700	700	700	700	800	1004.9

解：

将两方案的净现值直接比较，得出更新设备方案优于使用旧设备方案的结论是不妥的，甚至可能得出错误的结论。采用最小公倍法，两个方案的最小公倍数为 6 年。在此期间使用旧设备的方案重复一次，更新设备方案不需要重复，则调整后的净现值指标为：

$$NPV_{旧} = 583.88 + 583.88 \times PVIF_{10\%,3} = 1022.37(元)$$

调整后的继续使用旧设备方案的净现值大于更新设备方案的净现值，因此，目前不应该更换设备。

现实中有些方案的计算期相差很大，按最小公倍法所确定的计算期往往很长，不便于计算。

③ 年均净现值法 是把投资项目在寿命周期内总的净现值转化为每年的平均净现值，并进行比较的分析方法。年均净现值法与年均成本法基本原理一致，只是使用情况不同而已。

$$年均净现值 = 投资方案净现值 / 年金现值系数 \tag{5-2}$$

决策中选用年均净现值较高的方案。下面以例 5-7 进行具体说明。

【例 5-7】以例 5-6 为例，试采用年均净现值法作出决策。

解：

使用旧设备的年均净现值 = 583.88 ÷ $PVIFA_{10\%,3}$ = 234.77(元)
更新设备年均净现值 = 1004.9 ÷ $PVIFA_{10\%,6}$ = 230.91(元)
继续使用旧设备的年均净现值大于更新设备的年均净现值,因此,目前不应更换设备。

5.1.3 特殊投资决策

项目投资决策中除了固定资产新建与更新决策外,还有资本限额投资决策、投资时机决策和投资期决策等内容。

(1) 资本限额投资决策

当企业资金总量受到限制时,不能投资于所有可以接受的项目,这种情况下应该选择那些会使企业获得最大利益的项目。在资本限额的情况下决策的方法有两种:获利指数法和净现值法。

无论净现值法还是获利指数法,其决策程序均为:首先分别选出净现值大于等于 0 或获利指数大于等于 1 的项目;其次采用穷举法列举出在资本限额内所有的可能组合;最后,在净现值法下选择净现值合计数最大的组合,在获利指数法下选出加权获利指数最大的组合。下面以例 5-8 进行具体说明。

【例 5-8】已知甲公司有 A、B、C、D、E 5 个方案为非互斥项目,有关原始投资额、净现值、获利指数相关数据见表 5-9。当资本限额为 120 万元时,试对公司的投资组合进行决策。

表 5-9 甲公司五个投资项目相关资料　　　　　　　单位:万元

项目	初始投资	净现值	获利指数
A	60	24	1.4
B	40	8	1.2
C	40	20	1.5
D	20	4.4	1.22
E	20	6	1.3

解:
①净现值法:
首先,备选的 5 个项目净现值均大于 0,因此都可以作为备选项目。
其次,列出在资本限额范围内各种可能的组合,并计算各组合的净现值合计数,具体见表 5-10。
最后,根据净现值合计数作出决策。从上表可以看出在所有可能的投资组合中,A + C + E 组合的净现值合计数最大,因此,应该选择 A + C + E 组合进行投资。
②获利指数法:
首先,备选的 5 个项目获利指数均大于 1,因此都可以作为备选项目。
其次,列出在资本限额范围内各种可能的组合,并计算各组合的加权获利指数,具体见表 5-11。

表5-10　甲公司可能的投资组合净现值合计数　　　　单位：万元

组合	初始投资合计	净现值合计
A	60	24
A + B	100	32
A + B + D	120	36.4
A + B + E	120	38
A + C	100	44
A + C + D	120	48.4
A + C + E	120	50
A + D	80	28.4
A + E	80	30
B	40	8
B + C	80	28
B + C + D	100	32.4
B + C + E	100	34
B + C + D + E	120	38.4
B + D	60	12.4
B + D + E	80	18.4
B + E	60	14
C	40	20
C + D	60	24.4
C + D + E	80	30.4
D	20	4.4
D + E	40	10.4
E	20	6

表5-11　甲公司可能的投资组合加权获利指数　　　　单位：万元

组合	初始投资合计	剩余资本	加权获利指数
A	60	60	1.2
A + B	100	20	1.267
A + B + D	120	0	1.303
A + B + E	120	0	1.317
A + C	100	20	1.367
A + C + D	120	0	1.403
A + C + E	120	0	1.417
A + D	80	40	1.233
A + E	80	40	1.25
B	40	80	1.067
B + C	80	40	1.233
B + C + D	100	20	1.27
B + C + E	100	20	1.283
B + C + D + E	120	0	1.32

(续)

组合	初始投资合计	剩余资本	加权获利指数
B + D	60	60	1.103
B + D + E	80	40	1.153
B + E	60	60	1.117
C	40	80	1.167
C + D	60	60	1.203
C + D + E	80	40	1.253
D	20	100	1.037
D + E	40	80	1.087
E	20	100	1.05

在表5-11中，投资组合A+C+E使用了全部的120万元的资金，其加权获利指数计算如下：

$$PI_{ACE} = \frac{60}{120} \times 1.4 + \frac{40}{120} \times 1.5 + \frac{20}{120} \times 1.3 = 1.417$$

投资组合B+C+D使用资金100万元，剩余资金20万元，再加权获利指数计算中假设剩余资金不在进行投资而作为现金持有，其获利指数为1，则组合B+C+D的获利指数计算如下：

$$PI_{BCD} = \frac{40}{120} \times 1.2 + \frac{40}{120} \times 1.5 + \frac{20}{120} \times 1.22 + \frac{20}{120} \times 1 = 1.27$$

最后，根据加权获利指数作出决策。从上表可以看出在所有可能的投资组合中A+C+E组合的加权获利指数最大，因此应该选择A+C+E组合进行投资。

通过以上分析可以看出，净现值法和加权获利指数法做出的决策结论相同。上例中5个方案为非互斥项目，但如果以上5个方案之间存在互斥性，那么可能的组合数量将减少，但决策方法相同。

(2) 投资时机决策

投资时机决策是指投资者确定开始投资的最佳时期的决策。同一个投资项目，由于开始投资的时期不一样，有可能会导致项目收入提高的同时，相关成本也会相应提高；也有可能随着时间的推移，原来的那些决策优势会随着市场竞争加剧而消失。另外由于投资项目的开始时间不同，也不能够将不同时期的投资直接进行比较得出决策结论。因此，投资时机决策的基本原理是将不同时期投资的净现值折算到同一时点，决策的标准是选择净现值较大方案。下面将以例5-9进行具体说明。

【例5-9】 甲公司现有一矿产准备开发，根据估算该矿产可持续开采5年，每年开采量为1万吨，该矿产的市场价格随着该种资源越来越稀缺，其价格也会逐年上升。按照公司的计划，可以现在开采也可以在3年之后开采。如果目前开采该矿产，预计需要购置机械设备等的初始投资成本为3000万元，并需要营运资本垫支100万元；如果两年后开采，机械设备等的初始投资成本会上升到3100万元，需要营运资金垫支120万元。两种方案均预计无残值收回，各年的营业现金流量见表5-12。公司的资本成本率为10%。

表5-12 现在开采与延期开采各年营业现金流量 单位:万元

项目	第1年	第2年	第3年	第4年	第5年	第6年	第7年	第8年
现在开采	1000	1100	1200	1300	1400			
3年后开采				1300	1400	1500	1600	1700

解：

① 计算现在开采的净现值：

$$NPV = -3100 + 1000 \times PVIF_{10\%,1} + 1100 \times PVIF_{10\%,2} + 1200 \times PVIF_{10\%,3}$$
$$+ 1300 \times PVIF_{10\%,4} + 1500 \times PVIF_{10\%,5}$$
$$= -3100 + 1000 \times 0.909 + 1100 \times 0.826 + 1200 \times 0.751$$
$$+ 1300 \times 0.683 + 1500 \times 0.627$$
$$= 1447.20(万元)$$

② 计算3年后开采的净现值：

$$NPV = [-3220 + 1300 \times PVIF_{10\%,1} + 1400 \times PVIF_{10\%,2} + 1500 \times PVIF_{10\%,3} + 1600 \times PVIF_{10\%,4} + 1820 \times PVIF_{10\%,5}] \times PVIF_{10\%,3}$$
$$= [-3220 + 1300 \times 0.909 + 1400 \times 0.826 + 1500 \times 0.751 + 1600 \times 0.683 + 1820 \times 0.627] \times 0.751$$
$$= 1861.38(万元)$$

通过以上分析可以看出，延迟3年再开发该矿产的净现值大于现在开发的净现值，因此，应该3年后开发。

(3) 投资期决策

建设期(投资期)是指项目从开始投入资金到项目建成投入生产所需要的时间。较短的投资期，建设期中各年初始投资较多，但后续营业现金流量发生得比较早；较长的投资期，建设期中各年的初始投资较少，但后续营业现金流量发生得较晚。因此，就需要将两种方案进行比较，以权衡利弊。投资期决策中常用的方法是净现值法。也可以采用差量分析法，但差量分析法不能反映不同方案的净现值。下面将以例5-10进行具体说明。

【例5-10】乙公司进行一项投资，正常投资期为3年，每年投资300万元，3年共需投资900万元。第3~10年每年现金净流量为400万元。如果把投资期缩短为2年，每年需投资500万元，2年共投资1000万元，竣工投产后的项目寿命和每年现金净流量不变，资本成本为10%，假设项目寿命终结时无残值，无垫支营运资金。

解：根据题目完成表5-13。

表5-13 不同建设期现流量表 单位:万元

项目	第0年	第1年	第2年	第3年	第4~8年	第9年	第10年
缩短建设期	-500	-500	400	400	400	400	
正常建设期	-300	-300	-300	400	400	400	400
△现金流量	-200	-200	700	0	0	0	-400

①净现值法：

$$NPV_{正常} = -300 + (-300) \times PVIF_{10\%,1} + (-300) \times PVIF_{10\%,2} + 400 \times PVIFA_{10\%,8} \times PVIF_{10\%,2}$$
$$= -300 + (-300) \times 0.909 + (-300) \times 0.826 + 400 \times 5.335 \times 0.826$$
$$= 942.18(万元)$$

$$NPV_{缩短} = -500 + (-500) \times PVIF_{10\%,1} + 400 \times PVIFA_{10\%,8} \times PVIF_{10\%,1}$$
$$= -500 + (-500) \times 0.909 + 400 \times 5.335 \times 0.909$$
$$= 985.31(万元)$$

通过以上分析可以看出缩短建设期的净现值大于正常假设的净现值，因此，应该加速建设该项目。

②差量法：

$$NPV_{差量} = -200 + (-200) \times PVIF_{10\%,1} + 700 \times PVIF_{10\%,2} + (-400) \times PVIF_{10\%,10}$$
$$= -200 + (-200) \times 0.909 + 700 \times 0.826 + (-400) \times 0.386$$
$$= 42(万元)$$

通过以上分析可以看出，差量现金流量的净现值为42万元，大于0，因此，得出应该加速建设的结论。

从以上分析可以看出无论净现值法还是差量分析法最终的结论是相同的。

5.2 对外投资管理

证券投资是指投资者将资金投资于股票、债券、基金及衍生证券等资产，从而获取收益的一种投资行为，它是公司对外投资的重要组成部分。

证券是根据政府的有关法规发行的，代表财产所有权或债权的一种信用凭证或金融工具。一般来说，证券可以在证券市场上有偿转让。作为证券，必须具备两个最基本的特征：一是法律特征，即它反映的是某种法律行为的结果，本身必须具有合法性，同时，它所包含的特定内容具有法律效力；二是书面特征，即必须按照特定的格式进行书写，载明有关法规规定的全部必要事项。凡同时具备上述两个特征的书面凭证才可称之为证券。

5.2.1 债券投资

债券投资是投资人通过金融市场购入债券，以期获得较稳定的利息收入，并在债券到期时收回本金的一种投资行为。目前，在我国的金融市场中可供投资者选择的债券品种包括短期、中期和长期国债，各商业银行和政策性银行发行的金融债券以及公司债券。

(1) 债券投资的种类

债券种类繁多，按发行主体不同可分为政府债券、公司债券、金融债券。

①政府债券　是指中央政府、地方政府公债或政府机构发行的债券。政府债券通常由于政府收不抵支、财政不能平衡或政府为筹集专项投资资金而发行。政府债券由于有政府的信誉和财政收入作为保证，因此在各种投资工具中是风险最小、信用最可靠的"金边债券"。

②公司债券　又称公司债券，是公司为筹措资金而发行的债务凭证。公司债券持有者

是公司的债权人，享有到期收回本息的权利，取得利息优先于股东分红，公司破产清算时，对公司剩余资产也有优先于股东的要求权。公司债券虽然风险较高，但发行债券的公司一般业绩较好，且经过严格的审查和财产抵押，安全性也可以得到保证。

③金融债券　是金融机构为筹集资本而发行的债务凭证。我国从1985年开始发行金融债券，发行机构包括各专业银行、综合性银行和其他金融机构。发行金融债券所筹集资金全部用于发放特种贷款，主要用于解决部分公司自有流动资金不足和国家计划内的、经济效益好的项目建成后所需的流动资金。目前，我国发行的金融债券可分为普通金融债券、贴现金融债券和累进利率金融债券等。

(2) 债券投资的特点

债券投资有稳定的利息收入和较高的安全性、较强的流动性。与其他有价证券相比，具有以下明显特征。

①安全性　债券的安全性较高是因为债券有固定的利率，投资者可以按预先的期限和利率收到筹资人支付的利息，直到债券到期。债券利率一般不受银行利率变动的影响。包括我国在内的许多国家都对债券发行公司有严格的限制条件，保证发债公司具有良好的财务状况和足够的偿还能力。债券还本付息在《中华人民共和国公司法》（以下简称《公司法》）、《中华人民共和国证券法》（以下简称《证券法》）等多部法律中均有相关条文规范。许多公司发行的债券还设有担保，因此，债券投资的安全性相对较高。

②偿还性　债券发行单位在发行债券时，都明确规定了债券本金的偿还期和偿还方法。债权人有权在符合条件的情况下要求债券发行单位偿还债券本金，债券发行单位应当按照债券发行时的约定偿还，并且不应任意拖延，也不可以违背债权人的利益随时偿还。债券的这种偿还性保证了债权人的利益。

③流动性　债券的变现能力较强一方面是由于债券是一种有价证券，期满后可以得到本金和利息；另一方面，债券的利率固定，便于计算投资收益率，这使投资者在购买债券后，并不一定一直持有至到期日，而是可以选择在适当的时机到债券市场上出售债券，收回投资并获得收益。而且当投资者需要现金时，还可以到银行等金融机构办理债券抵押贷款。债券的流动性对于筹资人来说，并不影响其所筹资金的长期稳定；而对于投资者来说，则是拥有了可以随时转卖、变现的投资品。许多债券都具有较好的流动性。政府及大公司发行的债券一般都可在金融市场上迅速出售。

④收益性　债券的收益性体现在两个方面，债券既可以获得固定的、高于储蓄存款利率的利息，也可以通过在证券市场上进行买卖，获得比一直持有到偿还期更高的收益。债券的交易价格受市场利率影响，当市场利率下降时，债券价格就会上涨；当市场利率上升时，债券价格就会下跌。投资者根据债券市场的行情，于价格较高时卖出债券，于价格较低时买进债券，可得到比一直持有债券到期更高的收益。

综上所述，债券投资的优点主要为本金安全性高，收入稳定性强，市场流动性好；其缺点为购买力风险较大，对债券发行单位无权施以影响和控制，没有经营管理权。

(3) 债券投资的收益率

投资债券的目的是收回本金的同时得到固定的利息。债券的投资收益包含两方面：一是债券的利息收入；二是资本损益，即债券买入价与卖出价或偿还额之间的差额。衡量债券收益水平的尺度为债券收益率，即在一定时期内所得收益与投入本金的比率。为便于比较，债券收益一般以利率为计算单位。

决定债券收益率的主要因素有债券的票面利率、期限、面值、持有时间、购买价格和出售价格。这些因素中只要有一个因素发生变化，债券收益率就会随之发生变化。另外，债券的可赎回条款、税收政策、流动性及违约风险等属性也会不同程度地影响债券的收益率。

债券的票面利率并不等于债券收益率，债券的买入价格可以是发行价格，也可以是流通市场的交易价格；它可能等于债券面额，也可能高于或低于债券面额。债券投资收益率有票面收益率、直接收益率、持有期收益率和到期收益率等多种表达形式。

①票面收益率　又称名义收益率或息票率，是印制在债券票面上的固定利率，即年利息收入与债券面额的比率。投资者如果将按面额发行的债券持有至期满，则所获得的投资收益率与票面收益率是一致的。其计算公式为：

$$票面收益率 = \frac{D}{M} \times 100\% \tag{5-2}$$

式中　D——债券利息；

　　　M——债券面额。

票面收益率只适用于投资者按票面金额买入债券持有至期满，并按票面面额收回本金的情况，它没有考虑债券发行价格与票面金额不一致的情况，也没有考虑投资者中途卖出债券的情况。

②直接收益率　又称为本期收益率、当前收益率，指债券的年利息收入与买入债券的实际价格之比率。其计算公式为：

$$直接收益率 = \frac{D}{P} \times 100\% \tag{5-3}$$

式中　P——债券价格。

直接收益率反映了投资者的投资成本带来的收益。它对那些每年从债券投资中获得一定利息现金收入的投资者来说很有意义。但它和票面收益率一样，不能全面地反映投资者实际收益，因为它忽略了资本损益，既没有计算投资者买入价格与持有债券到期满按面额偿还本金之间的差额，也没有反映买入价格与当前出售或赎回价格之间的差额。

③持有期收益率　指买入债券后持有一段时间，又在债券到期前将其出售而得到的收益率。它包括持有债券期间的利息收入和资本损益两个部分。由于债券支付和兑现方式较多，其持有期收益率的计算方法也不尽相同。

在债券到期以前按约定的日期分次按票面利率支付利息，到期再偿还债券本金的债券（息票债券，又称分期付息债券），债券持有期收益率常用的计算公式为：

$$持有期收益率 = \frac{D + (P_t - P_0)/n}{P_0} \times 100\% \tag{5-4}$$

式中　n——债券持有期数；

　　　P_0——债券买入价；

　　　P_t——债券卖出价。

我国发行的债券多为到期一次还本付息债券，在中途出售的卖价中包含了持有期的利息收入，其持有期收益率的实际计算公式为：

$$持有期收益率 = \frac{(P_t - P_0)/n}{P_0} \times 100\% \tag{5-5}$$

常见的还有期满时按面值偿付的贴现债券（又称贴水债券），若在到期前出售，投资者可根据证券行情表每天公布的各种未到期贴现债券二级市场的折扣率，计算债券卖出价。

【例5-11】A公司于2013年1月1日以1200元的价格购买了B公司于2012年发行的面值为1000元，利率为10%，每年1月1日支付一次利息的10年期公司债券，持有到2017年1月1日，以1400元的价格卖出，求其持有期的收益率。

解：

$$持有期收益率 = \frac{1000 \times 10\% + (1400 - 1200) \div 4}{1200} \times 100\% = 12.5\%$$

④到期收益率　到期收益率是指债券按当前的市场价值购买并持有至到期日所产生的期望收益率，即债券预期利息和到期本金（面值）的现值与债券现行市场价格相等时的折现率。其计算公式为：

$$P_0 = \sum_{t=1}^{n} \frac{I}{(1+R_B)^t} + \frac{M}{(1+R_B)^n} \tag{5-6}$$

式中　R_B——债券到期收益率。

【例5-12】C公司于2011年1月1日以12 000元价格购买了D公司于2010年1月1日发行的面值为10 000元、票面利率为6%的10年期债券。要求：①如该债券为一次还本付息，计算其到期收益率；②如果该债券为分期付息、每年年末付息一次，计算其到期收益率。

解：

①一次还本付息：

根据到期收益率计算公式可得：

$12\,000 = 10\,000 \times (1 + 10 \times 6\%) \times PVIF_{i,9} = 16\,000 \times PVIF_{i,9}$

$PVIF_{i,9} = 12\,000/16\,000 = 0.75$

查复利现值系数表可知：

当$i=3\%$时，$PVIF_{3\%,9} = 0.766$；当$i=4\%$时，$PVIF_{3\%,9} = 0.703$。

采用内插法求得$i = 3.25\%$。

②分期付息，每年年末付一次利息：

根据到期收益率计算公式得：

$12\,000 = 10\,000 \times 6\% \times PVIFA_{i,9} + 10\,000 \times PVIF_{i,9} = 600 \times PVIFA_{i,9} + 10\,000 \times PVIF_{i,9}$

移项得：

$10\,000 \times 6\% \times PVIFA_{i,9} + 10\,000 \times PVIF_{i,9} - 12\,000 = 0$

查表得：

当$i=3\%$时，等式左边$=331.6$（元）；当$i=4\%$时，等式左边$=-509$（元）。

采内插法可以求得$i = 3.39\%$。

需要说明的是，上述计算只是停留在理论上的计算，在实际操作过程当中，收益率的计算要考虑购买成本、交易成本、通货膨胀和税收成本因素，需要对上述计算公式进行相应的调整。

5.2.2 股票投资

股票是股份公司发行的、可以自由转让的有价证券。作为证券市场中最主要的投资工具，投资者进行股票投资的目的主要有两种：一是获利，即获取股利收入及股票买卖差价；二是控股，即通过购买某一公司的足够份额的股票达到控制该公司的目的。

(1) 股票投资的特点

股票投资的特点一般是相对于债券投资而言的。投资者在进行证券投资时，首先遇到的问题是选择债券投资还是选择股票投资，这就要求充分了解两者的特点，以便根据投资者自身的情况进行选择。与债券投资相比，股票投资一般具有以下特点：

① **股票投资是股权性投资**　股票投资与债券投资虽然都是证券投资，但投资的性质不同。股票投资属于股权性投资，股票是代表所有权的凭证，购买了股票就成为发行公司的股东，可以参与公司的经营决策，有选举权和表决权；而债券投资属于债权性投资，债券是债权债务凭证，购买了债券就成为发行公司的债权人，可以定期获得利息，但无参与公司经营决策的权利。

② **股票投资的风险大**　与债券投资相比，股票投资的风险较大。投资者购买股票后，不能要求股份公司偿还本金，只能在证券市场上转让。股票投资的收益主要取决于股票发行公司的经营状况、股利政策以及股票市场行情。如果公司经营状况较好，盈利能力强，则股票价格也会上涨，投资者的收益就会较大；如果公司的经营状况不佳，整个经济形势不景气，则股票价格就会下跌，投资者就会遭受较大的损失。如果公司破产，股东的求偿权位于债权人之后，因此，股东可能不能收回部分甚至全部投资。不同的股利政策决定了投资者的股利收入。

③ **股票投资的收益不稳定**　股票投资的收益主要是公司发放的股利和股票转让的价差收益，其稳定性较差。股票股利直接与公司的经营状况和股利政策相关，公司盈利多，就可能多发放股利；公司的盈利少，就可能少发或不发股利。股市低迷时，出售股票可能不仅得不到价差收益，反而会遭受损失。

④ **股票价格的波动性大**　股市价格受多种因素影响，波动性较大，自从有股市以来，股价暴涨暴跌的例子屡见不鲜。投资者既可以在这个市场上赚取高额利润，也可能会损失惨重，甚至血本无归。因此，股票投资时要进行风险和收益的权衡。

(2) 股票投资决策方法

股票投资决策分析实际上指的是股票投资前的决策分析，而不是投资后的事后分析。股票投资的决策分析是非常复杂的，但是对于投资是非常重要的。一般来说，股票投资决策分析主要包括基本分析和技术分析。

基本分析对股票投资决策至关重要，因为一家公司未来的发展前景实际上是由这些基本因素所决定的。基本分析既包括宏观经济形势的基本分析，也包括对公司的基本分析。宏观经济形势对整个股市都会产生影响，它主要影响股市的基本走势。公司的基本分析主要对公司的财务状况和经营状况进行分析。分析公司财务状况主要是通过股份公司定期公布的财务报告。对公司经营状况的分析主要是了解公司的内部管理是否有效率、公司的商品和劳务的销售情况、市场占有率、产品的寿命周期、公司的投资计划、公司未来新的利润增长点、公司的发展前景等。

技术分析是运用数学和逻辑的方法,通过证券市场过去和现在的市场行为进行分析,从而预测证券市场未来的变化趋势。技术分析是长期以来证券投资者进行证券投资的经验总结。常用的技术分析方法有技术指标法、切线分析法、K 线分析法、形态分析法、波浪理论等。

(3) 股票投资的收益率

股票的收益包括投资者从购入股票开始到出售股票为止整个持有期间的收益,这种收益由股息和资本利得两方面组成。理论上,股票投资收益率 R_S 由式(5-7)确定:

$$P_0 = \sum_{t=1}^{n} \frac{D_t}{(1+R_S)^t} + \frac{P_n}{(1+R_S)^n} \tag{5-7}$$

式中　P_0——股票价格;

　　　P_n——股票售价;

　　　D_t——第 t 年股利收入;

　　　n——股票持有期数;

　　　R_S——股票收益率。

【例 5-13】某股票投资者以每股 10 元的价格购买了 E 公司股票。该投资者准备持有该股 2 年,预计持有期间每年每股股利可达 1 元,并且两年后能够以 12 元的价格转让出去。如果预测准确,求股票投资收益率。

解:

$$10 = \sum_{t=1}^{2} \frac{1}{(1+R_S)^t} + \frac{12}{(1+R_S)^2}$$

通过插值法求得股票投资收益率 R_S 为 19%。

5.2.3　基金投资

基金投资是一种利益共享、风险共担的集合投资方式,即通过发行基金股份或受益凭证等有价证券聚集众多的不确定投资者的出资,交由专业投资机构经营运作,以规避投资风险,并谋取投资收益的证券投资方式。

(1) 基金的种类

① 根据组织形态分类　可分为契约型基金和公司型基金。

契约型基金:又称为单位信托基金,是指把受益人(投资者)、管理人、托管人三者作为基金的当事人,由管理人与信托人通过签订契约的形式发行受益凭证而设立的一种基金。在契约型基金运作中,委托人(基金经理公司)与受托人(基金保管公司)之间签订信托契约,由基金经理公司作为发起人发行等额或不等额的受益凭证募集社会资金,交由基金保管公司保管,自己专注于下达投资指令。三方当事人的行为通过信托契约来规范,基金管理人负责基金的管理操作;基金托管人作为基金资产的名义持有人,负责基金资产的保管和处置,并对基金管理人的运作实行监督。

公司型基金：是按照《公司法》组建股份有限公司而构建的代理投资组织，本身是一个基金股份公司，通常称为投资公司。投资公司向社会发行基金股份，投资者购买股份即为认购基金，也就成为该公司的股东。股东大会选出董事会，监督基金资产的运用，负责基金资产的安全与增值。从组织结构上来说，投资公司与一般的股份有限公司并无多大的差别。但投资公司并不是一个自身开展业务的经营实体，只是一种名义、一种机制，一种进行规模性专业投资的集合式间接投资机制，公司型基金本身就可以称为投资公司。投资公司的主要职责是对基金资产的运作进行监督，除了董事会以外，投资公司可以没有其他工作人员，甚至没有专门的办公场所。

契约型与公司型两种形式的基金各有优劣。各国的证券投资信托制度均以这两种组织形式为基本模式，英国的单位信托基金以契约型基金为主，美国的共同基金以公司型基金为主。由于受香港特区的影响，我国的投资基金多属于契约型基金。

②根据变现方式分类　可分为封闭性基金和开放型基金。

封闭型基金：有基金发行总额和发行期限的限定，在封闭期内达到发行总额后，基金即宣告成立，并进行封闭，在一定时间内不再接受新的投资。基金单位不可追加发行新的基金单位，也不可赎回原有的基金单位。

开放型基金：没有基金发行总额和发行期限的限定，发行者可视经营策略和发展需要连续追加发行新的基金单位，投资者也可根据市场状况和各自的投资决策，随时将原有基金单位退还给基金经理公司。从基金退还角度看，基金经理公司可回购基金股份或受益凭证、赎回基金，投资者可退还基金、赎回现金，因此开放型基金也叫可赎回基金。

我国国务院证券委员会颁布的《证券投资基金管理暂行办法》（1997 年）规定，封闭型基金的存续年限不得少于 5 年。开放型基金在国家规定的营业场所申购，投资者可以在首次发行结束一段时间（多为 3 个月）后，通过基金经理公司的柜台交易赎回，其赎回价格由基金单位净资产值决定。

③根据投资标的分类　可分为股票基金、债券基金、货币基金、期货基金、期权基金、认股权证基金、专门基金等，其中，股票基金投资对象通常包括普通股和优先股，其风险程度较个人投资股票市场低，且具有较强的变现性和流动性。债券基金投资于政府债券、公司债券等各类债券，一般情况下定期派息，其风险和收益水平通常较股票基金低。货币基金是指由货币存款构成投资组合，协助投资者参与外汇市场投资，赚取较高利息的投资基金，其投资工具包括银行短期存款、国库券、银行承兑票据及商业票据等。这类基金的投资风险小，投资成本低，安全性和流动性较高，在整个基金市场上属于低风险基金。

(2) 基金的估价

基金是一种证券，与其他证券一样，基金的内在价值是指在基金投资中所能带来的现金净流量。但是，基金内在价值的具体确定依据与股票、债券等其他证券又有很大区别。

债券的价值、股票的价值取决于未来现金流量的现值。而基金的价值取决于能给投资者带来的现金流量，其原因在于：基金不断变换投资组合对象，再加上其收益的主要来源是资本利得，证券价格的频繁波动，使得对基金未来收益的预计变得不太现实。既然未来不可预测，投资者把握的就是"现在"，即基金的现有市场价值。

①基金单位净值　基金单位净值是评价基金业绩最基本和最直观的指标,也是开放型基金申购价格、赎回价格及确定封闭型基金上市交易价格的重要依据。

基金单位净值是在某一时点每一基金单位(或基金股份)所具有的市场价值,计算公式为:

$$基金单位净值 = \frac{基金净资产价值总额}{基金单位总份额} = \frac{基金资产总额 - 基金负债总额}{基金单位总份额} \quad (5-8)$$

在基金净资产价值的计算中,基金的负债除了以基金名义对外的融资借款外,还包括应付给投资者的分红及应付给基金公司的首次认购费、经理费用等各项基金费用。相对来说,基金的负债金额是固定的,基金净资产的价值主要取决于基金总资产的价值。这里,基金总资产的价值并不是指资产总额的账面价值,而是指资产总额的市场价值。

②基金的报价　基金的交易价格是以基金单位净值为基础的,基金单位净值高,基金的交易价格也高。封闭型基金在二级市场上的交易价格由供求关系和基金业绩决定,围绕着基金单位净值上下波动。开放型基金的柜台交易价格则完全以基金单位净值为基础,通常采用两种报价形式:认购价(卖出价)和赎回价(买入价)。

开放型基金柜台交易价格的计算方式为:

$$基金认购价 = 基金单位净值 + 首次认购费 \quad (5-9)$$
$$基金赎回价 = 基金单位净值 - 基金赎回费 \quad (5-10)$$

基金认购价也就是基金公司的卖出价,卖出价中的首次认购费是支付给基金公司的发行佣金。基金赎回价也就是基金公司的买入价,赎回价低于基金单位净值是由于抵扣了基金赎回费,以此提高赎回成本,减少投资者的赎回,保持基金资产的稳定性。

(3) 基金收益率

基金收益率是用以反映基金增值情况的指标,它通过基金净资产的价值变化来衡量。基金净资产的价值是以市价计量的,基金资产的市场价值增加,意味着基金的投资收益增加,基金投资者的权益也随之增加。基金收益率的计算公式为:

$$基金收益率 = \frac{年末持有份数 \times 年末基金单位净值 - 年初持有份数 \times 年初基金单位净值}{年初持有份数 \times 年初基金单位净值}$$

$$(5-11)$$

其中,持有份数是指基金单位的持有份数。如果年末和年初基金单位的持有份数相同,基金回报率就简化为基金单位净值在本年内的变化幅度。年初的基金单位净值相当于是购买基金的本金投资,基金回报率也就相当于投资报酬率。

基金投资的最大优点是能够在不承担太大风险的情况下获得较高收益。这是因为投资基金具有职业的基金管理人,他们在投资前均进行多种专业的分析研究,可降低风险,提高收益;另外投资基金具有资金规模优势,我国的投资基金一般拥有20亿元以上的资金规模,西方大型投资基金规模会达到百亿以上规模,这种资金优势可以进行充分的投资组合,以降低风险。

基金投资的缺点在于:一是无法获得很高的投资收益,投资基金在投资组合过程中,在降低风险的同时,也丧失了获得巨大收益的机会;二是风险大,在大盘整体大幅度下跌的情况下,进行基金投资也可能会遭受较大损失,投资者承担较大的风险。

5.3 风险性投资分析

现实中各年现金流量受许多环境因素影响，因此任何投资项目各年净现金流量的预测都存在不确定性，有时甚至会与实际情况相差较大。也就是说，任何投资项目都存在一定的风险性。所以对于投资项目风险性进行分析与处理是投资决策的重要组成部分。下面就几种常用的风险性投资决策方法进行讨论。

进行风险性投资分析有两类基本方法：第一类方法称为风险调整法，即对项目的风险因素进行调整，主要包括调整折现率和调整未来现金流量两项内容；第二类方法是对项目基础状态的不确定性进行分析，主要包括决策树法、敏感性分析和盈亏平衡分析等，主要研究投资基础状态变动对投资分析结果的影响，以测试该投资分析的适用性，进而作出最终决策。下面将介绍第一类方法中的按风险调整贴现率法和按风险调整现金流量法，以及第二类方法中的敏感性分析。

5.3.1 按风险调整贴现率法

如第4章所述，在采用净现值法进行投资决策时，首先需要确定折现率。按风险调整折现率法(risk - adjusted discount rate method)是根据投资项目的风险大小对计算净现值所用的折现率进行适当调整。其基本思想是，对于低风险投资项目采用低折现率来计算预期净现值，对于高风险投资项目采用高折现率来计算预期净现值。该方法计算净现值所采用的公式为：

$$NPV = \sum_{t=0}^{n} \frac{NCF_t}{(1+r)^t} = \sum_{t=0}^{n} \frac{NCF_t}{(1+i+\theta)^t} \quad (5-12)$$

式中 NPV——利用按风险调整折现率法所求的净现值；

NCF_t——第 t 年的期望净现金流量；

r——按风险调整的折现率；

i——无风险利率；

θ——风险溢价。

在式(5-12)中，风险溢价 θ 取决于项目风险的高低。投资项目风险越大，则相应的 θ 值越大。对于一个特定的投资项目，要合理确定 θ 值。首先要对该投资项目风险大小进行客观度量。贴现率的调整方法有两种，一是根据资本资产定价模型进行调整，二是按照项目的风险等级进行调整。下面将以例 5-14 来具体分析按照资本资产定价模型进行按风险调整贴现率法的具体做法。

【例 5-14】 甲公司现有 A、B 两个互斥项目，有关 A、B 两个项目的现金流量见表 5-14。A 项目的现金流量风险较大，其 β 值为 1.6；B 项目的现金流量风险相对较小，其 β 值为 0.9。当前的无风险报酬率为 4%，市场的平均报酬率为 14%。

解：

①计算 A、B 两个项目风险调整贴现率：

A 项目的风险调整贴现率 = 4% + 1.6 × (14% - 4%) = 20%

B 项目的风险调整贴现率 = 4% + 0.9 × (14% - 4%) = 13%

②计算 A、B 两个项目的净现值(表 5-15):

表 5-14 A、B 项目各年现金流量　　　　　　　　　　　　单位:元

项目	第 0 年	第 1 年	第 2 年	第 3 年	第 4 年	第 5 年
A	-20 000	7000	7000	7000	7000	7000
B	-24 000	7500	7500	7500	7500	7500

表 5-15 A、B 项目按风险调整贴现率法计算表　　　　　　单位:元

年数	现金流量	现值系数(4%)	未调整现值	现值系数(20%)	调整后现值
\multicolumn{6}{c}{A 项目}
0	-20 000	1.000	-20 000	1.000	-20 000
1	7000	0.962	6734	0.833	5831
2	7000	0.925	6475	0.694	4858
3	7000	0.889	6223	0.579	4053
4	7000	0.855	5985	0.482	3374
5	7000	0.822	5754	0.402	2814
净现值			11 171		930
\multicolumn{6}{c}{B 项目}
0	-24 000	1.000	-24 000	1.000	-24 000
1	7500	0.962	7215	0.885	6637.5
2	7500	0.925	6937.5	0.783	5872.5
3	7500	0.889	6667.5	0.693	5197.5
4	7500	0.855	6412.5	0.613	4597.5
5	7500	0.822	6165	0.543	4072.5
净现值			9397.5		2377.5

从上表分析可以看出,如果不进行贴现率的调整,A 项目优于 B 项目;调整后,B 项目明显优于 A 项目。

按风险调整折现率法的优点很容易理解。但是由于在计算净现值过程中,将货币时间价值因素与风险因素混合在一起,从而将投资项目各年净现金流量的风险性逐年夸大。

虽然按风险调整折现率法有上述缺点,但是国外有关实际调查结果显示,在各种主要的风险投资决策分析方法中,按风险调整折现率法是实际中广为使用。

5.3.2 按风险调整现金流量法

为了克服按风险调整折现率法的缺点,提出了确定等值法(certainty equivalent method,又称肯定当量法),这一方法是把不确定的现金流量调整为确定的现金流量,然后用无风险报酬率作为贴现率计算项目的净现值,以此作为决策的基础。肯定当量法中净现值的计

算公式如下：

$$NPV = \sum_{t=0}^{n} \frac{a_t NCF_t}{(1+i)^t} \quad (5\text{-}13)$$

式中 a_t——t 年现金流量的肯定当量系数，它在 0~1 之间取值。

肯定当量系数是指不肯定的 1 元现金流量期望值相当于是投资者满意的肯定的现金流量的系数，其计算公式如下：

$$a_t = \frac{确定现金流量}{风险现金流量}(0 \leq a_t \leq 1)$$

【例 5-15】以例 5-14 为例，当前的无风险报酬率为 4%。

解：具体计算比较见表 5-16：

表 5-16 调整现金流量法　　　　　　　　　　　　　　单位：元

年数	现金流量	肯定当量系数	肯定现金流量	现值系数（4%）	未调整现值	调整后现值
A 项目						
0	-20 000.000	1.000	-20 000.000	1.000	-20 000.000	-20 000.000
1	7000.000	0.900	6300.000	0.962	6734.000	6060.600
2	7000.000	0.800	5600.000	0.925	6475.000	5180.000
3	7000.000	0.700	4900.000	0.889	6223.000	4356.100
4	7000.000	0.600	4200.000	0.855	5985.000	3591.000
5	7000.000	0.500	3500.000	0.822	5754.000	2877.000
净现值					11 171.000	2064.700
B 项目						
0	-24 000	1	-24 000	1	-24 000	-24 000
1	7500	0.9	6750	0.962	7215	6493.5
2	7500	0.8	6000	0.925	6937.5	5550
3	7500	0.8	6000	0.889	6667.5	5334
4	7500	0.7	5250	0.855	6412.5	4488.75
5	7500	0.7	5250	0.822	6165	4315.5
净现值					9397.5	2181.75

从上表分析可以看出，如果不进行现金流量的调整，A 项目优于 B 项目；调整后，B 项目明显优于 A 项目。

5.3.3 敏感性分析

影响现金流量大小的经济变量有很多，如销售量、销售价格、原材料成本等。这些经济变量的预测结果与其实际取值有一定偏差，就净现值法而言，在理论上只需要采用恰当的折现率进行折现，因此几乎不存在较大的缺陷。然而，在具体实践过程中，常常出现

"安全错觉",使得实际的现金流量往往与理论计划的现金流量不相符,导致投资项目以失败告终。所以我们自然会产生这种疑问:当某个(或某些)变量的预测值与实际值相比有一定的误差时,评价指标(如净现值等)会不会受到较大影响?这就是敏感性分析所要解决的问题。

敏感性分析(sensitivity analysis)是衡量不确定因素变化对项目评价标准(如 NPV 或 IRR)的影响程度。如果某一因素在较小范围内发生变动,评价指标确发生了很大的变化,即表明该因素的敏感性强;如果某一因素在较大范围内变动才会导致原有的评价结果发生变化,则表明该因素的敏感性弱。

敏感性分析的目的是对影响项目评价指标的因素进行定量的分析,找出项目决策需要重点分析和控制的因素,从而为决策者提供重要的决策信息。

在进行敏感性分析时,一般假设改变其中一个影响因素而其他影响因素保持正常状态不变。下面将以例 5-16 具体说明敏感性分析方法的过程。

【例 5-16】甲公司拟投产一个新项目,预期每年增加税后收入 300 万元,增加税后现金流出 207 万元,增加折旧抵税 13.5 万元。预计初始投资为 270 万元,项目周期 4 年,公司所得税税率为 25%,资本成本率为 10%。

解:

①计算项目基准净现值:

$NPV = -270 + (300 - 207 + 13.5) \times PVIFA_{10\%,4} = -270 + 106.5 \times 3.170 = 67.61(万元)$

②假设某一因素以一定幅度变化的时候,其他因素保持不变,重新计算净现值。因为税后现金流入是正向因素,而初始投资额和税后现金流出同属于负向因素,因此,为使评价指标变动方向一致,假设税后现金流入增加 10%,初始投资额和税后现金流出减少 10%,则有

假设每年税后现金流入变动 10%,税后现金流入上升到 330 万元时:

$NCF_{1-4} = 330 - 207 + 13.5 = 136.5(万元)$

$NPV = -270 + 136.5 \times PVIFA_{10\%,4} = -270 + 136.5 \times 3.170 = 162.71(万元)$

假设每年税后现金流出变动 10%,税后现金流出下降到 186.3 万元时:

$NCF_{1-4} = 300 - 186.3 + 13.5 = 127.2(万元)$

$NPV = -270 + 127.2 \times PVIFA_{10\%,4} = -270 + 127.2 \times 3.170 = 133.22(万元)$

假设初始投资变动 -10%,初始投资下降到 243 万元时,折旧抵税额下降到 12.15 万元:

$NCF_{1-4} = 300 - 207 + 12.15 = 105.15(万元)$

$NPV = -243 + 105.15 \times PVIFA_{10\%,4} = -243 + 105.15 \times 3.170 = 90.33(万元)$

③计算确定各因素的敏感系数:

$$敏感系数 = \frac{目标值变动百分比}{因素值变动百分比}$$

假设每年税后现金流入变动 10% 时:

敏感系数 $= (162.705 - 67.605) \div 67.605 \div 10\% = 14.07$

假设每年税后现金流出变动 -10% 时:

敏感系数 = (133.224 - 67.605) ÷ 67.605 ÷ (-10%) = -9.71

假设初始投资额变动 -10% 时：

敏感系数 = (90.3255 - 67.605) ÷ 67.605 ÷ (-10%) = -3.36

④根据上述分析结果可以看出税后现金流入是净现值变化最敏感的驱动因素，税后现金流入每上升1%，项目的净现值将提高14.07%。因此，若实施该项目，需要对营业收入密切关注。税后现金流出的敏感性次之，三个因素中敏感性最差的是初始投资额，但也都具有较大的杠杆作用。因此，从总体上看该项目风险较大。

敏感性分析就多种不确定因素的变化对项目评价标准的影响进行定量分析，可以确定出哪些变量为敏感变量，哪些变量为非敏感变量。对敏感变量应该进行较为细致的预测或估计，尽量减少误差；而对于非敏感变量可以适当少投入一些精力，因为预测值即使误差大些，对于投资项目评价指标也不会产生太大影响。因此，敏感性分析可以帮助我们在估计投资项目现金流量时，抓住项目决策时需重点分析与控制的因素，减少净现值（或其他决策指标）受估计误差产生的影响，从而降低投资风险。

但是应当指出，敏感性分析有较大的局限性，主要体现在没有考虑各种变量不确定因素在未来发生变动的概率分布情况。在实际中可能会出现这样的情况，通过敏感性分析找出的某一敏感因素未来发生不利变化的概率很小，所引起的风险也很小，而另一个相对不太敏感的因素未来发生不利变化的概率却很大，实际所带来的风险比敏感因素更大。另外，敏感性分析假设当某一变量变动时其他变量保持不变，往往与实际情况相脱离。事实上，许多变量都是相互联系的，孤立地考察每一变量的影响情况往往不能得出正确的结论。

▲思考题

1. 试述证券投资的特点。
2. 试述股票的概念、类型及其特点。
3. 普通股的权益有哪些？它和优先股的区别是什么？
4. 什么是债券？它与股票的共同点和区别是什么？
5. 什么是投资基金，投资基金具有哪些特点？

▲练习题

1. ABC 公司 20×1 年 2 月 1 日用平价购买一张面额为 1000 元的债券，其票面利率为 8%，每年 2 月 1 日计息并支付一次利息，并于 5 年后的 1 月 31 日到期。该公司持有该债券至到期日，计算其到期收益率。

2. 甲公司有一笔闲置资金，可以进行为期一年的投资，市场上有 3 种债券可供选择，相关资料如下：

(1) 3 种债券票面利率及付息方式不同。到期时间均为 5 年，到期收益率均为 8%。

(2) 甲公司计划 1 年后出售购入的债券，1 年后 3 种债券到期收益率仍为 8%。

(3) 3 种债券票面利率及付息方式不同。A 债券为零息债券，到期支付 1000 元；B 债券票面利率为 8%，每年年末支付 80 元利息，到期支付 1000 元；C 债券票面利率为 10%，每年年末支付 100 元利息，到期支付 1000 元。

(4)甲公司利息收入适用所得税税率30%，资本利得适用的公司所得税税率为20%，发生投资损失可以按20%抵税，不抵消利息收入。

要求：

(1)计算每种债券当前的价格；

(2)计算每种债券1年后的价格；

(3)计算甲公司投资于每种债券的税后收益率。

3. 2007年7月1日发行的某债券，面值100元，期限3年，票面年利率8%，每半年付息一次，付息日为6月30日和12月31日。

(1)假设等风险证券的市场利率为8%，计算该债券的实际年利率和单利计息下全部利息在2007年7月1日的现值。

(2)假设等风险证券的市场利率为10%，计算2007年7月1日该债券的价值。

(3)假设等风险证券的市场利率为12%，2008年7月1日该债券的市价是85元，试问该债券当时是否值得购买？

(4)假设某投资者2009年7月1日以97元购入该债券，试问该投资者持有该债券至到期日的收益率是多少？

4. ABC公司欲投资购买债券，目前有4家公司正在发行债券：

(1)A公司债券，债券面值为1000元，5年期，票面利率为8%，每年付息一次，到期还本，债券的发行价格为1105元，若等风险的必要报酬率为6%，则A公司债券的价值与到期收益率为多少？是否应该购买？

(2)B公司债券，债券面值为1000元，5年期，票面利率为8%，单利计息，到期一次还本付息，债券的发行价格为1105元，若投资人要求的必要报酬率为6%（复利，按年计息），则B公司债券的价值与到期收益率（复利，按年计息）为多少？是否应该购买？

(3)C公司债券属于纯贴现债券，债券面值为1000元，5年期，发行价格为600元，其内不付息，到期还本，若等风险的必要报酬率为6%，则C公司债券的价值与到期收益率为多少？是否应该购买？

(4)D公司债券，债券面值为1000元，5年期，票面利率为8%，每半年付息一次，到期还本，债券的发行价格为1085.31元，若等风险的必要报酬率为6%，则A公司债券的价值与到期收益率为多少？是否应该购买？

案例

某投资人准备投资A公司的股票，A公司没有发放优先股，2012年有关数据如下：每股净资产为10万元，每股收益为1元，每股股利为0.4元，该公司预计未来不增发股票，并且保持经营效率和财务政策不变，现行A股票市价为15元，目前国库券利率为4%，证券市场平均收益率为9%，A股票与证券市场过去三年的收益率见表5-17：

表5-17 证券市场及A股收益率 单位：%

年限	市场收益率	A股票收益率	年限	市场收益率	A股票收益率
1	1.8	-7.0	4	-2	15
2	-0.5	-1.0	5	5	20
3	2	13	6	5	10

要求：

(1) 用定义公式确定 A 股票的 β 系数；

(2) 该投资人是否应该以当时市价购入 A 股票？

(3) 如购入其预期投资收益率为多少？

阅读指引

1. 证券投资分析. 杨老金，邹照洪. 经济管理出版社，2010.
2. 公司理财. Ross, S. A., 等. 吴世农，等译. 机械工业出版社，2009.
3. 证券投资学. 朴明根，邹立明，王春红. 清华大学出版社，2009.
4. 证券投资学. 霍文文. 高等教育出版社，2008.
5. 证券投资学. 曹凤岐，刘力，姚长辉. 北京大学出版社，2000.
6. 财务管理学. 6 版. 荆新，王化成，刘俊彦. 中国人民大学出版社，2012.
7. 中国注册会计师协会. 财务成本管理. 中国财政经济出版社，2014.

第 6 章 营运资金管理

学习目标

* 理解营运资金管理的相关概念；
* 理解营运资金的管理理念；
* 掌握各种流动资产管理的方法；
* 掌握经济订货批量模型。

6.1 营运资金管理概述

资金是企业的血液，企业要生存发展，就必须筹集、拥有和支配一定数量的资金，其中非常重要的部分就是营运资金。营运资金包括流动资产和流动负债的各个项目，具有周转快、易变现、波动大、多样化的显著特点。营运资金在衡量企业资产流动性、流动资产变现能力和短期偿债能力方面有着重要的意义。

营运资金管理是对企业流动资产及流动负债的管理。企业要维持正常的运转就必须拥有适量的营运资金，因此，营运资金管理是企业财务管理的重要组成部分，营运资金管理的要求是既要保证正常生产经营周转的资金需要，又要合理节约使用资金。要搞好营运资金管理，必须解决好流动资产和流动负债两个方面的问题。

6.1.1 营运资金管理的概念

(1) 流动资产管理

流动资产是指在一年内或一个经营周期内变现或运用的资产，流动资产在资产负债表上主要包括现金、各种存款、短期投资、应收及预付账款、存货等，是企业全部资产中最活跃的部分。表 6-1 列示了三家不同行业的上市公司 2014 年流动资产的占比概况。

流动资产的配置和管理是企业管理的重要组成部分，流动资产过多，会增加企业的财务负担，从而影响企业的利润；相反，流动资产不足，则其资金周转不灵，会影响企业的经营。因此，合理配置流动资产需要量在财务管理中具有重要地位。企业一定生产周期内比较合理的流动资产占用量应既能保证生产经营的正常需要，又无积压和浪费。

表 6-1　我国三家上市场公司 2014 年 12 月 31 日的流动资产占比概况

公司名称	流动性资产内部各项目占流动资产的比重(%)							流动资产占总资产的比重(%)
	货币资金	应收票据	应收账款	预付账款	其他应收款	存货	其他流动资产	
一汽轿车	6.59	53.86	0.31	1.84	0.15	37.23	0.02	53.91
顺鑫农业	24.39	0.01	0.95	5.10	0.45	69.10	0	68.74
清华同方	25.60	0.89	26.84	4.71	3.36	32.70	0	50.81

(2) 流动负债管理

流动负债是指需要在一年或者超过一年的一个营业周期内偿还的债务。流动负债又称短期融资，具有成本低、偿还期短的特点，必须认真进行管理，否则将使企业承担较大的风险。流动负债主要包括短期借款、应付票据、应付账款、应付职工薪酬、应交税费及应付股利等。表 6-2 列示了三家不同行业上市公司 2014 年流动负债的占比概况。

表 6-2　我国三家上市公司 2014 年 12 月 31 日的流动负债占比概况

公司名称	流动负债内部各项目占流动负债的比重(%)										流动负债占总负债的比重(%)	流动负债占总资产的比重(%)
	短期借款	应付票据	应付账款	预收账款	应付职工薪酬	应交税费	应付利息	应付股利	其他应付款	其他流动负债		
一汽轿车	17.23	0.92	61.45	7.46	0.12	0.17	0.03	0	12.63	0	95.74	55.44
顺鑫农业	58.04	0	3.99	20.69	0.33	-1.27	0	0.20	0.88	17.40	78.33	52.20
清华同方	38.18	3.79	27.81	8.35	1.45	-6.11	0.34	0.24	9.91	10.53	79.51	54.95

6.1.2　营运资金管理策略

(1) 营运资金持有政策

营运资金持有量的确定实际上就是对收益和风险两者之间的关系进行权衡与选择。具体而言，就是要确定一个既能维持企业正常生产经营活动，又能在减少或不增加风险的前提下，给企业带来尽可能多的利润的营运资金水平。

营运资金持有量往往表示为实现一定数量的销售额所要求的流动资产数量，不同的流动资产数量体现了不一样的风险与收益关系。根据流动资产和销售额之间的数量关系，企业的营运资金持有可以划分为宽松、适中和紧缩三种政策(图 6-1)。

①宽松的营运资金持有政策　要求企业在一定的销售水平上保持较多的流动资产占比，这种政策的特点是收益低、风险小。该政策下企业拥有较多的现金、短期有价证券和存货，能按期支付到期债务，并且为应付不确定情况保留了大量资金，使风险大大减少。但由于现金、短期有价证券投资收益较低，存货占用使得资金营运效率欠佳，从而降低了企业整体总资产的盈利水平。

②适中的营运资金持有政策　要求企业在一定的销售水平上保持适中的流动资产占比，既不过高又不过低，流入的现金恰好满足支付的需要，存货也恰好满足生产和销售所用。这种政策的特点是收益和风险平衡。在企业能够比较准确地预测未来各种经济情况时，可采用该政策。

③紧缩的营运资金持有政策　要求企业在一定的销售水平上保持较低的流动资产占比。这种政策的特点是收益高、风险大，企业的现金、短期有价证券、存货和应收账款等流动资产降到最低限度，可降低资金占用成本，增加企业收益。但同时也可

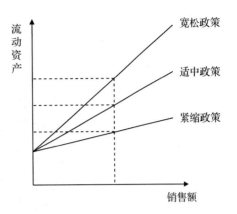

图 6-1　营运资金持有政策

能由于资金不足造成拖欠货款或不能偿还到期债务等不良情况，加剧企业风险。在外部环境相对稳定、企业能非常准确地预测未来的情况下，可采用该政策。

从理论上讲，在影响企业营运资金的因素（如销售额、订货时间、付款时间等）保持不变时，企业只需持有能够满足需要的最低数量的流动资产。超过这个最低数量的流动资产不仅不会增加企业利润，而且还会使企业发生不必要的筹资费用；低于这个最低数量的流动资产会使企业出现存货短缺、支付困难，或者必须制定过于严格的应收账款管理政策等。

然而，实际经济生活中往往存在不确定性。营运资金的占用水平受制于企业的内外条件等多种因素，这些因素都是不断变化的，因此很难恰当地对适中政策的营运资金持有量加以量化。在财务管理的实际工作中，企业应当根据自身的具体情况和环境条件，以适中的营运资金持有政策原则作指导，对未来进行合理预测，使流动资产与流动负债尽量相匹配，确定一个对企业来说较为适当的营运资金持有量。

(2) 营运资金融资政策

营运资金融资政策是营运资金政策的重要方面。在确定营运资金的融资政策之前，先对营运资金的两大要素——流动资产和流动负债进行分析，然后考虑两者之间的匹配问题。

①流动资产　按用途可分为临时性流动资产和永久性流动资产。临时性流动资产是指受季节性或周期性影响的流动资产，如季节性存货、销售高峰期增加的应收账款等；永久性流动资产是为了满足企业长期稳定的资金需要，即使处于经营低谷时也必须保留的流动资产。

②流动负债　可划分为临时性流动负债和自发性流动负债。临时性流动负债是因为临时的资金需求而发生的负债，如为满足季节性销售时存货的大量增加而举借的临时债务等；而自发性流动负债则产生于企业正常的持续经营活动中，如商业信用、应付职工薪酬、应交税费等，自发性流动负债虽然是短期负债，但由于其数额一般比较稳定，所以成为企业的一项较稳定的资金来源。

企业的营运资金融资政策就是对临时性流动资产、永久性流动资产和固定资产的资金来源进行管理。有激进型、稳健型和配合型三种可供企业选择的融资政策。

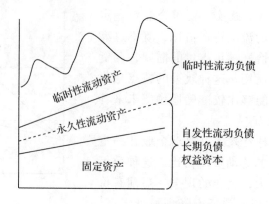

图 6-2 激进型融资政策

①激进型融资政策 其特点是临时性流动负债不但要满足临时性流动资产的需要，还要满足一部分永久性流动资产的需要，有时甚至全部流动资产都要由临时性流动负债支持（图 6-2）。

由于临时性流动负债的资金成本相对于长期负债和权益资本来说一般较低，而激进型融资政策下临时性流动负债所占比例较大，所以该政策下企业的资金成本低于配合型融资政策。但另一方面，由于企业为了满足永久性流动资产长期、稳定的资金需要，必然要在临时性流动负债到期后重新举债或申请债务展期，即需要不断地举债和还债，加大了筹资和还债的风险。所以激进型融资政策是一种收益高、风险大的营运资金融资政策。

②稳健型融资政策 其特点是临时性流动负债只满足部分临时性流动资产的需要，其他流动资产和长期资产用自发性流动负债、长期负债和权益资本来满足（图 6-3）。

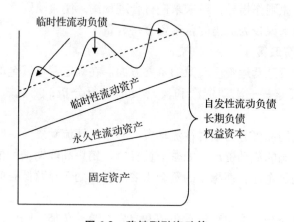

图 6-3 稳健型融资政策

在这种政策下，临时性流动负债在企业的全部资金来源中所占比例较小，企业保留较多营运资金，可降低企业无法偿还到期债务的风险，同时蒙受短期利率变动损失的风险也较低。但降低风险的同时也降低了企业的收益，因为长期负债和权益资本在企业的资金来源中比重较大，并且两者的资金成本高于临时性流动负债的资金成本，而且在生产经营淡季，企业仍要负担长期债务的利息。即使将过剩的长期资金投资于短期有价证券，其投资收益一般

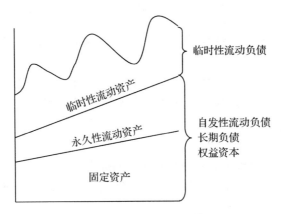

图 6-4 配合型融资政策

也会低于长期负债的利息。所以稳健型融资政策是一种低风险、低收益的融资政策。

③配合型融资政策 指企业的负债结构与企业资产的寿命周期相对应,其特点是临时性流动资产所需资金用临时性流动负债筹集,永久性流动资产和固定资产所需资金用自发性流动负债和长期负债、权益资本筹集(图 6-4)。

在这种政策下,只要企业短期融资计划严密,实现现金流动与预期安排一致,则在经营低谷时,企业除自发性流动负债外没有其他流动负债,只有在经营高峰期,企业才举借临时性流动负债。

但是在企业的经济活动中,由于现金流动和各类资产使用寿命的不确定性,往往做不到资产与负债的完全配合。配合型融资政策是一种理想的融资模式,在实际生活中较难实现。

一般来说,如果企业对营运资金的使用能够达到游刃有余的程度,则最有利的融资政策就是采用收益和风险相匹配的配合型融资政策。

6.2 现金管理

现金是指企业占用的各种货币形态的资产,包括库存现金、银行存款及其他货币资金。现金作为企业比较特殊的资产,具有流动性最强和收益性最弱两个显著特点。现金管理的目标在于如何在现金的流动性和收益性之间进行合理选择,即在保证正常业务经营需要的同时,尽可能降低现金的占用量,并从暂时闲置的现金中获得最大的投资收益。

6.2.1 现金持有成本

企业持有一定数量的现金,是由于存在着对现金的需求。这些需求一般包括满足日常经营业务活动的交易需求、应付意外支付的预防需求、满足某种投机行为的投机需求三种类型。除此之外,也会基于满足将来某一特定要求或为在银行维持补偿性余额等原因而持有现金。

当然,在实际工作中很难对持有现金的动机加以明确区分,也没有必要仔细区分每种动机的现金余额是多少。企业必须持有一定量的现金余额以便满足各种支付需要,至于用于何种动机，则取决于现金支付时的具体情况。

持有现金不仅要付出管理费用，还需要付出机会成本、转换成本及短缺成本。

(1) 机会成本

机会成本是指企业因保留一定现金余额而丧失的投资收益。这种投资收益是企业不能用该现金进行其他投资而获得的收益。机会成本属于变动成本，它与现金持有量成正比例关系。

(2) 转换成本

转换成本是指现金同有价证券之间相互转换的成本，是企业用现金购入有价证券，或者转让有价证券换取现金时付出的交易费用。转换成本既包括依据成交额计算的费用，也包括基于证券转换次数计算的费用。

(3) 短缺成本

短缺成本是指在现金持有量不足，而又无法及时将其他资产变现而给企业造成的损失，包括直接损失和间接损失。现金的短缺成本与现金持有量成反比例变动关系。

6.2.2 现金预算管理

现金预算就是在企业长期发展战略的基础上，以现金管理的目标为指导，充分调查和分析各种现金收支影响因素，运用一定的方法合理估测企业未来一定时期的现金收支状况，并对预期差异采取相应对策的活动。现金预算管理是现金管理的核心环节和方法。

(1) 现金预算的四个步骤

现金预算的制定一般分为四个步骤，分别对销售、现金流入量、现金流出量、月末现金和贷款余额进行预估。由于现金流入量与流出量的估计都以销售预测为依据，所以现金预算的准确性在很大程度上依赖于销售预测的准确程度。而管理和市场变化的种种原因，常常使销售预测出现某种偏差，所以应该以企业经营目标为指导，根据环境变化随时对销售预测进行必要的修正。

现金预算可按月、周或日为基础进行编制，也可覆盖几个月甚至一年。这主要根据企业的生产经营特点与管理要求而定。

(2) 现金预算的编制方法

现金预算编制的主要方法有两种：收支预算法和调整净收益法。

①**收支预算法** 就是将预算期内可能发生的一切现金收支项目分类列入现金预算表内，以确定收支差异、采取适当财务对策的方法，是目前最流行、应用最广泛的一种编制现金预算的方法。它具有直观、简便、便于控制等特点。

在收支预算法下，现金预算主要包括四部分内容：预算期内现金收入、预算期内现金支出、对现金不足或多余的确定、现金融通。

通过对企业的现金收入及现金支出总额的预测，推算出预算期末现金结余情况。如果现金不足，则提前安排筹资(如向银行借款等)；若现金多余，则归还贷款或进行有价证券的投资，以增加收益。

②**调整净收益法** 是指运用一定的方式，将企业按权责发生制计算的净收益调整为按收付实现制计算的净收益，在此基础上加减有关现金收支项目，使净收益与现金流量相互

关联，从而确定预算期现金余缺，并做出财务安排的方法。

采用此方法编制现金预算，首先应编制预计利润表，求出预算期的净收益。然后，逐笔处理影响损益及现金收支的各会计事项。最后，计算出预算期现金余额。这个计算过程类似于从净利润入手编制现金流量表。

调整净收益法将在权责发生制基础上计算的净收益与现金收付实现制基础上计算的净收益统一起来，克服了收益额与现金流量不平衡的缺点，但是现金余额增加额不能直观、详细地反映出生产过程，在一定程度上影响了对现金预算执行情况的分析和控制。

6.2.3 最佳现金持有量的确定

确定最佳现金持有量是现金管理的主要内容，在现金预算的编制中也是一个重要的环节。企业出于各种动机的要求而持有一定货币，但出于成本和收益关系的考虑，必须确定最佳现金持有量。

确定最佳现金持有量的模型主要包括成本分析模型和存货模型两种。

(1) 成本分析模型

成本分析模型是根据现金有关成本，分析预测其总成本最低时现金持有量的一种方法。运用成本分析模型确定最佳现金持有量时，只考虑因持有现金而产生的机会成本及短缺成本，而不考虑管理费用和转换成本。

机会成本与现金持有量成正比例变动关系：

$$机会成本 = 现金持有量 \times 机会成本率 = 现金持有量 \times 有价证券利率 \quad (6-1)$$

短缺成本与现金持有量成反比例关系。因此，成本分析模型中的最佳现金持有量可以解释为机会成本和短缺成本为最小值时的持有量。

成本分析模型的计算步骤是：

① 根据不同的现金持有量测算各备选方案的有关成本数值。

② 按照不同的现金持有量及有关部门成本资料计算各方案的机会成本和短缺成本之和，即总成本，并编制最佳现金持有量测算表。

③ 在测算表中找出相关总成本最低时的现金持有量，即最佳现金持有量。

【例 6-1】 某企业现有五个现金持有方案，根据历史资料和近期企业经营状况的预测和分析，有关成本资料见表 6-3。求企业最佳现金持有量。

表6-3 现金持有量备选方案

	方案一	方案二	方案三	方案四	方案五
现金持有量(元)	12 000	20 000	28 000	36 000	44 000
机会成本率(%)	10	10	10	10	10
短缺成本(元)	3600	2300	1300	600	0

解：

根据表 6-3 编制该企业现金持有量测算表(表 6-4)。

从测算结果可以看出，方案三持现总成本最小，因此企业最佳现金持有量应该是 28 000 元。

表 6-4　最佳现金持有量测算　　　　　　　　　　单位：元

	方案一	方案二	方案三	方案四	方案五
现金持有量	12 000	20 000	28 000	36 000	44 000
机会成本	1200	2000	2800	3600	4400
短缺成本	3600	2300	1300	600	0
持有总成本	4800	4300	4100	4200	4400

（2）存货模型

存货模型是把现金视为存货，在不考虑短缺成本的前提下，利用存货经济批量模型①，着眼于成本最低，确定最佳现金持有量的方式。存货模型只考虑持有现金的机会成本与固定性转换成本，由于二者与现金持有量的关系不同，因此存在一个最佳现金持有量，使得二者之和最低。其计算公式为：

$$Tc = T_1 + T_2 = \frac{Q}{2} \cdot K + \frac{D}{Q} \cdot F \tag{6-2}$$

式中　T_C——存货分析模式下的相关总成本；
　　　T_1——相关的机会成本；
　　　T_2——相关的转换成本；
　　　Q——一次交易资金量，即最佳现金转换量；
　　　K——单位现金持有的机会成本率（证券收益率或者银行存款利率）；
　　　D——一个周期内现金总需求量；
　　　F——每次转换有价证券的固定成本。

对上述总成本方程求导，以 Q 为自变量，当 T_C 的一阶导数为零时，T_C 取得极小值，则有：

$$Q = \sqrt{\frac{2DF}{K}} \tag{6-3}$$

$$T_C = \sqrt{2DFK} \tag{6-4}$$

【例 6-2】 某公司现金收支平稳，预计全年（按 360 天计算）现金需要量为 250 000 元，现金与有价证券的转换成本为每次 500 元，有价证券年利率为 10%。请计算：①最佳现金持有量；②最佳现金持有量下的全年现金管理相关总成本。

解：

最佳现金持有量 $Q = \sqrt{\dfrac{2DF}{K}} = \sqrt{\dfrac{2 \times 250\,000 \times 500}{10\%}} = 50\,000$ 元

最低现金管理相关总成本为：

$T_C = \sqrt{2DFK} = \sqrt{2 \times 250\,000 \times 500 \times 10\%} = 5000$ 元

6.2.4　现金日常管理

企业在确定了最佳现金持有量后，还应采取各种措施保证现金的安全完整、流动顺

---

① 相关内容在本章存货部分阐述。

畅，最大限度地发挥作用，促进企业健康成长，力争现金流量同步。现金流量同步不仅是保证企业现金收支平衡的基本前提，更是提高企业现金管理水平的重要措施。在现实生活中为了实现现金流量同步，企业可以采取的方法原则上是加快现金收款和推迟现金付款。

(1) 加快现金收款

如何缩短收现时间、加速资金周转是现金回收管理要解决的主要问题。一般来说，企业账款的收回包括3个阶段：客户开出支票、企业收到支票、银行清算支票。企业账款收回的时间包括支票邮寄时间、支票在企业停留时间及支票结算时间。前两个阶段所需时间的长短不但与客户、企业、银行之间的距离有关，而且与收款的效率有关。缩短前两个过程的时间，能够有效地提高收款的效率。在实际工作中，缩短这两段时间的方法有锁箱法、银行业务集中法和现金折扣法等。

(2) 推迟现金付款

促进企业现金流动顺畅，一方面要加快企业的现金回收；另一方面还可以推迟现金付款。现金支出管理的基本原则是企业越晚支出现金越好，但前提是不能有损企业信誉。现金支出管理的重心是如何延缓付款时间。延迟现金支付的方法主要包括：使用现金浮游量，推迟应付账款的支付，采用分期付款和汇票付款，利用信用等。

6.3 存货管理

存货是指企业在日常生产经营过程中为生产或销售而储备的材料或物料。包括各类材料、商品、在产品、半成品、产成品等。存货可以分为三大类：原材料存货、在产品存货和产成品存货。

企业持有充足的存货，不仅有利于生产过程的顺利进行，节约采购费用与生产时间，而且能够迅速地满足客户各种订货的需要，从而为企业的生产与销售提供较大的弹性，避免因存货不足带来机会损失。然而，存货又是一种变现能力较差的资产，存货的增加必然要占用更多的资金，将使企业付出更大的持有成本（不仅包括机会成本，而且包括储存与管理费用的增加），进而影响企业获利能力。存货管理的目标就是既要保有足够的存货量以保证产销的正常和稳定，又要尽可能地降低存货储存成本，在存货持有的效益和相关成本之间作出权衡，使两者达到最佳组合。

此外，还有很多富有成效的存货管理方法，诸如归口分级管理、经济订货批量、ABC控制、定额管理等方法。在市场经济条件下，企业应当根据变化的经营环境和条件适当使用甚至重新组合以上方法，以有效发挥各类方法的作用。

6.3.1 存货模型

现有理论一般从观察一次进货数量来对存货管理进行定量分析。一次进货的数量被称为订货批量，以上分析可知，企业应当酌情确定订货批量。订货批量太低，会引发因存货不足带来机会损失；而订货批量太高，又会增加持有成本。决定存货经济订货批量的成本因素主要包括订货成本、储存成本和缺货成本。明晰各类成本的特性，以协调各项成本间的关系，使总成本保持最低水平，是企业进货决策需解决的主要问题。

(1) 三类存货成本定量表达

①**订货成本** 企业为订购材料、商品而发生的成本和费用,包括采购人员差旅费、手续费、运输费等。一部分订货成本与订货的数量无关,而与次数有关,属于决策的相关成本;另一部分与订货次数无关,如专设采购机构的基本开支等,属于决策的无关成本,不予考虑。

订货成本可以表达为:

$$T_o = F \times \frac{D}{Q} \tag{6-5}$$

式中 T_o——订货成本;
Q——每次订货的数量,称为订货批量;
D——存货的年需要量;
F——每次订货成本。

②**储存成本** 企业为持有存货而发生的全部成本和费用,包括仓储费、搬运费、保险费和占用资金支付的利息费等。储存成本一般会随着平均存货量的增加而上升。与储存相关的仓库折旧费、仓库职工的固定月工资等与存货储存数额没有直接联系,属于决策无关成本;而存货资金的应计利息、存货残损和变质损失、存货的保险费用等与存货储存数额的增减成正比例变动关系,属于决策相关成本。

储存成本可以表达为:

$$T_c = C \times \frac{Q}{2} \tag{6-6}$$

式中 T_c——订货成本;
Q——订货批量,$Q/2$ 则为年平均存货量;
C——单位存货储存成本。

③**缺货成本** 企业在存货短缺时引起的生产中断、销售受阻等间接成本,包括由于材料供应中断造成的停工损失、成品供应中断导致延误发货的信誉损失,以及丧失销售机会的损失等。若企业允许出现缺货,则缺货成本便与存货数量反向相关,即属于决策相关成本;若企业不允许发生缺货情形,此时缺货成本为零,也就无需加以考虑。

④**相关总成本** 在不考虑缺货成本的情况下,决定存货进货批量的成本因素主要为订货成本和储存成本。则持有存货的相关总成本可以表达为:

存货总成本(T) = 订货成本 + 储存成本

$$T = F \times \frac{D}{Q} + C \times \frac{Q}{2} \tag{6-7}$$

总成本也可以用图 6-5 表达。利用极值原理可求出成本最低时,对应的订货批量和每年相关总成本分别为:

$$Q^* = \sqrt{\frac{2FD}{C}} \tag{6-8}$$

$$T = \sqrt{2FDC} \tag{6-9}$$

式中 Q^*——经济订货批量;
T——持有存货的相关年总成本。

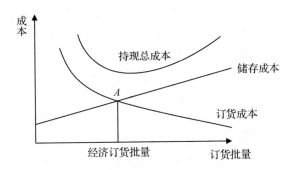

图 6-5 经济订货批量模型

存货经济订货批量模型的假定条件如下：企业一定时期某种存货的需求总量可以预测，且耗用稳定；市场供应充分，能随时补充存货，不考虑安全存量；不允许出现缺货情形；不考虑现金折扣，订货成本和储备成本也都已知，并在一定时期保持稳定。

经济订货批量模型下，存货量呈递减补充函数，故其一定时期内平均存货量可用 $Q/2$ 表示，存货储存情况如图 6-6 所示。

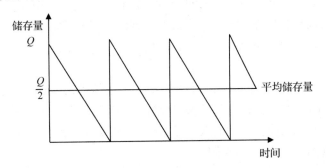

图 6-6 经济批量模型

【例 6-14】幸福公司全年耗用材料 2000kg，每次订货成本 100 元，单位材料年储存成本为 2 元。那么经济订货批量和每年相关总成本分别为：

$$Q^* = \sqrt{\frac{2 \times 100 \times 2000}{10}} = 200(\text{kg})$$

$$T = \sqrt{2FDC} = \sqrt{2 \times 100 \times 2000 \times 2} = 894.43(\text{元})$$

6.3.2 其他存货管理方法

存货控制是指在日常生产经营过程中，按照存货计划的要求，对存货的使用和周转情况进行的组织、调节和监督。

(1) 存货的归口分级控制

存货的归口分级控制是加强存货日常管理的一种重要方法。这一管理方法包括以下三项内容：

首先，财务部门对存货资金实行统一管理。加强对存货资金的集中、统一管理，促进供、产、销互相协调，实现资金使用的综合平衡，加速资金周转。

第二，实行资金的归口管理。根据使用资金和管理资金相结合、物资管理和资金管理相结合的原则，每项资金由哪个部门使用，就归哪个部门管理。

第三，实行资金的分级管理。各归口的管理部门要根据具体情况将资金计划指标进行分解，分配给所属单位或个人，层层落实，实行分级管理。

(2) ABC 分类管理

存货 ABC 分类管理是意大利经济学家巴雷特于 19 世纪首创的，是一种实际应用较多的方法。经过不断发展和完善，ABC 法已经广泛用于存货管理、成本管理和生产管理。

ABC 控制法是根据各种存货占全部存货的金额大小，将存货分成 A、B、C 三种存货类型。A 类存货是指品种、数量少而价值高的物资，一般来说，A 类存货的品种、数量占存货品种数量的 5% ~ 20%，其成本金额占全部存货总值的 60% ~ 80%；B 类存货的品种、数量占存货品种数量的 20% ~ 30%，其成本占全部存货总值的 15% ~ 30%；C 类存货是指品种、数量多而价值低的物品，C 类存货的品种、数量占存货品种数量的 60% ~ 70%，其成本占全部存货总值的 5% ~ 15%。

对于 A 类存货，需集中精力进行管理，严格管理其入库和出库，并经常检查库存量。对于 B 类存货的管理，应给予相当程度的重视，可根据其在生产中的重要程度和采购的难易程度分别制定采购和管理办法，实施有效的管理。对于 C 类存货一般可采用比较简化的管理控制方式，尽量集中大量采购，节约订货费用。

(3) 存货质量控制

存货质量是指存货的流动性和收益性，又称存货的适销状况。按存货的适销状况及盘存记录可以分为畅销、平销和滞销三类。存货质量分析可以查明存货质量水平，了解存货的适销情况，找出问题，以便改善购销工作，优化库存结构，加速资金周转，提高企业经济效益。

存货质量控制主要有以下几项措施：

① 权衡利弊，灵活进行削价处理　存货如果出现了滞销、变质等非正常状态，要作出决策，采取适当的削价处理措施，最大限度地减少企业的损失。

② 建立存货减值准备制度　很多存货的状态易变，如食品等，要对类似的存货建立减值准备制度，以避免意外损失带来的重大影响。

③ 完善责任控制措施　对人为造成的存货损失，必须建立责任控制程序，利用奖励和惩罚相结合的措施鼓励和约束相关人员，尽量避免不必要的损失。

(4) 适时制 (just in time, JIT) 管理

适时制起源于 20 世纪 20 年代美国底特律福特汽车公司所推行的集成化生产装配线。后来在日本制造业得到有效的应用，随后又重新在美国推广开来。

适时制的基本原理强调，只有在使用之前才要求供应商送货，从而将存货数量减少到最小；企业的物资供应、生产和销售应形成连续的同步运动过程；消除企业内部存在的所有浪费；不间断地提高产品质量和生产效率等。

适时制原本是为了提高生产质量而逐步形成的，旨在将原材料的库存量减少到一个生产班次恰好需要的数量。在适时制下，库存是没有替代品的，其所生产的每一个零部件都必须是合格品。适时制在按订单生产的制造业中使用得最为广泛。随着 IT 技术的使用，适时制在零售业中也开始显示其优越性，对零售业者预测消费需求和提高营运效益有一定的作用。

6.4 应收账款管理

应收账款是企业流动资产的一个重要组成部分，随着市场经济的发展，商业信用的使用越来越多，企业应收账款数额明显增多，成为流动资产管理中的一个重要项目。

6.4.1 信用政策

为了发挥应收账款可以增加销售的作用，减少坏账损失及管理成本，企业应选择恰当的信用政策。信用政策即应收账款的管理政策，是指企业为对应收账款进行规划与控制而确立的基本原则与行为规范，包括信用标准、信用条件和收账政策三部分内容。信用政策受利润潜力、信用政策工具等因素的影响。

(1) 信用标准

信用标准是客户获得商业信用所应具备的最低条件，通常以预期坏账损失率来表示。信用标准的确定受多种因素影响，如信用品质、偿付能力、资本、抵押品和经济状况等。在充分考虑这些因素的情况下，可通过定性分析、定量分析或两者结合的方法来确定适当的信用标准。如果企业的信用标准较严，只对信誉很好、坏账损失率很低的顾客赊销，则会减少坏账损失和应收账款的机会成本，但可能不利于扩大销售量，甚至会使销售量减少；反之，如果信用标准较松，虽然会增加销售，但会相应增加坏账损失和应收账款的机会成本。企业应根据具体情况进行权衡。

(2) 信用条件

信用条件是指企业接受客户信用订单时所提出的付款要求，主要包括信用期限、现金折扣及折扣期限等。信用期限是企业为顾客规定的最长付款时间，折扣期限是为顾客规定的可享受现金折扣的付款时间，现金折扣是在顾客提前付款时给予的优惠。

常见的信用条件的基本表现方式如"2/10，$n/45$"，其含义为：若客户能够在发票开出后 10 日内付款，可以享受 2% 的现金折扣；如果放弃折扣优惠，则全部款项必须在 45 日内付清。

(3) 收账政策

收账政策是指当客户违反信用条件，拖欠甚至拒付账款时企业采取的收账策略与措施。企业如果采用较积极的收账政策，可能会减少应收账款投资，减少坏账损失，但会增加收账成本；如果采用较为消极的收账政策，则可能会增加应收账款投资，增加坏账损失，但会减少收账费用。在实际工作中，可参照测算信用标准、信用条件的方法来制定收账政策。

一般而言，收账费用支出越多，坏账损失越少，但两者并不一定存在线性关系。通常的情况是：开始花费一些收账费用，应收账款和坏账损失有小部分降低；收账费用增加，应收账款和坏账损失明显减少；收账费用

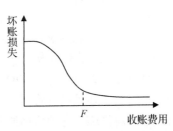

图 6-7 收账费用与坏账损失的关系

达到某一限度以后，应收账款和坏账损失的减少就不再明显了，这个限度称为饱和点，如图 6-7 中的点 F。在制定信用政策时，应权衡增加收账费用与减少应收账款机会成本和坏账损失之间的得失。

6.4.2 应收账款管理

对于已经发生的应收账款，企业应强化日常管理工作，对应收账款进行分析、控制，及时发现问题，提前采取对策。

(1) 信用评估

应收账款管理的首要依据是对客户的信用状况进行的分析和评估，以确定企业的信用。信用评估需要搜集的信息包括客户的付款历史、产品的生产状况、企业的经营状况、财务实力的估算数据、企业主要所有者及管理者的背景等。

搜集好信用资料后，要对这些资料进行分析，并对顾客信用状况进行评估。信用评估的方法有很多，这里介绍两种常见的方法：5C 评估法和信用评分法。

①5C 评估法　是指重点分析影响信用的五个方面的一种方法。这五个方面的第一个英文字母都是 C，故称之为 5C 评估法。这五个方面是品德(character)、能力(capacity)、资本(capital)、抵押品(collateral)和情况(condition)，以其为核心确定客户的信用等级，在企业制定信用标准时作为主要参考依据。品德是指顾客愿意履行其付款义务的可能性；能力是指顾客偿还贷款的能力；资本是指一个企业的财务状况；抵押品是指顾客能否为获取商业信用提供担保资产；情况是指一般的经济情况对企业的影响，或某一地区的一些特殊情况对顾客偿还能力的影响。

②信用评分法　是对一系列财务比率和信用状况指标进行评分，然后进行加权平均，得出顾客综合的信用分数，并据此进行信用评估的一种方法。企业可以根据自身所处的行业环境、经营情况等因素确定不同财务比率和信用品质的重要程度，选择需要纳入公式的财务比率和信用品质。然后根据历史经验和未来发展预计对各财务比率和信用品质赋予相应的权数。将客户企业的具体资料代入公式后，最终计算得出客户企业的信用评分。

(2) 监控应收账款

在任何情况下，有关应收账款恶化的预警，都可以促使企业采取行动阻止其进一步恶化。相反，有关应收账款质量提高的信息，则可能激励企业在应收账款政策上更富有进取性。所以，对应收账款的密切监控是十分重要的。

企业对已发生的应收账款进行账龄分析，密切注意应收账款的回收情况，是提高应收账款变现率的重要环节。企业控制应收账款主要通过账龄分析、观察应收账款平均账龄等来实现。

①账龄分析表　应收账款的账龄分析是通过编制应收账款的账龄分析表，反映不同账龄的应收账款所占的比例与金额，以便对应收账款的回收情况进行有效的控制。

账龄分析表是在把所有的应收账款按账龄分为几类后，列示每一类的总额和所占比例的表格。它描述了没有收回的应收账款的质量，可以使企业了解应收账款的回收情况，及时采取相应措施。这种表格通常按账龄为 0～30 天、30～60 天、60～90 天和 90 天以上的应收账款分别列示(表 6-5)。

表 6-5　应收账款账龄分析表

账龄(天)	金额（万元）	比重（%）	账龄(天)	金额（万元）	比重（%）
0~30	50	62.5	>90	0	0
30~60	20	25	合计	80	100
60~90	10	12.5			

②应收账款平均账龄　除了账龄分析表外，财务经理常常计算应收账款平均账龄，即该企业所有未得到清偿的账款的平均账龄。对应收账款平均账龄的计算有两种普遍采用的方法：一种方法是计算所有个别的未清偿的账款的加权平均账龄，使用的权数是个别账款占应收账款总额的比例；另一种简化的方法是利用账龄分析表。

表 6-5 的账龄在 0~30 天的所有应收账款，其账龄被假设为 15 天（0 天和 30 天的中点），账龄为 30~60 天的应收账款其账龄被假定为 45 天，账龄为 60~90 天的应收账款其账龄被假定为 75 天。于是，通过采用 15 天、45 天和 75 天的加权平均数，平均账龄就被计算出来了。权数是账龄为 0~30 天、30~60 天、60~90 天的应收账款各自所占的比例。

(3) 催收拖欠款项

企业对不同逾期账款的收款方式，包括准备为此付出的代价，构成其收账政策，这是信用管理中一个重要的方面。一般的方式是对逾期较短的客户，不予过多打扰，以免以后失去市场；对逾期稍长的客户，可写信催款；对逾期很长的顾客，频繁催款，且措辞严厉。

由于收取账款的各个步骤都要发生费用，因而收账政策还要在收账费用和所减少的坏账损失之间作出权衡，这一点在很大程度上要依靠企业管理人员的经验，也可根据应收账款总成本最小化的原理，通过对各收账方案成本大小的比较，确定收账方式。

企业在收款过程中所遵循的一系列特定步骤，取决于账款逾期时间、负债的大小和其他因素。典型的收款过程可包括以下步骤：信件、电话、个人拜访、求助于收款机构，甚至进入诉讼程序。

6.5　短期投资管理

短期投资是指能够随时变现，并且持有时间不准备超过一年（含一年）的投资，包括股票、债券、基金等。短期投资管理是与现金管理密不可分的。

(1) 持有短期投资的理由

企业持有短期投资主要是基于以下两个理由：首先，以短期投资作为现金的替代品。短期投资虽然不能直接使用，但是与其他流动资产相比，也具有较高的流动性和较强的变现能力，用不同的短期投资形式代替现金，可以丰富企业的现金持有形式。再者，以短期投资取得一定的收益。单纯的现金项目没有收益或者收益很低，将一部分现金投资于短期证券，可以在保持较高流动性的同时得到比现金高的收益，所以将持有的部分现金用作短期投资是很多企业的做法。

(2) 短期投资管理的原则

短期投资管理是流动资产管理的一个重要方面,进行短期投资管理的时候应该遵循安全性、流动性与盈利性均衡和分散投资的原则。

短期投资的目的主要是使企业的现金持有形式多样化,在保持安全、流动的基础上争取相对多的盈利,三个方面需要综合考虑,做到平衡处理,争取达到一个最佳平衡点。同时,短期投资虽然持有的期限短,而且比较容易变现,但是为了充分减少风险,还是应该遵循多样化的分散投资原则,把风险控制在可接受的范围内。

(3) 短期投资工具

短期投资的工具主要包括银行提供的短期投资工具和其他企业提供的短期投资工具。

①银行提供的短期投资工具　此类工具主要是大额可转让定期存单(certificate of deposit,CD)。大额可转让定期存单产生于 1961 年的城市银行(Citybank,即后来的花旗银行),它是一种固定面额、固定期限、可以转让的大额存款凭证。一般这种存单都对提前支取规定了收费措施,通常是收取三个月的利息作为企业提前支取资金的代价。大额可转让定期存单的发行对象既可以是个人,也可以是企事业单位。大额可转让定期存单无论单位或个人购买均使用相同式样的存单,分为记名和不记名两种。两类存单的面额均有 100 元、500 元、1000 元、5000 元、10 000 元、50 000 元、100 000 元、500 000 元 8 种。存单分为 3 个月、6 个月、9 个月、12 个月四种期限。

另外,浮动利率大额可转让存单(floating rate certificate of deposit,FRCD)和证券化资产(securitized assets)也越来越受到企业的青睐。浮动利率大额可转让存单是大额可转让定期存单的一种变化形式,其特征是票面利率经常性地重新确定。

②其他企业提供的短期投资工具　此类工具是企业短期投资的重要选择之一。主要有商业票据、可调整收益率的优先股和竞标收益率的优先股三种工具。

商业票据(commercial paper):是一种较为常见的企业短期融资形式,是大型工商企业或金融企业为筹措短期资金而发行的无担保短期本票。这种融资从另一个角度来看就是其他企业的投资。也就是说,商业票据既是一种融资工具又是一种投资工具。

可调整收益率的优先股(adjustable-rate preferred stock,ARPS),其收益率每个季度都将在某一固定范围内进行调整,不同的可调整收益率的优先股调整范围各异。穆迪投资公司(Moody)和标准普尔公司(Standard & Pool)等机构提供了可调整收益率的优先股的资信等级分类。因此,企业的短期投资管理者在比较这种投资工具是否比其他投资工具具有更高的信用度时就有了一个判断依据。

竞标收益率的优先股(auction-rate preferred stock),竞标收益率的优先股与可调整收益率的优先股的相似之处在于,两者都具有浮动的股利率,并且都可以让投资企业享受到股利收入的税收减免待遇。两者的区别则主要在于股利率的决定方式不同。竞标收益率的优先股的股利率不是由发行者决定的,而是通过一种"拍卖"的过程由市场来决定。每一个投标者(已持有股份并愿意继续持有股份者或新购股份者)向拍卖代理人报出要求的股份数及股利率水平,投标者报出的最低股利率即是售出的可发行的股份的股利率。

思考题

1. 什么是营运资金？它有哪些特点？如何理解其管理策略？
2. 流动资产的特点是什么？
3. 说明经济订货批量模型。

练习题

1. 已知：某公司现金收支平稳，预计全年（按360天计算）现金需要量为25万元，现金与有价证券的转换成本为每次500元，有价证券年利率为10%。要求计算最佳现金持有量。
2. 某公司全年需从外购入某零件2000件，每次订货成本为100元，每件年储存成本为10元。要求计算：①最佳存货现金持有量；②每年最佳订货次数。

案例

某钢材销售有限公司是一个商业企业。由于目前的信用政策过于严厉，不利于销售，且收账费用较高，该公司正在研究修改现行的信用政策。现有甲、乙两个放宽信用政策的备选方案，有关数据见表6-9。已知A公司的变动成本率为80%，应收账款投资要求的最低报酬率为10%（假设不考虑所得税的影响）。

表6-9 不同信用政策分析

项 目	现行收账政策	甲方案	乙方案
年销售额（万元/年）	2880	3060	3240
信用条件	$n/60$	$n/90$	$2/60$，$n/90$
收账费用（万元/年）	40	50	60
所有账户的平均收账期	3个月	4个月	估计50%的客户会享受折扣
所有账户的坏账损失率*（%）	2.5	3	5
固定成本（万元/年）	64	70	80

* 坏账损失率是指预计年度坏账损失和销售额的百分比。

要求：通过计算分析回答，是否改变现行的信用政策？如果要改变，应选择甲方案还是乙方案？

阅读指引

1. 财务管理．陆正飞．东北财经大学出版社，2001．
2. 财务管理．3版．王化成．中国人民大学出版社，2010．
3. 财务管理．李菊容，梅晓文．北京航空航天大学出版社，2010．

第三篇　企业资金筹措与分配

第二篇着重讨论企业投资和运营问题，而投资需要有足够的资金支持，否则就成了无源之水。企业资金的来源是多方面的，既可以通过发行股票、债券、银行贷款和融资租赁等方式筹集资金，也可以利用企业的留存收益补充资金。而对投资收益分配的政策及其选择，也是不可回避的重要的财务管理问题。本篇在阐述筹资概念及其资金成本、资本结构等重要的理论基础上，介绍筹资的一般方式以及股利分配理论及其相关内容。

第 7 章 筹资决策基础

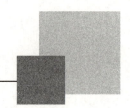

学习目标

* 熟悉企业筹资的动机与筹资决策的一般程序；
* 掌握筹集资金需求量的预测方法；
* 了解资金成本的构成和意义；
* 掌握资本成本率的测算方法；
* 掌握资本结构决策定量分析的方法；
* 掌握经营杠杆、财务杠杆与综合杠杆的测算方法。

7.1 筹资概论

资金是企业进行生产经营和投资活动的一项基本要素。企业从创立到发展的整个过程都需要一定数量的资金。而筹集资金是企业资金运动的起点，是决定企业资金规模和发展程度的重要环节。因此，通过一定的筹资渠道，运用一定的筹资方式，筹措所需资金，是保证企业生产经营活动的前提，也是企业财务管理的一项重要内容。

7.1.1 筹资的基本概念

企业筹资是指企业作为筹资主体，根据经营活动、投资活动和资本结构调整等需要，通过一定的金融市场和筹资渠道，采用一定的筹资方式，经济有效地筹措和集中资金的行为。

7.1.2 筹资的动机

企业筹资的基本目的是满足自身生存和发展的需要。企业在持续的生存与发展过程中，其具体的筹资活动一般受到特定筹资动机的驱使。在企业实际筹资活动中，这些具体的筹资动机有时是单一的，有时是复合的，对筹资行为及结果产生直接的影响。归纳起来主要有以下四种基本类型。

(1) 设立性筹资

设立性筹资是企业在设立时，要按照既定的生产经营规模确定资金需求量，并通过吸收投资者直接投资或发行普通股等筹措所需要的资金。例如，企业建立之初，为购置设备、建设厂房、引进新型的生产技术与开发产品等进行的筹资活动。

(2) 扩张性筹资

扩张性筹资是企业为满足扩大生产经营规模或进行对外投资等的需要而产生的追加筹资。一般而言，处于成长时期、具有良好发展前景的企业通常都有这种筹资目的。例如，企业产品市场需求旺盛，需要增加市场供应；开发符合消费者需求的新产品；进行有利于企业发展的对外投资及扩大对外投资规模等，都需要追加筹资。扩张性筹资活动的直接结果是企业资产总额和资本总额的增加。

(3) 调整性筹资

调整性筹资是企业为了调整现有资本结构而产生的筹资。资本结构就是企业各种筹资的构成及比例关系。企业的资本结构是企业采取的各种筹资方式组合而形成的，一个企业在不同发展时期由于筹资方式组合不同会形成不同的资本结构。当企业相关情况发生变化时，现有的资本结构可能不再合理，就需要通过筹资相应地予以调整，使之趋于合理。

(4) 混合性筹资

企业同时为扩张规模和调整资本结构而产生的筹资，称为混合性筹资。它兼容了扩张性筹资和调整性筹资两种筹资目的。在混合性筹资动机的驱使下，企业通过筹资，既扩大了资产和资本的规模，又调整了企业的资本结构。

7.1.3 筹资决策的一般程序

为了减少企业筹资的盲目性，选择合适的筹资方式，节约筹资成本，必须按照科学的程序进行筹资决策。一般筹资决策的程序包括以下几个步骤：

(1) 根据资金投向和投资规模，预测资金需求量

确定资金投向和投资规模是合理筹集资金的先决条件。投资规模是企业生产经营的客观需求，包括固定资产投资和流动资产投资两方面。因此，企业筹资不能盲目进行，必须以"投"定"筹"。企业应当根据经营目标，通过市场调查和预测，确定资金投向和规模，制订投资方案。在此基础上，进一步确定投资所需资金量。

(2) 寻找筹资渠道，明确可筹资金的来源

企业的资金来源有两种，即自有资金和借入资金。企业利用借入资金进行生产经营，可以利用财务杠杆作用提高自有资金的利润率；但是负债比重过大，会导致企业财务结构脆弱，财务风险过大，甚至会由于丧失偿债能力而导致破产。因此，企业进行投资时，应当首先利用自有资金进行投资，不足部分再采用其他方式从外部筹得。

(3) 计算筹资成本，拟定筹资方案

要实现筹资目标，往往可以有多种途径和方法，因此必须提出若干的可供选择的筹资方案。不同的筹资方案可以为决策者提供较大的选择余地，便于应付各种可能出现的情况，做出科学的决策。筹资方案主要包括筹资目的、筹资规模、筹资渠道、筹资方式、成本控制、说明本次筹资对企业资本结构及现有投资者的影响、分析和控制风险、明确保障措施等。

(4) 评估筹资方案，确定最佳投资方案

对提出的各种筹资方案，应当采用科学的方法判断、分析和论证，评价各种筹资方案的优劣，并结合企业目前和未来的生产经营情况，确定相对最优的筹资方案。

7.1.4 资金需求量的预测方法

企业的经营和投资业务的资金需求量是筹资的数量依据，必须科学合理地进行预测。资金需求量预测的基本目的是保证筹资数量既能满足生产经营的基本需要，又不会产生资金闲置，从而实现企业财务管理目标。企业资金需求量的预测方法一般有：因素分析法、销售百分比法和回归分析法。

(1) 因素分析法

因素分析法又称分析调整法，是以有关项目基期年度的平均资金需求量为基础，根据预测年度的生产经营任务和资金周转加速的要求，进行分析调整，来预测资金需求量的一种方法。因素分析法的计算公式如下：

资金需求量 =（基期年度资金平均占用额 – 不合理资金平均占用额）×（1 ± 预测年度销售增减率）×（1 ± 预测年度资金周转速度变动率）　　　　　　　　　　　　(7-1)

【例 7-1】华树股份有限公司基期实际占用的资金数额为 1060 万元，其中，60 万元属于呆滞积压物质；该企业预测期预计业务量将增加 10%，资金周转速度将减缓 5%。

要求：根据上述资料预测该企业的资金需求量。

解：

资金需求量 =（1060 – 60）×（1 + 10%）×（1 + 8%）×（1 + 5%）= 1247.4（万元）

(2) 销售百分比法

销售百分比法是根据销售业务与资产负债表和利润表项目之间的比例关系，预测各项目资本需求量的方法。该方法有两个基本假定：财务报表某个项目与销售的比率已知且固定不变；未来销售可以确定。基于此，推算预计利润表和预计资产负债表，从而通过预计利润表预测企业的留存收益，通过预计资产负债表预测筹资总规模与外部筹资规模的增加额。

销售百分比的计算步骤如下：

① 合理确定敏感项目及其与销售收入的百分比　敏感项目是指短期内与销售收入成正比的项目。通常，利润表中，敏感项目一般包括营业成本、营业税金及附加、销售费用和管理费用，所得税费用等于利润总额乘以所得税税率，营业利润、利润总额和净利润这几个项目依据其他项目计算得来，其余为非敏感项目。资产中敏感项目一般包括货币资金、应收票据、应收账款、预付款项和存货，一些合计项目依据其他项目计算得来，其余为非敏感项目。各敏感项目与销售收入的百分比可以根据上年数据确定，也可以根据以前若干年度的平均数确定。

② 编制预计利润表，预测留存收益　运用销售百分比法估算预计利润表，预计利润表与基年实际利润表的内容、格式相同。通过提供预计利润表，可预测留存收益，也可为预计资产负债表预测外部筹资数额提供依据。编制预计利润表的具体步骤如下：

第一，收集基年实际利润表资料，计算确定利润表各敏感项目与销售额的百分比。

第二，取得预测年度销售额预计数，用于预计销售额和基年实际利润表各项目与实际销售额的比例，计算预测年度预计利润表各项目的预计数，并编制预测年度利润表。

第三，利用预测年度税后利润预计数和预定的留用比例，测算留存收益的数额。

③编制预计资产负债表，预测外部筹资额　运用销售百分比法估算预计资产负债表。预计资产负债表与基年实际资产负债的内容、格式相同。通过提供预计资产负债表，可预测资产、负债及留存收益有关项目的数额，进而预测企业需要外部筹资的数额。

具体计算过程通过下列进行具体说明。

【例 7-2】假设某企业 2014 年实现销售收入 5000 万元，实际利润表及有关项目与销售额的百分比见表 7-1，企业执行的所得税税率为 25%。经预测，该企业 2015 年预计销售收入为 6500 万元，股利支付率为 80%。试编制该企业 2015 年预计利润表并预测其留存收益。

表 7-1　2014 年利润表（简化）　　　　　　　　　　　　万元

项　目	金额	项　目	金额
营业收入	5000	财务费用	100
减：营业成本	3800	税前利润	550
销售费用	250	减：所得税（25%）	138
管理费用	300	税后利润	412

解：该企业 2015 年预计销售收入为 6500 万元，则 2015 年预计利润表经测算如表 7-2 所示。

表 7-2　2015 年预计利润表（简化）　　　　　　　　　　　万元

项　目	2014 年实际数	占销售收入的百分比（%）	2015 年预计数
营业收入	5000	100	6500
减：营业成本	3800	76	4940
销售费用	250	5	325
管理费用	300	6	390
财务费用	100	—（非敏感项目）	100
税前利润	550	*（推算而得）	745
减：所得税	138	/（非正比）	186.25
税后利润	412	8.25	558.75

表 7-2 中，敏感项目占销售收入百分比等于对应项目除以 2014 年的销售收入 5000 万元。例如，销售费用 76% = 3800 ÷ 5000。2015 年预计利润表的预计数中，敏感项目的金额等于 2015 年预计的销售收入 6500 万元乘以对应的百分比。例如，销售费用 4940 = 6500 × 76%。

由于该企业 2015 年股利支付率为 80%，则 2015 年预测新增加的留存收益为：
$$558.75 \times (1 - 80\%) = 111.75（万元）$$

由该企业资产负债表可以测算其敏感项目与销售额的比例，详见表 7-3。基于此，可以测算 2015 年预计资产负债表，并预测其外部筹资额。

表 7-3　2014 年实际资产负债表　　　　　　　　　　　　　　　　万元

项目	金额	占销售收入的百分比(%)
资产：		
现金	25	0.5
应收账款	750	15
存货	1025	20.50
预付费用	35	—(非敏感项目)
固定资产净值	1555	/(非正比)
资产总额	3390	*(推算而得)
负债及所有者权益：		
应付票据	333	—(非敏感项目)
应付账款	1000	20
应付费用	50	1
长期负债	300	—(非敏感项目)
实收资本	1340	—(非敏感项目)
留存利润	367	/(非正比)
负债及所有者权益合计	3390	*(推算而得)

表 7-3 中，敏感项目占销售收入百分比等于对应项目除以 2014 年的销售收入 5000 万元。例如，现金 0.5% = 25 ÷ 5000。

根据上述资料，编制该企业 2015 年预计资产负债表(简化)，如表 7-4 所示。

表 7-4　2015 年预计资产负债表(简化)　　　　　　　　　　　　　单位：万元

项目	2014年实际数 (1)	2014年占销售百分比(%) (2)	2015年预计数 (3)
资产：			
现金	25	0.5	32.5
应收账款	750	15	975
存货	1025	20.50	1332.5
预付费用	35	—(非敏感项目)	35
固定资产净值	1555	/(非正比)	1555
资产总额	3390	36	3930
负债及所有者权益：			
应付票据	333	—(非敏感项目)	333
应付账款	1000	20	1300
应付费用	50	1	65
长期负债	300	—(非敏感项目)	300
实收资本	1340	—(非敏感项目)	1340
留存利润	367	/(非正比)	478.75
追加外部筹资额		*(推算而得)	113.25
负债及所有者权益合计	3390	*(推算而得)	3930

表 7-4 中，2015 年预计资产负债表的预计数中，敏感项目的金额等于 2015 年预计的销售收入 6500 万元乘以对应的百分比。例如，现金 32.5 = 6500 × 0.5%。

由预计利润表可计算出 2015 年留存收益增加额为 111.75 万元，2014 年留存收益为

367万元,因此,2015年的留存收益累计额为478.75(367+111.75)。

平衡资产负债表,2015年预计资产总额为3930元,负债及所有者权益总额为3816.75万元,其差额为113.25万元,此即是需要追加的外部筹资额。

(3) 回归分析法

回归分析法是根据筹资规模与业务量(如销售量、销售额)间存在的关系,按照回归的方法来建立相关模型,用回归直线方程确定参数的预测方法,其预测模型为:

$$Y = a + bX \qquad (7\text{-}2)$$

式中 Y——资金需求量;
$\quad\quad a$——不变资金总额;
$\quad\quad b$——单位业务量所需要的变动资金额;
$\quad\quad X$——业务量。

其中,不变资金是指在一定业务量范围内不随业务量的增减而变动的资金,通常包括维持经营所需要的最低数额的现金、原材料的保险储存、必要的商品储备及固定资产所占用的资金等。变动资金是指随业务量成同比例变动的资金,包括与销售相关的现金、存货、应收账款等所占用的资金。

在实际运用中,需要利用历史资料,采用线性回归方程来确定 a、b 数值,然后在已知业务量的基础上,确定其资金需求量 Y,再根据资金预测模型和已知的预测期的业务量,计算预测期的资金需要量。

【例7-3】某企业2010—2014年的产销数量与资金需求总额如表7-5所示。假定2015年预计的产销数量为9.5万件。试采用回归分析法预测2015年资本需求总额。

解:

运用回归分析法进行筹资数量预测的基本过程如下:

①计算整理有关的数据资料。根据表7-5的数据,计算整理出表7-6的数据。

②计算不变资本总额与单位业务量所需要的可变资本额。将表7-6中数据代入以下

表7-5 某企业产销数量与资本需求总额的历史资料表

年度	产量(万件)	资金占用量(万元)	年度	产量(万件)	资金占用量(万元)
2010	8.0	650	2013	8.5	680
2011	7.5	640	2014	9.0	700
2012	7.0	630			

表7-6 回归分析法计算基础数据表

年度	产量 X(万件)	资金需求总额 Y(万元)	XY	X^2
2010	8.0	650	5200	64
2011	7.5	640	4800	56.25
2012	7.0	630	4410	49
2013	8.5	680	5780	72.25
2014	9.0	700	6300	81
合计($n=5$)	$\sum X = 40$	$\sum Y = 3300$	$\sum XY = 26\,490$	$\sum X^2 = 322.5$

的联立方程组，即：

$$\begin{cases} a = \dfrac{\sum X^2 \sum Y - \sum X \sum XY}{n\sum X^2 - (\sum X)^2} \\ b = \dfrac{n\sum XY - \sum X \sum Y}{n\sum X^2 - (\sum X)^2} \end{cases} \quad (7\text{-}3)$$

则有：

$$\begin{cases} a = \dfrac{322.5 \times 3300 - 40 \times 26\,490}{5 \times 322.5 - 40 \times 40} = 372 \\ b = \dfrac{5 \times 26\,490 - 40 \times 3300}{5 \times 322.5 - 40 \times 40} = 36 \end{cases}$$

即不变资本总额为 372 万元，单位业务量所需要的可变资本额为 36 万元。

③确定资本需求总额预测模型。将 $a = 372$，$b = 36$ 代入 $Y = a + bX$，得到预测模型为：

$$Y = 372 + 36X$$

④计算资本需求总额。将 2015 年产销量 9.5 万件带入上式，经计算，资本需求总额为：

$$Y = 372 + 36 \times 9.5 = 714(\text{万元})$$

7.2 资本成本

资本成本是企业筹资管理的重要依据，也是企业资本结构决策的基本要素之一。本节从企业长期资本的角度出发，阐述资本成本的概念及意义，对企业用资费用和有效筹资额之间的关系进行有效分析，引入个别资本成本率、综合资本成本率及边际资本成本率的概念及测算。

7.2.1 资本成本的概述

(1) 资本成本的概念

资本成本是企业筹集和使用资本所付出的代价。这里的资本是指企业所筹集的长期资本，包括股权资本和长期债权资本。从投资者的角度来看，资本成本也是投资者要求的必要报酬或最低报酬。

资本成本与产品成本大不相同，它是在商品经济条件下伴随资金所有权与使用权的分离而产生的。资本成本是以一定时期所筹得的一定的资金数额，作为成本核算对象汇集起来的费用。从性质上看，它属于筹集和使用资金的耗费。

从补偿角度来看，资本成本一部分作为期间费用，由销售收入直接补偿，如计入财务费用中的筹资费和利息费；一部分作为支付给投资者的报酬，由收益分配来补偿。

(2) 资本成本的内容

①筹资费用　指企业在筹集资本活动中为获得资本而付出的费用，如股票、债券的发

行费、各种借款手续费、筹资咨询费和支付给中介机构的代办费等。筹资费用通常是在筹措资金时一次支付的,在用资过程中不再发生。因此,它属于固定性的资本成本,可视作筹资数额的一项扣除。

②用资费用 指企业在生产经营、投资过程中因使用资本而付出的费用,如向股东支付的股利、向债权人支付的利息等。这是资本成本的主要内容。长期资金的用资费用,因使用资金数量的多少和时期的长短而变动,属于变动性资本成本。

(3) 资本成本的作用

资本成本对于筹资决策、投资决策和评价企业经营效益都具有重要作用。

①资金成本是评价投资项目、比较投资方案和进行投资决策的主要经济标准 在投资决策中,通常将资本成本率视为投资项目的"最低收益率",视为是否采用投资项目的"取舍率"。项目的投资收益率只有大于其资本成本率,才是经济合理的,否则投资项目不可行。

②资金成本是确定筹资方案的重要依据 企业筹措长期资金有多种方式可供选择,它们的筹资费用与使用费用各不相同,通过对资本成本的计算与比较,并按成本高低的顺序进行排列,从中选出成本较低的筹资方式。不仅如此,由于企业的全部长期资本通常是采用多种筹资方式组合构成的,这种筹资组合有多个方案可供选择,因此,综合加权资本成本的高低将是比较各筹资组合方案、作出资本结构决策的依据。

③资金成本是衡量企业经营业绩的依据 从资本投资者的角度来看,资本成本是投资者的收益,这种收益是对资本使用者所获利润的一种分割。如果资本使用者不能使企业的经营产生收益,从而不能满足投资者的收益需要,那么投资者将不会把资本再投资于企业,企业的生产经营活动就无从正常开展。因此,资本成本在一定程度上成为判断企业经营业绩的重要依据。只有在企业总资产报酬率大于资本成本率时,投资者的收益期望才能得到满足,才能表明企业经营有方;否则被认为是经营不善。

7.2.2 个别资本成本

个别资本成本是指筹集和使用各种长期资金的成本。企业的长期资金一般有长期借款、债券、优先股、普通股、留存收益等,其中前两项为债务资本,后三项为权益资本。所以,个别资本成本可分为长期债务资本成本和权益资本成本。长期债务资本要求企业定期付息,到期还本,投资者风险较少,企业对债务资本只负担较低的成本。但因为要定期还本付息,企业的财务风险较大。权益资本不用还本,收益不定,投资者风险较大,因而要求获得较高的报酬,企业要支付较高的成本。但因为不用还本和付息,企业的财务风险较小。

资本成本可以用绝对数表示,也可以用相对数表示。为了便于分析比较,在财务管理中通常用相对数即资本成本率表示。资本成本率是用资费用与实际筹资额(筹资数额扣除筹资费用额后的差额)的比率,其基本测算公式表示如下:

$$K = \frac{D}{P(1-f)} \text{ 或 } K = \frac{D}{P-F} \tag{7-4}$$

式中 K——资本成本率;

D——每年的用资费用;

P——筹资金额;

f——筹资费率,即筹资费用额占筹资总额的比率;

F——筹资费用。

(1) 长期债务资本成本率

长期债务资本成本是指长期借款和债券的资本成本。按照国际惯例和各国所得税法规定,债务资本的利息一般允许在企业所得税前支付,从而可以抵免企业的所得税。因此,债务资本成本具有减税效应。企业实际负担的利息为:利息×(1 - 所得税率)。

① 长期借款资本成本率 长期借款成本包括长期借款利息和筹资费用。长期借款资本成本率的测算公式为:

$$K_L = \frac{I_L(1-T)}{L(1-f_L)} \tag{7-5}$$

式中 K_L——长期借款资本成本率;

I_L——长期借款年利息额;

T——企业所得税税率;

L——长期借款筹资额,即借款本金;

f_L——长期借款筹资费用率。

上式公式也可以改为如下形式:

$$K_L = \frac{i \cdot L \cdot (1-T)}{L(1-f)} = \frac{i \cdot (1-T)}{1-f} \tag{7-6}$$

式中 i——长期借款的利率。

【例7-4】某企业取得三年期长期借款100万元,年利率11%,每年付息一次,到期一次还本,筹资费用率为0.5%,企业所得税率为25%。测算该项长期借款的资本成本率。

解:

$$K_L = \frac{100 \times 11\% \times (1-25\%)}{100 \times (1-0.5\%)} = 8.3\%$$

或

$$K_L = \frac{11\% \times (1-25\%)}{1-0.5\%} = 8.3\%$$

② 债券资本成本率 发行债券的成本包括债券利息和筹资费用。债券的筹资费用包括申请费、注册费、印刷费和上市费以及摊销费,其中有些费用是按比例进行支付的,故债券的筹资费用比长期借款的筹资费用高,导致债券成本比长期借款的成本高。在不考虑货币时间价值的情况下,债券资本成本率的测算公式为:

$$K_b = \frac{I_b(1-T)}{B_0(1-f)} = \frac{B_b \cdot i \cdot (1-T)}{B_0(1-f_b)} \tag{7-7}$$

式中 K_b——债券的资本成本率;

I_b——债券年利息额;

T——企业所得税税率;

B_b——债券面值;

i——债券票面利息率;

B_0——债券筹资额,按发行价格确定;

f_b——债券筹资费用率。

【例7-5】 某企业发行面额为1000元的10年期债券,发行价格为1000元,票面利率为12%,发行费用率5%,所得税率为25%。测算债券成本。

解:

$$K_b = \frac{500 \times 12\% \times (1-25\%)}{500 \times (1-5\%)} = 9.47\%$$

如果按溢价发行,发行价格为1200元,则债券成本率为:

$$K_b = \frac{1000 \times 12\% \times (1-25\%)}{1200 \times (1-5\%)} = 7.89\%$$

如果按折价发行,发行价格为800元,则债券成本率为:

$$K_b = \frac{1000 \times 12\% \times (1-25\%)}{800 \times (1-5\%)} = 11.84\%$$

(2)权益资本成本率

①普通股资本成本率 普通股的资本成本率是普通股的投资必要报酬率。一般情况下,普通股的股利不是固定的。测算普通股成本率的方法较多,主要有股利折现模型、资本资产定价模型与债券投资报酬率加股票投资风险报酬模型。

股利折现模型:股利折现模型的基本表达式是:

$$P_C = \sum_{t=1}^{\infty} \frac{D_t}{(1+K_C)^t} \tag{7-8}$$

式中 P_C——普通股筹资净额,即发行价格扣除发行费用;

D_t——普通股第t年的股利;

K_C——普通股投资的必要报酬率,即普通股资本成本率。

运用公式(7-9)测算普通股的资本成本率,其结果会受到不同股利政策的影响。如果普通股的投资收益率是逐年增加的,每年以固定比率g增长,第一年股利为D_1,则第二年为$D_1(1+g)$,第三年为$D_1(1+g)^2\cdots$第n年为$D_1(1+g)^{n-1}$。普通股资本成本率的测算公式经推导可简化为:

$$K_C = \frac{D_1}{P_C(1-f_C)} + g \tag{7-9}$$

式中 D_1——第一年普通股股利;

P_C——普通股筹资额;

f_C——普通股筹资费用率;

g——股利固定增长率。

【例7-6】 某企业发行普通股总价格为5000万元,筹资费用率为5%,第一年普通股股利率为10%,以后每年增长5%。测算普通股资本成本率。

解:

$$K_C = \frac{5000 \times 10\%}{5000 \times (1-5\%)} + 5\% = 15.53\%$$

资产资本定价模型:该模型可以简单的表述为,普通股的投资必要报酬率等于无风险

的报酬率加上风险报酬率,用公式表达为:

$$K_C = R_f + \beta_i(R_m - R_f) \tag{7-10}$$

式中　R_f——无风险的报酬率;
　　　R_m——市场报酬率;
　　　β_i——第 i 种股票的贝塔系数。

【例 7-7】已知某支股票的 β 值为 2.5,市场的报酬率为 17%,无风险的报酬率为 2%。测算该普通股的资本成本率。

解:

$$K_C = 2\% + 2.5 \times (17\% - 2\%) = 39.5\%$$

债券投资报酬率加股票投资风险报酬率:一般而言,从投资者的角度来看,股票的风险整体上高于债券的风险,因此,股票的投资报酬率可以在债券投资报酬率基础上加上股票投资高于债券投资的风险报酬率。

②优先股资本成本率　优先股是介于普通股和债券之间的混合证券。优先股股东要求公司可作定期支付的固定承诺,在清算时优先股股东清偿权优于普通股股东。对于公司而言,优先股的股息是固定的,但不可以在税前扣除。所以,优先股的风险略高于普通股,略低于债券。其测算公式为:

$$K_p = \frac{D_P}{P_0(1 - f_P)} \tag{7-11}$$

式中　K_p——优先股资本成本率;
　　　D_P——优先股年股利;
　　　P_0——优先股筹资额;
　　　f_P——优先股筹资费用率。

【例 7-8】某企业发行优先股总额为 100 万元,总筹资额为 110 万元,筹资费用率为 5%,规定年股利率为 10%。测算优先股资本成本率。

解:

$$K_p = \frac{100 \times 10\%}{110 \times (1 - 5\%)} = 9.57\%$$

③留存收益资本成本率　留存收益是税后净利润形成的,其所有权属于普通股股东,相当于股东对公司的追加投资,同股东以前投入的股本一样,也要求有一定的报酬。所以,留存收益也要计算成本,不过它的资金成本是股东失去对外投资的机会成本。留存收益资本成本率的测算可以参照普通股资本成本率的测算方法,但不用考虑筹资费用。

7.2.3　综合资本成本率

综合资本成本率是企业全部长期资金的成本率。一般是以各种资本占全部资本的比重为权数,对个别资本成本率进行加权平均确定。综合资本成本率的测算公式:

$$K_w = K_L W_L + K_b W_b + K_p W_p + K_c W_c + K_r W_r \tag{7-12}$$

式中　K_w——综合资本成本率;
　　　W_L——长期借款资本成本比例;

W_b——长期债券资本成本比例；
W_p——优先股资本成本比例；
W_c——普通股资本成本比例；
K_r——留存收益资本成本率；
W_r——留存收益资本成本比例。

式(7-12)可以进一步简化为：

$$K_w = \sum_{j=1}^{n} k_j w_j \qquad (7\text{-}13)$$

式中　k_j——第 j 种长期资本的资本成本率；
　　　w_j——第 j 种长期资金占全部资金额的比重（权数）；
　　　n——筹资方式的种类数量。

【例 7-9】 华树股份有限公司 2014 年账面反映的资本总额共 500 万，其中长期借款 150 万元，普通股 250 万元，保留盈余 100 万元；经测算，其个别资本成本率分别为 7.5%、11.26%、11%。测算该公司的综合资本成本率。

解：

普通股资本比例 $= \dfrac{250}{500} = 50\%$

留存收益资本比例 $= \dfrac{100}{500} = 20\%$

综合资本成本率 $K_w = 7.5\% \times 30\% + 11.26\% \times 50\% + 11\% \times 20\% = 10.08\%$

上述计算中的个别资本额占资本总额的比重，是按账面价值确定的权数。在实际工作中，权数的确定一般有以下几种方法：

①账面价值权数　账面价值是按历史成本计价，只反映过去的价值，不代表实际价值。当账面价值和市场价值发生较大变动，加权平均资本成本的计算结果就会与实际有较大的差距，从而影响做出正确的筹资决策。

②市场价值权数　市场价值权数是指债券、股票等以现行市场价格确定权数，这种计算结果能反映公司目前实际的资本成本水平，有利于筹资决策。但证券的市场价格处于经常变动之中，取数不便。

③目标价值权数　目标价值权数是指债券、股票等以未来预计的目标市场价值确定权数，从而估计加权平均资本成本。能够体现期望的资本结构，反映的是企业未来的资本成本水平。这种方法的不足之处是目标价值难以客观合理地确定。

以账面价值和市场价值为权数反映的是企业过去和现在的资本成本水平，不能体现企业未来筹措新资后的资本成本。

7.2.4　边际资本成本率

边际资本成本率是指企业资本每增加一个单位而增加的成本，即企业追加筹资的资本成本率。企业在追加筹资时，不能仅考虑目前所使用资本的成本，还要考虑新筹集资本的成本，即边际资本成本。

企业追加筹资，有时可能只采取某一种筹资方式；在筹资数额较大或在目标资本结构既定的情况下，往往通过多种筹资方式来实现。此时，边际资本成本需要按加权平均法来计算，而其资本比例必须以市场价值确定。

【例 7-10】 某企业目前资本结构为：长期债务 0.4，优先股 0.1，普通股权益（包括普通股和留存收益）0.5。现拟追加筹资 600 万元，仍按此资本结构来筹资。经测算，个别资本成本率分别为长期债务 7%，优先股 9%，普通股权益 12%。按加权平均法计算追加筹资 600 万元的边际资本成本率。

边际资金成本率具体测算过程见表 7-7。

表 7-7 边际资本成本计算表

资本种类	目标资本结构	追加筹资（市场价值）（万元）	个别资本成本（%）	边际资本成本（%）
债 务	0.4	240	7	2.8
优先股	0.1	60	9	0.9
普通股权益	0.5	300	12	6.0
合 计	1.00	600	—	9.7

7.3 资本结构决策

资本结构是指企业各种长期资本来源构成及其比例关系。资本结构决策是企业财务决策的核心内容之一。企业资本结构决策是结合企业的各类情况，分析有关因素的影响，运用一定的方法来确定最优的资本结构。从理论上来说，最优的资本结构是在适当财务风险条件下，使其预期的综合资本成本率最低，同时实现企业利润最大化或股东财富最大化的资本结构，它是企业的目标资本结构。

本节主要是对资本结构意义进行阐述的基础上，对资本结构决策的影响因素进行定性分析，然后对资本结构决策常见的三种定量分析方法，即每股收益无差别点法、平均资本成本法与公司价值分析法进行论述。

7.3.1 资本结构决策的意义

企业资本结构问题主要是资本权属结构的决策问题，即债务资本的比例安排问题。在企业的资本结构决策中，合理利用债务筹资，科学地安排债务资本的比例，是企业筹资管理的一个核心问题。资本结构决策对企业的筹资管理、投资管理，乃至整个财务管理与经营管理都有重要的意义。

① 合理安排债务资本比例可以降低企业的综合资本成本率　由于债务资本利息率通常低于股票的股利率，而且债务资本利息在所得税前利润中扣除，企业可享有所得税节税利益，而使债务资本成本率明显低于股权资本成本率。因此，在一定限度内合理地提高债务资本的比例，可以有效降低企业的综合资本成本率。

② 合理安排债务资本比例可获得财务杠杆利益　在债务资本本金一定的情况下，债务资本利息通常是固定不变的，当息税前利润增大时，每 1 元利润所负担的固定利息会相应

降低，而可分配给股权资本所有者的税后利润会相应增加。因此，在一定的限度内合理地利用债务资本，可以发挥财务杠杆的作用，给企业股权资本所有者带来财务杠杆利益。

③合理安排债务资本比例可以增加公司的价值　一般而言，一个公司的现实价值等于其债务资本的市场价值与股权资本的市场价值之和，该等式清楚地表达了按资本市场价值计量的资本权属结构与公司总价值的内在关系。公司的价值与公司的资本结构是紧密相关的，资本结构对公司的债务资本市场价值和股权资本市场价值产生影响，进而影响公司总资本的市场价值。因此，合理安排资本结构有利于增加公司的市场价值。

7.3.2　资本结构决策影响因素的定性分析

企业资本结构决策的影响因素很多，主要有企业财务管理目标、企业内部因素、企业利益相关者与企业所处的外部环境等。

(1) 企业财务管理目标对资本结构决策的影响

①利润最大化目标对资本结构决策的影响　在以利润最大化作为企业财务管理目标的情况下，企业资本结构决策也应围绕利润最大化目标展开，进行资本结构决策主要是为了实现利润最大化的目标。这就要求企业在资本结构决策中，为提高企业净利润水平，企业必须在财务风险适当的情况下，合理安排债务资本比例，尽可能降低资本综合成本率。

②股东财富最大化目标对资本结构决策的影响　股东财富最大化的目标旨在提高股票的市场价值，因此，在企业进行资本结构决策过程中，需在财务风险适当的情况下合理的安排企业的资本结构，尽可能降低综合资本成本率，通过降低筹资成本而增加公司的净利润而使股票的市场价值上升，最终实现股东财富最大化的目标。

(2) 企业内部因素对资本结构决策的影响

①企业发展阶段对资本结构决策的影响　一般而言，企业的发展往往经过初创期、成长期、成熟期和衰退期等不同阶段。企业在不同的发展阶段，表现出相应的资本结构状况。在初创期通常表现为债务资本比例较低；在成长期，债务资本比例开始上升；在成熟期，资本结构保持相对稳定；在衰退期，债务资本比例会有所下降。

②企业财务状况对资本结构决策的影响　企业为控制财务风险和保持筹资能力，需要分析现有财务状况及未来发展能力，合理安排资本结构。如果企业财务状况良好，则可能更多地进行外部筹资，倾向于使用更多的债务资本。反之，则可能主要通过留存收益来补充。

(3) 企业利益相关群体对资本结构决策的影响

①债权人对资本结构决策的影响　债权投资者对企业投资的动机主要是在按期收回投资本金的条件下获取一定的利息收益。通常情况下，企业在决定资本结构并付诸实施之前，都要向债权人(贷款银行和信用评估机构等)咨询，并对它们提出的意见给予充分的重视。如企业过高地安排债务资本筹资，大额贷款的要求银行未必会受理，或需要在担保抵押或较高利率的前提下才会同意。

②企业投资人及经营者对资本结构决策的影响　企业投资人的基本动机是在保证控制权的基础上，使股利收益和企业价值不断增值。为避免企业的控制权旁落他人，则可能尽量采用债务筹资的方式来增加资本，而不发行新股增资。而经营者不愿意承担财务风

险，就可能较少地利用财务杠杆，尽量降低债务资本的比例。

(4) 企业所处环境对资本结构决策的影响

①税收政策对资本结构决策的影响　按照税法的规定，企业债务的利息可以抵税，而股票的股利不能抵税。一般而言，企业所得税税率越高，举债的好处就越大。由此可见，税收政策实际会对企业债务资本的安排产生一种刺激作用。

②行业差别对资本结构决策的影响　在资本结构决策中，一般将本企业所处行业的特点以及该行业资本结构的一般状况，作为确定本企业资本结构的参照标准，分析本企业与同行业其他企业相比的特点和差别，以便更有效地决定本企业的资本结构。

7.3.3 资本结构决策的定量分析

(1) 每股收益分析法

每股收益分析法是利用每股收益无差别点来进行资本结构决策的方法。每股收益无差别点是筹资无差别点，或息税前利润平衡点，即是指两种或两种以上筹资方案下普通股每股收益相等时的息税前利润点。每股收益分析法认为最佳的资本结构就是每股利润最大的资本结构。每股收益无差别点的计算公式为：

$$EPS = \frac{(EBIT - I) \times (1 - T) - D}{N} \tag{7-14}$$

式中　EPS——每股平均收益；

$EBIT$——息税前利润额；

I——长期债务年利息额；

T——企业所得税税率；

D——优先股股利；

N——普通股的股数。

若以 EPS_1 代表负债融资，EPS_2 代表权益融资，则在每股收益无差别点上，则有 $EPS_1 = EPS_2$，即：

$$\frac{(\overline{EBIT} - I_1) \times (1 - T) - D_1}{N_1} = \frac{(\overline{EBIT} - I_2) \times (1 - T) - D_2}{N_2} \tag{7-15}$$

式中　$\overline{EBIT}$——息税前利润平衡点，即每股收益无差别点；

I_1、I_2——两种筹资方式下的长期债务的年利息额；

N_1、N_2——两种筹资方式下的普通股的股数；

D_1、D_2——两种筹资方式下的优先股的股利；

T——企业所得税税率。

【例 7-11】 华树股份有限公司原有资本 1000 万元，其中长期债务资本 400 万元(年利率12%)，普通股资本 600 万元(10 万股，每股面值 60 元)，企业所得税税率为 25%。现准备追加筹资 300 万元，有两种筹资方案：①全部借入长期负债，债务利率为 12%；②全部发行普通股，增发 5 万股，每股面值 60 元。要求：计算每股收益无差别点处的 $EBIT$ 及 EPS。

解：增加长期负债和增发普通股两种筹资方式下的每股收益无差别点为：

$$\frac{(\overline{EBIT} - 700 \times 12\%) \times (1 - 25\%)}{10} = \frac{(\overline{EBIT} - 400 \times 12\%) \times (1 - 25\%)}{10 + 5}$$

求得：$\overline{EBIT} = 156(万元)$

$EPS_1 = EPS_2 = 4.82(元/股)$

因此，在 $\overline{EBIT} = 156$ 时，两种筹资方案在效果上是一样的；当 $\overline{EBIT} > 156$ 万元时，选择方案①，采用借债的方式筹集资金；当 $\overline{EBIT} < 156$ 万元时，选择方案②，采用发行股票的方式筹集资金。

(2) 平均资本成本法

平均资本成本法是通过计算和比较各种可能的筹资组合方案的平均资本成本率，选择平均资本成本率最低的方案。平均资本成本法认为最佳的资本结构就是平均资本成本率最低的资本结构。

【例7-12】 华树股份有限公司欲筹资600万元，有A和B两种方案可供选择，两种方案的有关资料见表7-8。要求：确定该公司初始筹资时的最佳资本结构。

表7-8 华树股份有限公司筹资方案有关资料

筹资方式	方案 A		方案 B	
	筹资金额(万元)	个别资本成本(%)	筹资金额(万元)	个别资本成本(%)
长期借款	100	6	300	10
长期债券	200	8	200	8
普通股	300	10	100	15
合 计	600		600	

解：根据资本平均资本成本率的测算方法测算为：

$$K_A = 6\% \times \frac{100}{600} + 8\% \times \frac{200}{600} + 10\% \times \frac{300}{600} = 8.67\%$$

$$K_B = 10\% \times \frac{300}{600} + 8\% \times \frac{200}{600} + 15\% \times \frac{100}{600} = 10.17\%$$

因此，方案A的平均资本成本8.67%比方案B的平均资本成本10.17%低，所以根据平均资本成本法的要求，华树股份有限公司初始筹资时的最佳资本结构应选择方案A。

(3) 公司价值比较法

公司价值比较法是在考虑市场风险基础上，以公司市场价值为标准，进行资本结构优化。公司价值比较法认为最佳资本结构就是公司价值最大化的资本结构。

一般而言，公司的市场总价值 V 应该等于其股票总价值 S 加上长期债务价值 B，即：

$$V = S + B$$

为了方便计算，设长期债务(长期借款和长期债券)的现值等于其面值；股票的现值则等于其未来的净收益按照股东要求的报酬率贴现。假设企业经营利润永续，股东要求的回报率(权益资本成本率)不变，则股票的市场价值为：

$$S = \frac{(EBIT - I) \times (1 - T)}{K_S} \tag{7-16}$$

式中　S——公司股票的折现价值；

为了考虑公司筹资风险的影响，普通股资本成本率可运用资本资产定价模型来测算，可将式(7-10)表达为：

$$K_S = R_S = R_f + \beta_i(R_m - R_f) \qquad (7-17)$$

式中　K_S——普通股资本成本率；

　　　R_S——普通股必要报酬率。

【例 7-13】 华树股份有限公司的长期资本均为普通股，无长期权益资本和优先股资本。股票的账面价值为 3000 万元。预计未来每年 $EBIT$ 为 600 万元，所得税率为 25%。该企业认为目前的资本结构不合理，准备通过发行长期债券回购部分股票的方式，调整资本结构，提高企业价值。经咨询，目前的长期债务利率和权益资本成本的情况见表 7-9。

表 7-9　不同债务水平下的债务资本成本和权益资本成本

债务市场价值（万元）	税前债务资本成本（%）	β_i	无风险报酬率（%）	市场组合报酬率（%）	权益资本成本（%）
0	—	1.2	8	12	12.8
300	10	1.3	8	12	13.2
600	10	1.4	8	12	13.6
900	12	1.55	8	12	14.2
1200	14	1.7	8	12	14.8
1500	16	2.1	8	12	16.4

根据上表资料，计算不同债务规模下的企业价值和加权平均资本成本见表 7-10。

表 7-10　不同债务水平下的加权平均资本成本

B（万元）	S（万元）	V（万元）	K_b（%）	K_S（%）	K_w（%）
0	3515.63	3515.63	—	12.8	12.8
300	3238.64	3538.64	10	13.2	12.72
600	2977.94	3577.94	10	13.6	12.58
900	2598.59	3498.59	12	14.2	12.86
1200	2189.19	3389.19	14	14.8	13.28
1500	1646.34	3146.34	16	16.4	14.3

经过上述测算及根据公司价值比较法的评价原则可知：K_w 最低时为 12.58%，企业价值最大，价值为 3577.94 万元，其中长期债务资本价值为 600 万元，占公司总价值的比例为 16.77%，普通股资本价值为 2977.94 万元，占公司总价值的比例为 83.23%，此时的资本结构为最佳资本结构。

7.4　杠杆分析

杠杆分析是企业资本结构决策的基本要素之一。企业的资本结构决策应在杠杆效应和风险之间权衡。杠杆效应主要包括经营杠杆、财务杠杆和综合杠杆三种类型。

7.4.1 经营杠杆

经营杠杆是指由于固定性经营成本的存在，而使得企业的资产报酬(息税前利润)变动率大于产销量变动率的现象。根据成本形态，在一定产销量范围内，产销量的增加一般不会影响固定成本总额，但会使单位产品固定成本降低，从而提高单位产品利润，并使营业利润增长率大于产销量增长率；反之，产销量减少，会使单位产品固定成本升高，从而降低单位产品利润，并使营业利润下降率大于产销量的下降率，如此形成了企业的经营杠杆。产品只有在没有固定性经营成本条件下，才能使贡献毛利等于经营利润，使利润变动率与产销量变动率同步增减，但该情况在现实中是不存在的。因此，由于存在固定性经营成本而使利润变动率大于产销量变动率的规律，在管理会计和企业财务管理中就常根据计划期产销量变动率来预测计划期的经营利润。

经营杠杆效应程度常用指标经营杠杆系数表示。经营杠杆系数是指息税前利润变动率相当于产销量变动率的倍数。为了反映营业杠杆的作用程度，估计营业杠杆利益的大小，测度经营风险的高低，需要测度经营杠杆系数。其理论测算公式为：

$$DOL = \frac{\Delta EBIT/EBIT}{\Delta Q/Q} \text{ 或 } DOL = \frac{\Delta EBIT/EBIT}{\Delta S/S} \tag{7-18}$$

式中　　DOL——经营杠杆系数；

　　　　Q——变动前销售量；

　　　　ΔQ——销售量变动额；

　　　　S——变动前营业额；

　　　　ΔS——营业额的变动额；

　　　　$EBIT$——变动前息税前利润；

　　　　$\Delta EBIT$——息税前利润变动额。

在实际工作中，假设没有变动后的有关资料，利用理论公式便无法对经营杠杆系数进行测度，可以根据理论公式推导得到一个简化的公式，对经营杠杆系数进行测度。

假设单价、单位变动成本和固定成本在基期和报告期不变，P 为产品的销售单价；V 为产品的单位变动成本；F 为固定成本。则有，变动前的 $EBIT$ 为 $Q_1(P-V) - F$，变动后的 $EBIT$ 为 $Q_2(P-V) - F$，有：

$$\frac{\Delta EBIT}{EBIT} = \frac{[Q_2 \times (P-V) - F] - [Q_1 \times (P-V) - F]}{Q_2 \times (P-V) - F} = \frac{(Q_2 - Q_1) \times (P-V)}{Q_1 \times (P-V) - F}$$

因为 $\frac{\Delta Q}{Q} = \frac{Q_2 - Q_1}{Q_1}$，所以 $DOL = \frac{P-V}{P-V-F}$。

【例 7-14】 华树股份有限公司的固定成本为 50 万元，变动成本率为 30%。要求：计算该公司销售额分别为 300 万元、200 万元时的经营杠杆系数。

解：$DOL_1 = \dfrac{300 \times (1 - 30\%)}{300 \times (1 - 30\%) - 50} = 1.31$

　　$DOL_2 = \dfrac{200 \times (1 - 30\%)}{200 \times (1 - 30\%) - 50} = 1.56$

以上计算结果说明：①在固定成本不变的情况下，经营杠杆系数说明了销售额增长（减少）所引起的利润增长（减少）的幅度。如 DOL_1 说明在销售额为 300 万元时，销售额增长（减少）所引起的营业利润 1.31 倍的增长（减少）；DOL_2 说明在销售额 200 万元时，销售额增长（减少）所引起的营业利润 1.56 倍的增长（减少）。②固定成本不变的情况下，销售额越大，经营杠杆系数越小，经营风险也越小；反之，销售额越小，经营杠杆系数越大，经营风险也越大。如在销售额为 300 万元时 DOL_1 为 1.31；在销售额为 200 万元时，DOL_2 为 1.56。显然，后者利润的不稳定性大于前者，故后者的经营风险大于前者。

7.4.2 财务杠杆

财务杠杆是指由于企业债务资本中固定费用的存在，而导致企业的普通股收益（或每股收益）变动率大于息税前利润变动率的现象。债务资本的成本是固定的，并在企业所得税之前扣除。无论企业的息税前利润是多少，首先都要扣除利息等债务资本成本后才能归属于权益资本。因此，利用企业的财务杠杆会对股权资本的收益产生一定的影响。

财务杠杆效应程度常用财务杠杆系数表示。财务杠杆系数是指普通股收益变动率相当于息税前利润变动率的倍数。为反映财务杠杆的作用程度，估计财务杠杆的大小，评价财务风险的高低，需要测算财务杠杆系数。其理论测算公式为：

$$DFL = \frac{\Delta EPS/EPS}{\Delta EBIT/EBIT} \text{ 或 } DFL = \frac{\Delta EAT/EAT}{\Delta EBIT/EBIT} \tag{7-19}$$

式中　DFL——财务杠杆系数；

EPS——变动前普通股每股收益；

ΔEPS——普通股每股收益变动额；

EAT——变动前税后利润额；

ΔEAT——税后利润变动额；

$EBIT$——变动前息税前利润；

$\Delta EBIT$——息税前利润变动额。

在实际工作中，假设没有变动后的有关资料，利用理论公式便无法对财务杠杆系数进行测算，可以根据理论公式推导，得到一个简化的公式对财务杠杆系数进行计量。

假设在基期和报告期内，债务资本与普通股股数不变，有：

变动前：

$$EPS_1 = \frac{(EBIT_1 - I) \times (1 - T)}{N}$$

变动后：

$$EPS_2 = \frac{(EBIT_2 - I) \times (1 - T)}{N}$$

则有：

$$\Delta EPS = EPS_2 - EPS_1 = \frac{(EBIT_2 - EBIT_1) \times (1 - T)}{N} = \frac{\Delta EBIT \times (1 - T)}{N}$$

$$\frac{\Delta EPS}{EPS_1} = \frac{\Delta EBIT}{EBIT_1 - I}$$

因此，$DFL = \dfrac{EBIT}{EBIT - I}$。

式中　T——所得税税率；
　　　I——债务利率；
　　　N——总股数。

【例 7-15】 华树股份有限公司全部资本总额为 100 万元，息税前利润为 20 万元，债务资本比率为 30%，债务利率为 10%，所得税率为 25%。要求：计算该公司的 DFL。

解：$DFL = \dfrac{20}{20 - 100 \times 30\% \times 10\%} = 1.18$

以上计算结果说明：①财务杠杆系数表明的是息税前利润增长所引起的每股收益的增长幅度；②在资本总额、息税前利润相同的情况下，负债比率越高，财务杠杆系数越高，财务风险越大。

7.4.3　综合杠杆

综合杠杆是营业杠杆和财务杠杆的综合。综合杠杆是由于营业杠杆中的固定经营成本和财务杠杆中债务资本的固定利息费用的存在，导致普通股每股收益或税后利润变动率大于产销量变动率的现象。

综合杠杆的效应程度常用综合杠杆系数表示。综合杠杆系数是经营杠杆系数和财务杠杆系数的乘积，它可用于衡量企业总风险的大小。其理论公式为：

$$DCL = DOL \times DFL \text{ 或 } DCL = \dfrac{\Delta EPS/EPS}{\Delta Q/Q} \tag{7-20}$$

式中　DCL——综合杠杆系数。

【例 7-16】 华树股份有限公司经营杠杆系数为 2，财务杠杆系数为 1.5。要求：计算该公司的综合杠杆系数。

解：$DCL = 2 \times 1.5 = 3$

以上计算结果说明：①能够估计出销售额变动对每股收益造成的影响，即销售额每增长（减少）1 倍，就会造成每股收益增长（减少）3 倍；②为了达到某一联合杠杆系数，经营杠杆和财务杠杆可以有多种不同的组合。如经营杠杆度较高的公司可以在较低程度上使用财务杠杆；经营杠杆度较低的公司可以在较高程度上使用财务杠杆，等等。这些有待企业在考虑了本身有关的具体因素之后作出选择。

▲思考题

1. 简述企业筹资的一般程序及筹资需求量预测方法的基本原理。
2. 试对企业资本结构决策影响因素进行定性分析。
3. 简述企业资本结构决策定量分析方法的基本原理。
4. 简述经营杠杆、财务杠杆及综合杠杆的基本原理。

▲练习题

1. 练习资本结构决策的方法与测算财务杠杆。

资料：某公司当前资本结构见表7-11：

表7-11 某公司资本结构状况

筹资方式	长期债券（年利率8%）	普通股（4500万股）	留存收益
金额（万元）	1000	4500	2000
合计		7500	

因生产需要，公司年初准备增加资本2500万元，现有两个筹资方案可供选择：甲方案为发行1000万股普通股，每股市价为2.5元；乙方案为按面值发行每年年末付息，票面利率为10%的公司债券2500万元。假定股票与债券的发行费用均可忽略不计，适用的企业所得税税率为25%。

要求：（1）计算两种筹资方案下每股利润无差别的税前利润；
  （2）计算处于每股利润无差别点时乙方案的财务杠杆系数；
  （3）如果公司预计息前利润为1200万元，指出该公司应采用的筹资方案；
  （4）如果公司预计息前利润为1600万元，指出该公司应采用的筹资方案。

2. 某投资项目资金来源情况如下：银行借款300万元，年利率为4%，手续费为4万元；发行债券500万元，面值100元，发行价为102元，年利率为6%，发行手续费率为2%；优先股200万元，年股利率为10%，发行手续费率为4%；普通股600万元，每股面值10元，每股市价15元，每股股利为2.40元，以后每年增长5%，手续费率为4%；留用利润400万元。该投资项目的计划年投资收益为248万元，企业所得税率为25%。试回答企业是否应该筹措资金投资该项目？

📖 阅读指引

1. 财务管理学. 6版. 荆新，王化成，刘俊彦. 中国人民大学出版社，2012.
2. 公司理财. 8版. *Ross et al.* 吴世浓，译. 机械工业出版社，2009.
3. 财务管理. 谷祺，刘淑莲. 东北财经大学出版社，2007.
4. 财务管理基础. 13版. 范霍恩. 清华大学出版社，2009.
5. 财务管理. 刘志远. 南开大学出版社，1999.
6. 财务管理. 刘雅娟. 清华大学出版社，2008.

第 8 章 筹资方式

学习目标
  * 理解股票和债券筹资的基本概念和方法;
  * 掌握股票和债券筹资的优缺点;
  * 了解发行优先股的优缺点;
  * 了解可转换债券筹资与认股权证的概念。

筹资方式是指企业在筹措资金时选用的具体形式和工具,主要包括:吸收投入资本、发行股票、长期借款、发行债券、资本公积和留存收益。了解不同的筹资方式的特点及法律界限和金融限制,有利于准确开发和利用各种筹资方式,实现各种筹资方式的合理组合,经济有效地筹集资金,从而提高筹资效率。按照国际惯例,企业资本按其所有权的归属,可以分为股权资本和债务资本。基于此,本章从股权性资本的筹集、债务性资本的筹集及混合性资本的筹集三个层面讨论企业筹资问题。

8.1 股权性资本的筹集

企业的股权资本一般由所有者投资和留存收益构成。所有者投资形成实收资本或股本,以及资本公积的一部分。留存收益包括未分配利润,它们是在企业存续过程中从税后利润中自然形成的,不需要专门筹措。因此,需要关注的股权性资本主要是指所有者投资。

股份有限公司吸收所有者投资是通过发行普通股票进行的,其他企业的所有者投资是通过企业直接吸收资本实现的。

8.1.1 吸收直接投资

吸收直接投资是指企业以协议等形式吸收国家、其他企业、个人和外商等直接投入的资本,形成企业投入资本的一种长期筹资方式。吸收直接投资不以股票为媒介,适用于非股份制企业,它是非股份制企业筹集资本的一种基本方式。

(1) 吸收直接投资的种类

①按所形成股权资本的构成分类 吸收直接投资分为国有资本、法人资本、个人资本和外商资本。国有资本是指吸收国家直接投资形成的资本;法人资本是指吸收其他企业、单位等法人的直接投资形成的资本;个人资本是指吸收本企业内部职工和城乡居民的直接

投资形成的资本；外商资本是指吸收外国投资者和我国港澳台地区投资者的直接投资形成的资本。

②按投资者的出资形式分类　吸收直接投资分为吸收现金投资和吸收非现金投资。吸收现金投资是企业吸收直接投资最常见的形式。吸收非现金投资主要有两种类型：一是吸收实物资产投资，即投资者以房屋、建筑物、设备等固定资产和材料、燃料、产品等流动资产作价投资；二是吸收无形资产投资，即投资者以专利权、商标权、非专利技术、土地使用权等无形资产作价投资。

(2) 吸收直接投资的程序

企业吸收直接投资，一般应依照如下程序进行：

①确定吸收直接投资的数量　企业新建或扩大规模而进行投入资本筹资时，必须明确资金的用途，进而合理确定所需投入资本筹资的数量。

②选择吸收直接投资的来源　企业应根据具体情况选择资金来源，决定是向国家、法人、个人还是外商吸收直接投资。

③签署决定、合同或协议等文件　企业在与投资人磋商后，应当签署投资决定、投资合同或协议等书面文件。

④取得资本来源　按照签署的决定、合同或协议，适时适量取得资金。以实物资产和无形资产进行投资的，应进行合理的资产评估，然后办理产权转移，取得资产。

(3) 吸收直接投资的优缺点

可以采用吸收直接投资这种筹资方式的企业包括独资企业、合伙制企业和有限责任公司。它既有优点，也有不足。

①吸收直接投资的优点　与债权性资金相比，吸收直接投资能够提高企业的资信和借款能力，吸收的投入资本不需要归还，并且没有固定的利息负担，因此财务风险较低。此外，与只能筹取现金的筹资方式相比，吸收投入资本不仅可以筹得现金，还能够直接获取所需的设备、技术等，尽快地形成生产经营能力。

②吸收直接投资的缺点　主要是资金成本较高。根据风险与报酬原则，由于吸收投入资本的财务风险比筹集债权性资金的财务风险低，因而，其资金成本通常较高。同时，债务利息在税前扣除，具有抵税作用，向所有者分配利润则是在税后进行，不能抵税。另外，与发行普通股相比，吸收直接投资的筹资方式没有证券作为媒介，因而产权关系有时不够明晰，不便于产权交易。

8.1.2　发行普通股

发行普通股是股份公司按照公司章程依法发售股票进行直接筹资，形成公司股本的一种筹资方式。股票是股份有限公司为筹措权益资本而发行的有价证券，是持股人拥有公司股份的凭证。它代表持股人在公司中拥有的所有权，股票持有人即为公司的股东。发行股票筹资要以股票为媒介，仅适用于股份公司，是股份公司筹集权益资本的基本方式。

(1) 普通股的种类

股票的种类很多，可按不同的标准进行分类。

①按票面有无记名分类　股票按票面有无记名，可分为记名股票和无记名股票。

记名股票是在股票票面上记载股东的姓名或名称的股票。对记名股票，公司应当置备股东名册，记载股东姓名或名称、股东住所、股东所持股份数、股东所持股票编号以及股东取得股份的日期。记名股票一律用股东本名，其转让、继承要办理过户手续。

无记名股票是在股票票面上不记载股东的姓名或名称的股票，公司只记载股票数量、编号及发行日期。无记名股票的转让、继承不需要办理过户手续。

我国《公司法》规定，公司向发起人、国家授权投资的机构、法人发行的票，应当为记名股票；向社会公众发行的股票，可以为记名股票，也可以为无记名股票。

②按资金来源的不同分类 股票按投资主体的不同，可分为国家股、法人股和个人股等。

国家股是有权代表国家投资的部门或机构以国有资产向公司投入而形成的股份。

法人股是指企业法人依法以其可支配的资产向公司投入而形成的股份，或具有法人资格的事业单位和社会团体以国家允许用于经营的资产向公司投入而形成的股份。

个人股为社会个人或本公司职工以个人合法财产投入公司而形成的股份。

③按发行对象和上市地区分类 可分为 A 股、B 股、H 股和 N 股等。

A 股是供我国个人或法人买卖的、以人民币标明票面价值并以人民币认购和交易的股票。

B 股也称境内上市外资股，即人民币特种股票，是以人民币标明票面金额并以外币认购和交易的股票。

H 股为在香港上市，以外币标价并以外币交易的股票。

N 股为在纽约证券市场上市的股票。

(2) **股票发行的要求**

根据国家有关法律规范和国际惯例，股份公司发行股票必须具备一定的发行条件，取得发行资格，办理必要的手续。

股份公司无论出于何种目的，采取何种发行方式，在发行股票之前都必须向有关部门呈交申请文件。这些申请文件包括：股份公司章程；发行股票申请书；招股说明书；股票承销协议；会计师事务所审计的财务会计报告；资产评估机构出具的资产评估报告书及资产评估确认机构关于资产评估的确认报告等。

股份公司发行股票，分为设立发行和增资发行。不论是设立发行还是增资发行，根据我国《公司法》，都必须符合下列要求：股份有限公司的资本划分为股份，每股金额相等；公司的股份采取股票的形式；股份的发行，实行公开、公平、公正的原则，必须同股同权，同股同利；同次发行的股票，每股的发行条件和价格应当相同，各个单位或个人所认购的股份，每股应当支付相同价额；股票发行价格可以按票面金额，也可以超过票面金额，但不得低于票面金额，即可以按面额发行或溢价发行，但不得折价发行；溢价发行股票，须经国务院证券管理部门批准，所得溢价款列入公司资本公积金。

(3) **股票的发行程序**

各国对股票的发行程序都有严格的法律规定，未经法定程序发行的股票无效。设立发行和增资发行在程序上有所不同。

① 设立发行股票的程序
- 发起人认足股份，交付出资；
- 提出募集股份申请；
- 公告招股说明书，制作认股书，签订承销协议；
- 招认股份，缴纳股款；
- 召开创立大会，选举董事会、监事会；
- 办理设立登记，交割股票。

② 增资发行股票的程序
- 作出发行新股决议；
- 提出发行新股的申请；
- 公告招股说明书，制作认股书，签订承销协议；
- 招认股份，缴纳股款，交割股票；
- 改选董事、监事，办理变更登记。

(4) 股票的发行方式

股票发行方式是指公司发行股票的途径。主要包括公开间接发行和不公开直接发行。

公开间接发行也称公募发行，是指由投资银行或证券公司等中介机构承担发行股票事宜。股票公开发行方式发行范围广，发行对象多，易于足额募集资金；股票的变现能力强，流通性好，有助于提高发行公司的知名度和扩大其影响力。但这种发行方式手续繁杂，发行成本高。我国股份有限公司采用募集设立方式向社会公开发行新股时，须由证券经营机构承销的做法就属于股票公开间接发行。

不公开直接发行也称私募发行，是指不公开对外发行股票，只向少数特定对象直接发行，因而不需要经中介机构承销。不公开直接发行的筹备时间短、费用低、手续简单，但发行范围小，股票变现能力差。我国股份有限公司采用发起设立方式和以不向社会公开募集的方式发行新股，就属于这种方式。

(5) 股票的发行价格

股票的发行价格是股票发行时所使用的价格，也就是投资者认购股票时所需要支付的价格。股票发行价格通常有等价、市价和中间价三种。

等价就是以股票面值为发行价格发行股票，即股票的发行价格与其面值等价，亦称平价发行或面额发行。

市价是以公司原发行同种股票的现行市场价格为基准来选择增发新股的发行价格。

中间价是以股票市场价格与面额的中间值作为股票的发行价格。例如，某只股票的现行市价为45元，每股面额为10元，如果发行公司按每股25元的价格增发该股票，就是按中间价发行。

选择市价或中间价发行股票，可能属于溢价发行，也可能属于折价发行。溢价发行是指按超过股票面额的价格发行股票；折价发行是指按低于股票面额的价格发行股票。我国《公司法》规定，股票发行价格可以为票面金额（等价），也可以超过票面金额（溢价），但不得低于票面金额（折价）。

(6) 股票的销售方式

股票的发行是否成功，最终取决于能否将股票全部推销出去。股份公司公开向社会发行股票，其销售方式不外乎有两种选择，即自销或委托承销。

①自销 是指股份公司自行直接将股票出售给投资者，而不经过证券经营机构承销。自销方式可节约股票发行成本，但发行风险完全由发行公司自行承担。这种推销方式并不普遍，一般仅适用于发行风险较小、手续较为简单、数额不多的股票发行。在国外主要由知名度高、有实力的公司向现有股东推销股票时采用。

②承销 是指发行公司将股票销售业务委托给证券承销机构代理。证券承销机构是指专门从事证券买卖业务的金融中介机构，在我国主要为证券公司、信托投资公司等。承销方式是发行股票所普遍采用的推销方式。

承销方式包括包销和代销两种具体办法。

包销：由发行公司与证券经营机构签订承销协议，全权委托证券承销机构代理股票的发售业务。一般由证券承销机构买进股份公司公开发行的全部股票，然后将所购股票转销给社会上的投资者。在规定的募股期限内，若实际招募股份数达不到预定发行股份数，剩余部分由证券承销机构全部承购下来。

代销：由证券经营机构代理股票发售业务，若实际募股份数达不到发行股数，承销机构不承担承购剩余股份的责任，而是将未售出的股份归还给发行公司，发行风险由发行公司自己承担。

(7) 普通股筹资的优缺点

普通股筹资是股份公司一种主要的筹资方式，是进行其他筹资的基础。因此，从筹资公司主体的角度来评价普通股筹资，可以归纳出以下优点和缺点。

发行普通股是股份公司筹集资金的一种基本方式，相对于债券筹资其优点主要包括：

①筹资风险小 由于普通股没有固定到期日，不用支付固定的股利，此种筹资实际上不存在不能偿付的风险。

②提高公司的信用 权益性资本是公司资信的基础。较多的自有资金可为债权人提供较大的保障。因而，普通股筹资可以提高公司的信用价值，为使用足够的债务资金提供支持。

③筹资限制较少 利用优先股或债券筹资，通常有许多限制，这些限制往往会影响公司经营的灵活性，而利用普通股筹资则没有这种限制。

普通股筹资的缺点主要有：

①资金成本较高 一般情况下，普通股筹资的成本要高于债务资金。这主要是因为普通股股东要比债权人承担较大的风险，进而要求较高的投资报酬率；此外，支付给普通股股东的股利要在税后扣除；另外，普通股的发行费用也比较高。

②容易分散控制权 利用普通股筹资，可能会引进新的股东，容易导致公司控制权的分散。

③引起股价下跌 新股东对公司累积的盈余有分享权，会降低普通股的每股净资产，从而可能引起普通股股价下跌。

8.2 债务资本的筹集

债务性资本筹资是指企业通过借款、发行债券和融资租赁等方式筹集的长期债务资本。

8.2.1 长期借款筹资

长期借款是指企业向银行、非银行金融机构和其他组织借入偿还期限在一年以上的资金而发生的各种借款。利用长期借款筹资是各类企业筹措长期资金的主要方式之一。

(1) 长期借款的种类

按照不同的标准可将长期借款分为不同的种类，常见的分类方式有以下几种。

① 按提供借款的机构分类　可分为政策性银行借款、商业性银行借款和其他金融机构借款。

政策性银行借款：是指执行国家政策性借款业务的银行（通称政策性银行）提供的借款。

商业性银行借款：是企业取得长期借款的最主要来源，换言之，商业性银行借款是企业采取长期借款筹资的最基本形式。

其他金融机构借款：一般较商业银行借款的期限更长，利率较高，对借款企业的信用要求和担保的选择也比较严格。

② 按有无抵押担保分类　可分为抵押借款和信用借款。

抵押借款：是指以特定的抵押品为担保的借款。作为借款担保的抵押品可以是不动产、机器设备等实物资产，也可以是股票、债券等有价证券。它们必须是能够变现的资产。如果借款到期时借款企业不能或不愿偿还借款，银行可取消企业对抵押品的赎回，并有权处理抵押品。抵押借款有利于降低银行借款的风险，提高借款的安全性。

信用借款：是指没有抵押品作担保的借款，即仅凭借款企业的信用或某保证人的信用而发放的借款。信用借款通常仅由借款企业出具签字的文书，一般是贷给资信优良的企业。对于这种借款，由于风险较高，银行通常要收取较高的利息，并往往附加一定的条件限制。

③ 按借款的用途分类　可分为基本建设借款、更新改造借款、科研开发和新产品试制借款等。

(2) 长期借款的基本程序

- 企业提出申请；
- 银行进行审批；
- 企业与银行签订借款合同；
- 企业取得借款；
- 企业偿还借款本息。

(3) 长期借款筹资的优缺点

长期借款筹资具有以下优点：

① 借款筹资速度快　企业利用长期借款筹资，一般所需时间较短，程序较为简单，可以快速获得现金。而发行股票、债券筹集长期资金，需做好发行前的各种工作，如印制证券等，发行也需一定时间，故耗时较长，程序复杂。

② 借款成本较低　利用长期借款筹资，其利息可在所得税前列支，故可减少企业实际负担的成本，因此比股票筹资的成本要低得多；与债券相比，借款利率一般低于债券利

率；此外，由于借款属于间接筹资，筹资费用也极少。

③借款弹性较大　在借款时，企业与银行直接商定借款的时间、数额和利率等；在用款期间，企业如因财务状况发生某些变化，亦可与银行再行协商，变更借款数量及还款期限等；借款到期后，如有正当理由，还可延期归还。因此，长期借款筹资对企业具有较大的灵活性。

④可调节权益资本收益　企业利用借款筹资，与债券一样可以发挥财务杠杆的作用。

长期借款筹资具有以下缺点：

①筹资风险较高　借款通常有固定的利息负担和固定的偿付期限，故借款企业的筹资风险较高。

②限制条件较多　这可能会影响到企业以后的筹资和投资活动。

③筹资数量有限　一般不如股票、债券那样可以一次加入筹集到大笔资金。

8.2.2　债券筹资

债券是经济主体为筹集资金而发行的，约定在一定期限内向债权人还本付息的有价证券。同样，发行债券也是企业筹集债务资金的重要方式之一。

(1) 债券的基本要素

①债券面值　债券面值包括两个方面内容：一是币种，二是票面金额。面值的币种可以采用本国货币，也可采用外币。债券的票面金额是债券到期时偿还债务的金额。面额通常印在债券上，固定不变，到期必须足额偿还。

②债券期限　债券都有明确的到期日，债券从发行之日起，至到期日之间的时间，称为债券的期限。

③票面利率　债券上通常都载明利率，一般为固定利率。债券上载明的利率一般是年利率。在不计复利的情况下，面值与利率相乘就是年利息。

④发行价格　理论上，债券的面值就是它的发行价格，但事实上并非如此。由于发行者的种种考虑或资本市场上的供求关系、利息率的变化，债券的市场价格常常脱离它的面值，有时高于面值，有时低于面值。

(2) 债券的种类

公司债券可按不同标准进行分类，主要的分类方式有以下几种。

①按是否记名分类　按债券的票面是否记名，可将债券分为记名债券和不记名债券。

记名债券是在券面上记有持券人的姓名或名称。对于这种债券，公司只对记名人偿本，持券人凭印鉴支取利息。记名债券的转让，由债券持有人以背书等方式进行，并让发行公司将受让人的姓名或名称载于公司债券存根簿。

无记名债券是指在券面上不记持券人的姓名或名称，还本付息以债券为凭，一般实行剪票付息。其转让由债券持有人将债券交付给受让人后即发挥效力。

②按有无担保分类　按债券有无财产担保，可将债券分为信用债券和抵押债券。

信用债券又称无担保债券，是指发行公司没有抵押品担保，完全凭信用发行的债券。这种债券通常是由信誉良好的公司发行，利率一般略高于抵押债券。

抵押债券又称有担保债券，是指发行公司有特定财产作为担保品的债券。它按担保品的不同，又可分为不动产抵押债券、动产抵押债券、信托抵押债券。如果债券到期不能偿还，债权人可将抵押品拍卖以获得资金。

③按利率是否固定分类　按债券票面利率是否固定，可将债券分为固定利率债券和浮动利率债券。

固定利率债券的利率在发行债券时即已确定并载于债券券面。

浮动利率债券的利率水平在发行债券之初不固定，而是根据有关利率如银行存贷利率水平等加以确定。

(3) 债券发行的条件和程序

①债券发行的条件　根据《证券法》第十六条的规定，公司发行债券，必须符合下列条件：

第一，股份有限公司的净资产不低于人民币3000万元，有限责任公司的净资产不低于人民币6000万元；

第二，累计债券余额不超过公司净资产的40%；

第三，最近三年平均可分配利润足以支付公司债券一年的利息；

第四，筹集的资金投向符合国家产业政策；

第五，债券利率不超过国务院限定的利率水平；

第六，国务院规定的其他条件。

发行公司债券筹集的资金，必须用于审批机关批准的用途，不得用于弥补亏损和非生产性支出。上市公司发行可转换为股票的公司债券时，除应具备上述发行公司债券的条件外，还应当符合《证券法》关于公开发行股票的条件，并报国务院证券监督管理机构批准。

②债券发行的程序　公司发行债券的具体程序如下：

第一，证券承销商审查发行债券的企业发行章程和其他有关文件的真实性、准确性和完整性后，与企业签订承销协议，明确双方的责任；

第二，主承销商与分销商签订分销协议，协议中应对承销团成员在承销过程中的权利和义务等做出详细的规定；

第三，主承销商与其他证券经营机构签订代销协议，未销出部分，可退还给主承销商；

第四，开展广泛的宣传活动；

第五，各承销团成员利用自己的销售网络，向金融机构、企事业单位及个人投资者销售；

第六，在规定的时间内，承销商将所筹款项转到企业的账户上。

(4) 债券筹资的优缺点

债券筹资具有以下优点：

①债券成本较低　与长期借款类似，根据风险与报酬原则，债券的资本成本比股权性资金的资本成本低，并且债券利息在税前扣除，具有抵税作用。不过，发行债券的筹资费用高于长期借款，因此，其资本成本通常比长期借款高。

②保障控制权　债券持有人无权参与发行公司的管理决策，因此，公司发行债券不会分散股东对公司的控制权。

③便于调整资本结构　公司通过发行债券和可提前赎回债券的情况下,可主动地合理调整资本结构。

债券筹资具有以下缺点:

①财务风险较高　债券有固定的到期日,并需定期支付利息,发行公司必须承担按期付息偿本的义务。在公司经营不景气时,亦需向债券持有人付息偿本,这会给公司带来更大的财务困难,有时甚至导致破产。

②限制条件较多　发行债券的限制条件一般要比长期借款、租赁筹资的限制条件都较为严格,从而限制了公司对债券筹资方式的使用,进而会影响公司以后筹资能力,甚至对公司今后的经营有一定的限制。

③筹资数量有限　公司利用债券筹资一般受一定额度的限制。多数国家对此都有限定。

8.2.3 融资租赁

融资租赁,又称财务租赁,是由租赁公司按照承租企业的要求融资购买设备,并在契约或合同规定的期限内提供给承租企业使用的信用性业务,它是现代租赁的主要类型。承租企业采用融资租赁的主要目的是融通资金。一般融资的对象是资金,而融资租赁集融资与融物于一身,具有借贷性质,是承租企业筹集长期借入资金的一种特殊方式。

(1) 融资租赁的形式

融资租赁按其业务的不同特点,可细分为以下三种具体形式:

①直接租赁　直接租赁是融资租赁的典型形式,通常所说的融资租赁就是指直接租赁形式。直接租赁是指承租人直接向出租人租入所需资产,并支付租金。直接租赁的出租人主要是制造商和租赁公司等。除制造商外,其他出租人都要先从制造商处购买资产,然后再出租给承租人。

②售后租回　在这种形式下,企业按照协议先将其资产卖给出租人,再作为承租企业将所售资产租回使用,并按期支付租金。采用这种租赁形式,承租企业因出售资产而获得了一笔资金,同时又因将其租回而保留了资产的使用权。从事售后租回的出租人主要是租赁公司等金融机构。

③杠杆租赁　一般要涉及承租人、出租人和贷款人三方当事人。从承租人的角度看,它与其他融资租赁形式并无区别,同样是按合同的规定,在租期内获得资产的使用权,按期支付租金。但对于出租人却不同,出租人只出购买资产所需现金的一部分(如30%),作为自己的投资;其余部分则以该资产作为担保向贷款人借资支付(如70%)。因此,他既是出租人又是借款人,既收取租金又要偿付债务。如果出租人不能按期偿还借款,资产的所有权要转归资金出借者。这种融资租赁形式,由于租赁收益一般大于借款成本支出,出租人借款购物出租可获得财务杠杆利益,故被称为杠杆租赁。

(2) 融资租赁的程序

- 选择租赁公司,办理租赁委托;
- 签订购货协议,以及租赁合同;
- 办理验货与投保,支付租金;

● 处理租赁期满的设备。

(3) 融资租赁筹资的优缺点

融资租赁筹资具有以下优点：

①可迅速获得所需资产，还可以免遭设备陈旧过时的风险。

②限制条款较少，财务负担轻，税收负担轻，租金可在所得税前扣除，具有抵减所得税的作用。

租赁筹资也有取得成本较高、资产处置权有限等缺点。

8.3 混合性资金的筹集

混合性资金是指兼具股权性资金和债权性资金特征的资金形式。混合性筹资兼容了扩张性筹资和调整性筹资两种筹资目的。在这种混合性筹资动机的驱使下，企业通过筹资，既扩大了资产和资本的规模，又调整了资本结构。企业常见的混合性资金包括优先股，可转换债券和认股权证。

8.3.1 优先股筹资

优先股是相对于普通股享有一定的优先权的股票。首先，优先股股东先于普通股股东行使利润的分配权，并且只要可供分配股利的利润充足，就应当按事先约定的股利率支付优先股股利，而不受公司盈利高低的影响。其次，当公司清算时，优先股股东先于普通股股东行使对剩余资产的分配权。但是，优先股股东一般无表决权，因此不能参与公司决策，也就不能控制公司的经营管理。

由此可见，虽然优先股在法律形式上属于股权性资金，但它具有某些债权性资金的特征，因此将其归入混合性资金进行讨论。我国于2014年开始实施发行优先股。

(1) 优先股的种类

优先股按其具体的权利不同，还可以进一步分类。

①累积优先股和非累积优先股　累积优先股是指公司当年可供分配股利的利润不足以支付约定的优先股股利的，可以累积到以后年度，由以后年度可供分股利的利润补足。非累积优先股则不能将当年未能支付的优先股股利累积到以后年度支付。

②参与优先股和非参与优先股　是指当公司按规定向优先股股东和普通股股东分派股利后仍有剩余利润时，优先股可与普通股一道参加剩余利润的分配。参与优先股具体又分为全部参与优先股和部分参与优先股。全部参与优先股是与普通股同等参加剩余利润分配的优先股。部分参与优先股是指在参加剩余利润分配时有股利上限的优先股。不参与优先股是只能按约定的固定股利率获取股利，不能参加剩余利润分配的优先股。

③可转换优先股和不可转换优先股　可转换优先股是指持有人可在一定时期内按一定比例把优先股转换成普通股的股票。这种优先股能增加筹资和投资双方的灵活性，近年来在国外日益流行。不能转换成普通股的优先股则属于不可转换优先股。不可转换优先股只能获得固定的股利报酬，而不能获得转换收益。

④可赎回优先股和不可赎回优先股　可赎回优先股是指股份有限公司出于减轻股利负

担的目的,可按规定以一定价格收回的优先股;公司不能购回的优先股,则属于不可赎回优先股。因为优先股都有固定股利,所以不可赎回优先股一经发行,便成为一项永久性的财务负担。因此,在实际工作中,不可赎回优先股很少发行。

(2) 优先股筹资的优缺点

公司运用优先股筹集权益资本,与普通股和其他筹资方式相比有以下优点:

①保持控制权 当公司既想向外界筹借自有资金,又想保持原有股东的控制权时,利用优先股筹资是较好的选择。

②提高资信和借款能力 优先股股本属于自有资金,发行优先股能增强公司的信誉,提高公司的借款举债能力。

③偿付压力小 优先股没有固定的到期日,不用偿付本金;其股利虽然固定但具有一定的灵活性,当公司没有足够的利润时可以不支付优先股股利。因此,与债权性资金相比,优先股的财务风险较低。

优先股筹资也有一定的缺点:

①筹资成本高 发行优先股的财务风险比筹集债权性资金的财务风险低,因而其资金成本通常较高,公司必须以较高的代价才能够筹得优先股资金。其次,债务利息在税前扣除,具有抵税作用,优先股股利则只能从税后支付。另外,优先股的发行费用也较高。

②筹资限制多 对优先股的筹资通常有许多限制条款。例如,对普通股股利支付的限制,对公司借债的限制等。

③可能形成较重的财务负担 优先股要求支付固定股利,但又不能在税前扣除,当盈利下降时,优先股的股利可能会成为公司一项较重的财务负担,有时不得不延期支付,会影响公司的形象。

8.3.2 可转换债券筹资

可转换债券是指发行人依照法定程序发行,在一定期间内依据约定的条件可以转换成股票的公司债券。它的标的股票一般是债券发行公司的股票,也可以是其他公司的股票,如可转换债券公司的上市子公司的股票。

债券持有人对是否将债券转换为普通股具有选择权。在可转换债券转换之前,企业需要定期向债券持有人支付利息。如果在规定的转换期限内债券持有人未进行转换,企业需要继续定期支付利息,并且到期偿还本金。在这种情况下,可转换债券与普通债券没有区别,属于债权性资金。如果在规定的转换期限内,债券持有人将可转换债券转换成普通股,则变成了权益性资金。因此,可转换债券具有债权性资金和权益性资金的双重性质。在我国,只有上市公司和重点国有企业才有资格发行可转换债券。

(1) 发行可转换债券的条件

上市公司经股东大会决议可以发行可转换债券,并在公司债券募集办法中规定具体的转换办法。上市公司发行可转换债券,除应当符合发行债券的条件,还应当符合《证券法》规定的公开发行股票的条件,并报国务院证券监督管理机构核准。

(2) 可转换债券的转股的要素

可转换债券的转股期限,是指按发行企业的规定,持有人可将其转换为普通股的期限。可转换债券转换期限的长短通常与可转换债券的期限相关。我国可转换债券的期限最短为3年,最长为5年。上市公司发行的可转换债券,在发行结束6个月后,持有人可以依据约定的条件随时转换股份。

可转换债券的转股价格,是指将可转换债券转换为普通股时采用的每股价格。转股价格由发行企业在发行可转换债券时约定。上市公司发行的可转换债券,以发行可转换债券前一个月普通股的平均价格为基准,上浮一定幅度作为转股价格。可转换债券的转股价格并不是固定不变的。由于增发新股、配股及其他原因引起公司股份发生变动的,应当及时调整转换价格并向社会公布。

可转换债券的转股比率,是指每份债券可换得的普通股股数,它等于可转换债券的面值除以转股价格。如果出现不足以转换1股股票的余额,发行企业应当以现金偿付。

(3) 可转换债券筹资的优缺点

可转换债券是企业的一种特殊的筹资方式,具有以下主要优点:

①有利于降低筹资成本　可转换债券的利率通常低于普通债券,因此,转换前的资金成本低于普通债券。如果转换为普通股,由于转换价格通常高于发行可转换债券时的普通股价格,并且可节省普通股的发行费用,因而比直接发行普通股的资金成本低。

②有利于调整资本结构　可转换债券在转换前属于发行公司的负债,转换后属于发行公司的所有者权益,因此,发行公司可以通过引导持有人的转换行为来调整公司的资本结构。

发行可转换债券筹资在具有上述优点的同时,也存在着一些缺陷,主要体现在不确定性上。如果发行人发行可转换债券的本意在于变相进行普通股筹资,但普通股价格并未如期上升,债券持有人不愿转股,则发行人将被迫承受偿债压力。如果可转换债券转股时的股价大大高于转换价格,则发行人将承担溢价损失。

8.3.3　认股权证筹资

认股权证是由上市公司发行的、给予持有权证的投资者在未来某个时间或某段时间内以预先确定的价格购买一定量该公司股票的权利。认股权证是一种公司发行的长期买进期权。它不同于优先认股权,一般是面向普通投资者发行的。

(1) 认股权证合约的要素

发行认股权证时,其合约一般包括以下要素:

①基础股票　即认股权证可以转换的对象。它可以是单一股票,也可以是一揽子股票。基础股票一般是交易活跃的绩优股。

②有效期限　即认股权证的权利期限。在有效期内,认股权证持有者可以随时要求将其转换为股票,超过有效期限以后,认股权证即失效。

③转换比率　即每一份认股权证可转换的股票数量。例如,某认股权证的转换比率为2,表明每一份认股权证可转换为2股普通股。

(2) 认股权证的种类

①按允许购买的期限长短分类　可将认股权证分为长期认股权证和短期认股权证。短期认股权证的期限一般在90天以内;长期认股权证认股期限通常在90天以上,更有长达数年或永久的。

②按发行方式分类　可将认股权证分为单独发行认股权证与附带发行认股权证。依附

于债券、优先股、普通股或短期票据发行的认股权证为附带发行认股权证。最常用的认股权证发行方式是在发行债券或优先股之后发行。

（3）认股权证的价格

认股权证的理论价格是股票的市场价格减去约定价格。认股权证实际上是买方选择权，由于选择权对收益的高杠杆作用，以及投资者对股价上升的预期，认股权证的市场价格经常高于理论价格。随着股价的升高，如果约定价格不变，认股权证的市场价格也会升高，它的杠杆作用就会减弱，风险加大，溢价减少，市场价格与理论价格逐渐接近。

投资者之所以选择附有认股权证的债券，是因为他们承认这种债券的价格包含了债券的价格和认股权证的价格。

（4）认股权证筹资的优缺点

认股权证筹资具有以下主要优点：

①为公司筹集额外的现金　认股权证不论是单独发行还是附带发行，大多为发行公司筹得一笔额外的现金，从而增强公司的资本实力和运营能力。

②促进其他筹资方式的运用　单独发行的认股权证有利于将来发售股票，附带发行的认股权证可以促进其所依附证券发行的效率。而且由于认股权证具有价值，附认股权证的债券票面利率和优先股股利率通常较低。当认股权证被行使后，发行的债券依然存在，还是企业的债券；而投资者行使了认股权证的权利后，认购了该公司的股票，企业可以获得权益资本，为进一步筹资打下基础。

认股权证筹资有以下缺点：

①认股权证的执行时间不确定　投资者何时执行认股权证是公司所不能控制的，往往会导致公司陷于既有潜在资金又无资金可用的被动局面。

②稀释普通股收益　当行使认股权证时，提供给投资者的股票是新发行的股票，并非二级市场的股票，这样普通股的股份就会增加，每股收益下降。

③容易分散企业的控制权　由于认股权证通常随着债券一起发售，以吸引投资者，当行使认股权证时，企业的股权结构就会发生改变，稀释了原有股东的控制权。

◢ 思考题

1. 简述普通股筹资的种类、发行程序及优缺点。
2. 简述长期借款筹资的种类及优缺点。
3. 简述债券筹资的种类及优缺点。
4. 简述发行优先股筹资的种类及优缺点。

◢ 阅读指引

1. 财务管理学．6版．荆新，王化成，刘俊彦．中国人民大学出版社，2012.
2. 公司理财．8版．Ross et al. 吴世浓，译．机械工业出版社，2009.
3. 财务管理．谷祺，刘淑莲．东北财经大学出版社，2007.
4. 财务管理基础．13版．范霍恩．清华大学出版社，2009.
5. 财务管理．刘志远．南开大学出版社，1999.

第9章 企业利润分配管理

学习目标

*理解企业分配的概念及原则；
*掌握利润分配的顺序；
*掌握股利政策及其影响因素；
*了解股利支付的方式；
*了解股票股利、股票分割及股票回购的概念。

9.1 利润分配概述

9.1.1 企业分配概念

(1) 企业分配

按照现代企业理论，企业是不同的利益主体间达成的一组契约关系，不同的利益主体将自己拥有的资源投入企业，目的就是从企业的生产经营中获得收益。因此，企业分配就是界定企业在生产经营过程中的经营成果如何在相关的利益主体之间进行分配的一种行为。

企业分配的主体是参与分配的组织和个人，主要包括作为货币资本提供者的股东、债权人，也包括人力资本提供者的员工，还应包括间接生产要素提供者的国家。凡是为公司的生产经营活动提供相应的资源或服务的主体，都应该参与企业分配，不同点在于分配的形式不同，债务资本投资者参与分配的形式是利息，国家参与分配的形式是所得税，权益资本投资人参与分配的形式则主要体现为利润或股利。

(2) 企业利润分配

企业利润分配的对象是利润，也就是企业在一定会计期间的经营成果。它包括收入减去费用后的净额、直接计入当期利润的利得和损失等。参与企业利润分配的主体一般为投资人或股东。

利润分配与其他分配相比具有非强制性和非固定性的显著特征。非强制性是指企业是否向投资者分配利润，以及分配多少利润。既没有契约规定，也没有法律规范，主要是由企业董事会根据企业的具体情况自行决定，从而有较大的灵活性。非固定性则是指企业利润分配的数额及时间主要受企业的财务状况决定，而企业的财务状况又随环境的变化而变化,因此,企业利润分配的数额及时间也将会处于不断变化之中,具有非固定性。

9.1.2 利润分配顺序

按照我国《公司法》及《企业财务通则》的规定,公司缴纳所得税后的利润,除国家另有规定外,按照下列顺序分配:

(1) 弥补以前年度亏损

按照现行制度规定,企业的法定公积金不足以弥补以前年度亏损的,可用当年利润弥补。

(2) 提取法定公积金

法定公积金按照净利润的10%提取,但当法定公积金达到注册资本的50%时,可不再提取。法定公积金可用于弥补亏损、扩大公司生产经营或转增股本。

(3) 提取任意公益金

企业从净利润中提取法定公积金后,经股东会或者股东大会决议,还可以从净利润中提取任意公积金。任意公积金的提取比例和用途由股东会或股东大会决定。

(4) 支付优先股股利

优先股股利比普通股股利优先支付,按照公司发行的优先股股数、面值和股利利率计算支付。

(5) 支付普通股股利

公司弥补亏损和提取公积金后的净利润,可按普通股股东所持有的股份比例分配。

9.1.3 股利支付程序和方式

(1) 股利支付程序

在股票市场中,股票可以自由买卖,一个企业的股票不断地流通,持有者经常变换,为了明确究竟哪些人应该领取股利,必须有一套严格的派发程序,确保股利的正常发放。

①股利宣告日 经董事会开会决定股利发放,公开宣告股利发放事宜的日期称为股利宣布日。宣布股利发放的通知书内容包括:股利发放的数目,股利发放的形式,同时宣布股权登记日、除息日和股利支付日及股东分红资格等。

②股权登记日 即确定股东是否有资格领取股利的截止日期。只有在股权登记日之前登记注册的股东才有权利分享股利,未登记的股东不能领取股利。

③除息日 即除去股利的日期。在除息日的当天,股票的市场价大都略有下降,下降的金额大致等于每股股利的金额。在美国,除息日通常是股权登记日的前两个交易日。在我国,通常将除去股息的日期称为除息日,除去股票股利的日期称为除权日。由于我国两大证券交易所都能实现当天交易的股票当天完成过户手续,所以规定除息、除权日都在股权登记日的后一个交易日。

④股利发放日 股利发放日是将股利正式发放给股东的日期。在这一天,企业可以将股利支票寄给有资格获得股利的股东,也可通过中央清算登记系统直接将股利打入股东的现金账户,由股东向其证券代理商领取。

【例9-1】建设银行 2015 年 6 月 23 日对外公告:中国建设银行股份有限公司(以下简

称"本行")2014年度利润分配方案已经2015年6月15日召开的本行2014年度股东大会审议通过。现将本行本次A股分红派息事宜公告如下：本次分红派息以股权登记日2015年6月30日本行总股本250 010 977 486股为基数，向全体股东派发2014年度现金股息每股人民币0.301元(含税)。本次派发现金股息共约人民币752.53亿元，其中派发A股现金股息约人民币28.88亿元。本次分红派息的股权登记日为2015年6月30日，除息日为2015年7月1日，现金股息发放日为2015年7月1日。分派对象为截至2015年6月30日下午上海证券交易所收市后，在中国证券登记结算有限责任公司上海分公司登记在册的本行全体A股股东。

例9-1中，2015年6月23日为该公司的股利宣告日；2015年6月30日为股权登记日，2015年7月1日为除息日；2015年7月1日则为股利发放日。

(2) 股利支付方式

公司股利发放的具体形式多种多样，有现金股利、财产股利、负债股利和股票股利等，常见的有现金股利和股票股利两种方式。

①现金股利　是企业分配给普通股股东的股利，完全用现金支付。这是最常见的股利发放形式，许多现金充足的企业往往采用这一形式发放普通股股利。发放现金股利时，除需要有足够的可供分配的保留盈余外，尚需考虑公司的现金状况，尤其是支付日的现金状况。

②股票股利　是企业以增发股票的方式给股东发放股利，这种方式通常按现有普通股股东的持股比例增发普通股，也是我国普通股股利发放的常见方式。

企业有时还将现金股利和股票股利组合在一起发放。企业的股利一部分用现金支付，一部分用股票支付，这既能保证股东增加一定的财富，又能使公司节约一定的现金，称为混合股利。

9.2 股利分配理论与政策

9.2.1 股利分配理论

股利分配理论是探讨上市公司股利发放对公司股价或其筹资成本产生何种影响的理论，旨在回答公司应该发放多少股利，即股利支付率为多高这类重要问题。目前，常见的理论研究聚焦于股利支付率究竟如何影响公司股票的价格或资金成本？公司究竟应该怎样确定股利支付率？基于此类问题，以下介绍三种重要的理论：股利无关论、"一鸟在手"理论、税收差别理论。

(1) 股利无关论

股利无关论是由米勒和莫迪利安尼于1961年发表的《股利政策、增长和股票价值》一文中提出的，这也是第一次对股利政策的性质和影响进行系统的分析。

米勒和莫迪利安尼的论证是在一系列严密的假设条件下进行的，这些条件包括完善的资本市场、理性行为和充分确定性等。具体为：①既无税收，又无交易费用，任何投资者都不能通过其自身交易影响或操纵市场价格；②所有投资者对于未来投资、利润和股利具有相同的信念；③企业的投资决策事前已经确定，并为投资者所了解，不会随股利政策的改变而改变。

米勒和莫迪利安尼在一定的假设条件下，通过建模分析，证明了公司的股利政策与公司的市场价值无关，即公司无论提高或降低现期股利都不会改变公司的现值。根据这一理论，公司股价完全由投资与融资决策所决定的获利能力决定，而非取决于公司的盈余分配方式（股利政策）。因此，单就股利政策而言，既无所谓最佳，又无所谓最次。他们的这一观点被称为 MM 股利政策无关论。

在米勒和莫迪利安尼对 MM 股利政策无关论的证明中，除了上面谈到的假设条件外，他们实际上还隐含地假定了公司在支付股利的同时可通过发行新股进行融资。这也是 MM 股利政策无关论定理证明中的一个关键：投资者通过买卖公司股票"自制"股利。在公司的投资决策既定时，如果公司把全部利润用于再投资，而不是分配股利，投资者可以出售手中持有的部分股票，创造"股利"，从而获得与公司已支付股利相同的情况。相反，如果公司支付股利，同时增发新股为投资项目融资，那么投资者也可以根据自己的持股数量按比例用得到的股利购买新股，从而使自己处于与公司没有分配股利相同的情况。

建立在三个假设基础上关于股利无关论的论证是严谨的，其结论是股利政策是无用的。但现实中，一旦公司公布股利政策消息，股票价格必然上升或下降。那么，MM 股利政策无关论难道是错误的吗？现代股利政策理论认为，MM 股利政策无关论是正确的，但是其正确性有三个前提：完善的资本市场、理性行为和充分确定性。由于现实难以满足这三个假设条件，导致理论与现实有异。

MM 股利政策无关论开创了股利政策实证研究的先河。此后，对公司股利政策的研究，尝试放松 MM 股利政策无关论的严格假设条件，使得理论研究更加贴近现实世界，成为现代股利理论研究的主要内容和线索。

(2) 差别税收理论

差别税收理论是由 Brennan、Litzenberger 和 Ramaswamy 等学者提出的。这一理论认为：当现金股利与资本利得之间存在显著的税负差异时，税负差异效应会成为影响股利形式的相当重要的因素。由于在大多数国家投资者的现金股利所得税高于资本利得税，因此，税负差异效应就会使公司倾向于支付较低的股利。换句话说，税收差异理论认为，一家以现金股利的形式支付报酬的公司和另一家以免税资本利得形式支付报酬的公司相比，价值更低（税前必要报酬率比较高）。

美国 1986 年前的税法规定，长期资本利得税不同于普通所得税，必须交纳所得税（此税法在里根总统执政期间已取消，现在国会议员建议应予恢复）。尽管现行税法规定资本利得与股利收入的税率相同，但由于股利所得税在股利发放时就征收，而资本利得税在股票出售时才征收，对于股东而言，资本利得具有推迟纳税的效果。

在我国，个人投资者因股票投资所获得的现金股利，须按照 20% 的税率缴纳所得税；而对投资者买卖股票而获得的资本利得不征收资本收益税。因此，投资者自然会倾向于公司少支付股利而将较多的盈余保留下来以作为再投资用。同时，为了获得较高的预期资本利得，投资者将愿意接受较低的股票必要报酬率。

差别税收理论中，除了考虑股利所得税和资本利得税之间的差异对股利政策的影响外，Elton 和 Gruber 认为每个投资者所处的税收等级不同，有的边际税率高，如富有的投资者，有的边际税率低，如养老基金等，由此会导致他们对待股利的态度不一样。前者偏好低股利支付率或不支付股利的股票，而后者则喜欢高股利支付率的股票。据此，公司会相应调整其股利政策，使股利政策符合股东的愿望。在达到均衡时，高股利支付率的股票将吸引一类追随者，由处于低边际税率等级的投资者持有；低股利支付率的股票将吸引另一类追随者，由处于高边际税率等级的投资者持有，形成股东持有满足其偏好股利政策的股票这一现象，即"追随者效应"。按照该理论的观点，公司的任何股利政策都不可能满足所有股东对股利的要求。公司股利政策的变化，只是吸引了喜好这一股利政策变化的投资者前来购买公司的股票，而另一些不喜好该股利政策的投资者则会卖出股票。

(3)"一鸟在手"理论

最早进行股利政策理论研究的是"一鸟在手"理论(bird in the hand)，其命名源于古谚语"双鸟在林，不如一鸟在手"。1938 年，Williams 运用股利折现模型(dividend discount model)对股利政策进行研究，形成了早期的"一鸟在手"理论。随后，Lintner、Walter 和 Gordon 等又相继对此进行了研究。股票投资的收益包括股利收入和资本利得两种，这一理论认为，由于大部分的投资者都是风险厌恶型，并且认为风险将随时间延长而增大，因而投资者认为通过保留盈余再投资而获得的资本利得的不确定性要高于股利支付的不确定性，从而股利的增加是现实的，至关重要的。所以，投资者宁愿目前收到较少的股利，也不愿等到将来再收回不确定的较大的股利或获得较高的股票出售价。而投资者的上述思想又会产生以下结果：公司如果保留利润用于再投资，那么未来的收益必须按正常的市场回报率和风险溢价之和进行折现，否则，在同样价值的现金股利与资本增值之间，投资者将选择前者。

"一鸟在手"理论强调了股利发放的重要性，赞成公司应维持较高的股利支付率，发放较高股利的公司的价值也较高。但其反对者却对以上的立论基础进行了挑战，认为如果降低风险是股票投资者的唯一目标，那么为什么一些投资者在收到该公司的现金股利后又购买该公司新发行的普通股? 同时他们也指出在现实中有非常多的公司分发很少或甚至不分发股利。因此，反对者认为无论股利政策如何，一旦公司的投资政策和筹资政策确定下来，那么公司的全部现金流也就随之确定下来。也就是说，"一鸟在手"理论实际上混淆了投资决策、筹资决策和股利决策对股票价格的影响。

9.2.2 股利政策的类型

从股利分配的相关理论可以看出，企业在制定股利政策时，究竟应该采取高股利支付率还是低股利支付率的股利政策，在理论界并没有定论。以下将从实践的角度探讨企业股利政策，以便为股利政策的制定提供有益的参考。

在实践中，不同的企业往往采取不同的股利政策，而不同的股利政策也会对企业的股票价格产生不同的影响。在具体制定企业股利政策时，可以选择以下常见的四种类型。

(1)剩余股利政策

剩余股利政策就是在保证企业最佳资本结构的前提下，税后利润首先用来满足企业投资的需求，然后若有剩余才用于股利分配的股利政策。剩余股利政策是股利无关论在股利政策实务上的具体应用。根据股利无关论的观点，股利政策不会对企业的股票价格产生任何影响，企业在有较好的投资机会时，可以少分配甚至不分配股利，而将留存利润用于企业再投资。这是一种投资优先的股利政策。

采用剩余股利政策的先决条件是企业必须有良好的投资机会，而且该投资机会的预期报酬率要高于股东要求的必要报酬率，这样才能为股东所接受。否则，企业应将税后利润以现金股利的方式发放给股东，让股东自己去寻找更好的投资机会。

实行剩余股利政策，一般应按以下步骤来决定股利的分配额：
①根据选定的最佳投资方案，确定投资所需的资金数额；
②按照企业的目标资本结构，确定投资需要增加的股东权益资本的数额；
③税后利润首先用于满足投资需要增加的股东权益资本的数额；
④将满足投资需要后的剩余部分用于向股东分配股利。

下面举例说明剩余股利政策的应用。

【例 9-2】 假定 ABC 公司 2013 年的税后净利润为 680 万元，目前的资本结构为负债资本 40%，股东权益资本 60%。该资本结构也是其下一年度的目标资本结构。如果 2014 年该公司有一个很好的投资项目，需要投资 900 万元，该公司采用剩余股利政策，融资分配的股利和股利支付率是多少？

根据目标资本结构的要求，公司需要筹集 540 万元（900 × 60%）的权益资本和 360 万元（900 × 40%）的负债资本来满足投资的需要。公司可将净利润中的 540 万元作为留存利润，因此，公司还有 140 万元（680 − 540）可用于分配股利。公司的股利支付率为 20.59%（140/680）。

在剩余股利政策下，企业每年发放的股利额随着企业投资机会和盈利水平的变动而变动。即使在盈利水平不变的情况下，股利也将与投资机会呈反向变动，投资机会越多，股利越少；反之，投资机会越少，股利发放越多。而在投资机会不变的情况下，股利的多少又随着每年盈利的多少而变动。在这种股利政策下，每年的股利额变动较大。因此，一般企业很少会机械地照搬剩余股利政策。由于企业的最佳资本结构是一个范围而非一个具体的数字，许多企业运用这种理论帮助建立股利的长期目标发放率，即通过预测企业 5~10 年的盈利情况，确定在这些年度企业的一个长期目标发放率，从而维持股利政策的相对稳定性。

(2) 固定或稳定增长股利政策

在实务中，很多企业都将每年发放的每股股利额固定在某一特定水平上，然后在一段时间内维持不变，只有当企业认为未来盈利的增加足以使它能够将股利维持到一个更高的水平时，企业才会提高每股股利的发放额。这种股利政策就是固定股利或稳定增长的股利政策。

固定股利或稳定增长的股利政策的一个重要原则是，一般不降低年度每股股利的发放额。实施这种股利政策有几个理由。

第一，股利政策是向股东传递有关企业经营信息的手段之一。如果企业支付的股利稳定，就说明企业的经营业绩比较稳定，经营风险较小，这样可使股东要求的必要报酬率降低，有利于股票价格的上升；如果企业的股利政策不稳定，股利忽高忽低，就会给股东传递企业经营不稳定的信号,从而导致股东对风险的担心,使股东要求的必要报酬率提高,进而使股票价格下降。

第二,稳定的股利政策,有利于股东有规律地安排股利收入和支出,特别是那些希望每期能有固定收入的股东更喜欢这种股利政策。忽高忽低的股利政策可能会降低他们对这种股票的需求,从而使股票价格下降。

应当看到,尽管这种股利政策有股利稳定的优点,但是有时也会给企业造成较大的财务压力,尤其是在企业净利润下降或现金紧缺时,企业为了保证股利的正常支付,容易导致资金短缺。因此,这种股利政策一般适用于经营比较稳定的企业。

(3) 固定股利支付率政策

这是一种变动的股利政策,即企业每年从净利润中按固定的股利支付率发放股利。采用这种股利政策的管理者信守的格言是,公司赚2元钱,1元分给股东,另1元留在公司。他们认为,只有维持固定的股利支付率,才算真正公平地对待每一位股东。

这种股利政策使企业的股利支付与企业的盈利状况密切相关,盈利状况好,则每股股利额就增加;盈利状况不好,则每股股利额就下降。这种股利政策不会给企业造成很大的财务负担,但是其股利变动较大,容易使股票价格产生较大波动,不利于树立良好的企业形象。

(4) 低正常股利加额外股利政策

这种股利政策每期都支付稳定但相对较低的股利额,当企业盈利较多时,再根据实际情况发放额外股利。这种股利政策具有较大的灵活性,在企业盈利较少或投资需要较多资金时,这种股利政策可以只支付较低的正常股利,这样既不会给企业造成较大的财务压力,又能保证股东定期得到一笔固定的股利收入;在企业盈利较多并且不需要较多投资资金时,可以向股东发放额外的股利。这种股利政策一般适用于季节性经营企业或受经济周期影响较大的企业。

9.2.3 影响股利政策的因素

尽管有上述四种常见的股利分配政策可供选用,但企业在制定股利分配政策时仍应考虑如下因素,选择合适的股利政策。

(1) 企业的投资机会

企业的投资机会是影响企业股利政策的一个非常重要的因素。当企业有良好的投资机会时,企业应当考虑少发放现金股利,增加留存利润以用于再投资,这样可以加速企业的发展,增加企业未来的盈利能力。当企业没有良好的投资机会时,可以多发放现金股利。

(2) 企业的资金成本

资金成本是企业选择筹资方式的基本依据。留存利润是企业内部筹资的一种重要方式,它同发行新股相比,具有成本低的优点。因此,在制定股利政策时,应充分考虑资金成本的影响。

(3) 企业的现金流量

企业在经营活动中,必须有充足的现金,否则就会发生支付困难。企业在发放现金股利时,必须考虑现金流量以及资产的流动性,过多地发放现金股利会减少企业的现金持有量,影响未来的支付能力。

(4) 企业所处的生命周期

企业理所当然地应该采用最符合其当前所处生命周期的股利政策。一般来说,处于快速成长期的企业有着较多的投资机会,通常不会发放很多股利,因为企业需要大量的现金流量来扩大企业规模,因而不愿意用大量的盈余给股东发放股利。而在企业的成熟期,企业一般会发放较多的股利。

(5) 企业所处的行业

不同行业的股利支付率存在系统性差异。其原因在于,投资机会在行业内是相似的,而在不同行业间存在差异。

(6) 企业的股权结构

股利政策必须经过股东大会决议通过才能实施,而不同的股东对现金股利和资本利得的偏好不同,因此股权结构对企业股利政策具有重要影响。如果企业股东中依赖于企业股利维持生活的股东,或可以享受股利收入减免税的机构股东较多,则这些股东倾向于企业多发放现金股利,而反对企业留利过多;如果企业股东中边际收入税率很高的高收入阶层较多,则高收入阶层的股东为了避税往往反对企业发放过多的现金股利;如果企业股权集中,对企业有一定控制权的大股东出于对企业控制权可能被稀释的担心,往往倾向于企业少发放现金股利、多留存利润。

(7) 其他因素

其他因素包括法律因素和契约性约束等。法律因素是指有关法律、法规对公司股利分配的限制,如《证券法》《公司法》规定,不能用筹集的经营资本发放股利,公司必须在保证公司偿债能力的基础上才能发放股利等。契约性约束是指当企业以长期借款、债券契约、优先股协议以及租赁合约的形式向企业外部筹资时,常常应对方的要求,接受一些关于股利支付的限制。这种契约性约束的目的在于促使企业把利润的一部分按有关条款的要求,以某种形式进行再投资,以保障债权人等相关主体的利益。

9.3 股票股利、股票分割与股票回购

9.3.1 股票股利

(1) 概念

股票股利是指企业将应分给股东的股利以股票的形式发放。与现金股利不同,股票股利不会导致企业现金流出。从会计的角度看,股票股利只不过是将资金从未分配利润或公积金账户转移到普通股账户上,它并未改变股东权益总额,也不会改变每位股东的持股比例。

【例 9-3】ABC 公司在发放股票股利前后的资产负债表如表 9-1 所示。

假定公司宣布发放 20% 的股票股利,即发放 10 万股普通股股票,并规定现有股东每持有 10 股可得 2 股新发行股票。若该股票当时市价为 30 元,随着股票股利的发放,需从留存盈余项目划转出的资金为:

表 9-1 ABC 公司发放股利前后资产与负债状况　　　　　　　　单位：万元

		发放股票股利前的资产负债	
资产	1800	负债	600
		普通股(50万股，每股1元)	50
		资本公积	450
		留存收益	700
		股东权益合计	1200
资产合计	1800	负债和股东权益合计	1800
		发放股票股利后的资产负债	
资产	1800	负债	600
		普通股(60万股，每股1元)	60
		资本公积	740
		留存收益	400
		股东权益合计	1200
资产合计	1800	负债和股东权益合计	1800

$$30 \times 50 \times 20\% = 300(万元)$$

由于股票面值(1元)不变，发放 100 000(500×20%)股，普通股只增加10万元，其余的290万元转至资本公积中，而公司股东权益总额保持不变。

可见，发放股票股利，不会对公司股东权益总额产生影响，但会发生资金在各股东权益项目间的再分配。

(2) 股票股利的意义

尽管股票股利不直接增加股东的财富，也不增加公司的价值，但对股东和公司都有特殊意义。股票股利对股东的意义主要表现在以下几个方面：

①如果公司在发放股票股利后，还能发放现金股利，且能维持每股现金股利不变，则股东因所持股数的增加而能得到更多的现金股利。

②有时公司在发放股票股利后其股价并不成比例下降。一般在发放少量股票后，不会引起股价的立即变化。这可使股东得到收益相对提高的好处。

③股票股利可以向股东传递某些信息。发放股票股利的通常为成长中的公司，投资者往往认为发放股票股利预示着公司将会有较大的发展，利润将大幅度增长，足以抵消增发股票带来的消极影响。

④在股东需要现金时，可以将分得的股票出售。有些国家税法规定出售股票所需交纳的资本利得税率比收到现金股利所需交纳的所得税率低，股东可以从中获得纳税上的好处。

(3) 股票股利对公司的意义

股票股利对公司的意义主要表现在以下几个方面：

①可以降低股票价格，吸引更多的股东进行投资。一般认为股票价格应该维持在某一合理的范围之内。以美国为例，大多数股票的合理价位为 20~80 美元。因此，如果企业管理人员认为本企业股票价格太高，影响股票的流动性，就可以采用股票股利的方式将股票价格降下来。

②可以将更多的现金留存下来，用于再投资，以利于企业长期、稳定的发展。通常，处于成长中的企业因为面临较多的投资机会，会采取股票股利的方式保留现金。正因为如此，一般认为股票股利可以向股东传递企业未来盈余增长的信息。

股票股利的缺陷在于，由于股票股利增加了企业的股本规模，因此股票股利的发放将为企业后续现金股利的发放带来较大的财务负担。正因为如此，国外企业一般很少发放股票股利。

9.3.2 股票分割

(1) 概念

与股票股利极其相似的是股利分割。股票分割又称股票拆细，是指将面额较高的股票交换成数股面额较低的股票的行为。例如，将原来的1股股票交换成2股股票。股票分割不是某种股利方式，但其所产生的效果与发放股票股利近似。

从会计的角度看，股票分割对公司的资本结构不会产生任何影响，一般只会使发行在外的股票总数增加，每股面额降低，每股盈余下降，并由此使每股市价下跌，而资产负债表中股东权益各账户（股本、资本公积、留存收益）的余额都保持不变，股东权益的总额也维持不变。

【例9-4】 以例9-3中ABC公司为例，假设现按1股换成2股的比例进行股票分割，则其分割前后的资产负债表如表9-2所示。

假定公司本年净利润1 100 000元，那么股票分割前的每股收益为2.2(1 100 000÷500 000)元。假定股票分割后公司净利润不变，分割后的每股收益为1.1元，每股市价也会因此而下降。

表9-2 ABC公司股票分割前后的资产与负债状况　　　　　　　　　　　　　单位：万元

股票分割前		股票分割后	
普通股（面值1元，已发行50万股）	50	普通股（面值0.5元，已发行100万股）	50
资本公积	450	资本公积	450
留存盈余	700	留存盈余	700
股东权益合计	1200	股东权益合计	1200

除了会计处理不同之外，股票分割与股票股利所产生的效果十分相近，两者都没有增加股东的现金流量；都使流通在外的普通股股数增加；都没有改变股东权益总额。但股票股利使股东权益资金内部发生了变化，并必须以当期的未分配利润进行股利支付；而股票分割却不受此限制，即使企业当期没有未分配利润，仍然可以进行股票分割。

(2) 股票分割的意义

对于公司来讲，实行股票分割的主要意义在于：

①降低股票市价　如前所述，企业的股票价格有一个合理的区间。如果股票价格过高，不利于股票交易活动。通过股票分割活动，可以使企业股票更广泛地分散到股东手中，增强股票的流动性。

②为发行新股做准备　股票价格过高会使许多潜在的股东不敢轻易对企业股票进行投资。在新股发行之前，利用股票分割降低股票价格，有利于提高股票的可转让性，促进新

股票的发行。

尽管股票分割与发放股票股利都能达到降低公司股价的目的。但一般只有在公司股价大幅上涨且预期难以下降时，才采用股票分割的办法降低股价；而在公司股价上涨幅度不大时，往往通过发放股票股利将股价维持在理想的范围之内。

9.3.3 股票回购

(1) 概念

股票回购是指企业出资回购本身所发行的流通在外的股票。被回购的股票通常称为库藏股票。如果需要，库藏股票也可重新出售。

企业有现金，既可以采取现金股利的方式发放给股东，也可以采用股票回购的方式回报股东。如果企业进行股票回购，由于市场上流通的股票数量将减少，在企业总利润不变的情况下，企业流通在外的股票的每股利润会有所提高，从而导致股价上涨，股东可以从股票价格的上涨中获得资本利得。正因为如此，股票回购实际上可以看做现金股利的一种替代方式。通过下面的例子可以对股票回购和现金股利进行对比分析。

【例 9-6】 以 ABC 公司为例，回购前后及发放现金股利后的资产负债表如表 9-3 所示。

表 9-3 ABC 公司现金股利和股票回购前后的资产与负债状况   单位：万元

股利发放前的资产负债			
现金	300	负债	600
其他资产	1500	股东权益	1200
资产合计	1800	负债和股东权益合计	1800
流通在外普通股股数 = 50 万股			
每股市价 = 1500/50 = 30(元)			
现金股利发放后的资产负债			
现金	150	负债	600
其他资产	1500	股东权益合计	1050
资产合计	1650	负债和股东权益合计	1650
流通在外普通股股数 = 50 万股			
每股市价 = 1350/50 = 27(元)			
股票回购后的资产负债			
现金	150	负债	600
其他资产	1500	股东权益合计	1050
资产合计	1650	负债和股东权益合计	1650
流通在外普通股股数 = 45 万股			
每股市价 = 1350/45 = 30(元)			

在表 9-3 中，ABC 公司在股利分配前股票价格为 30 元，流通在外普通股股数为 50 万股，因此，股权的市场价值为 1500 万元，如果公司决定每股发放 3 元的现金股利，需要支付资金 150 万元，因此现金将减少 150 万元，不考虑税和交易成本，此时除息后的股票价格为 27 元。如果 A 投资者在分配前拥有 ABC 公司 5000 股总价值为 15 万元的股票，那么发放现金股利后，其将拥有 1.5 万元现金股利的同时还将拥有总价值为 13.5 万元的股票，也就是说其总财富不变。

如果公司不打算发放股利，而回购10%（5万股）的股票，则也需资金150万元现金，因此现金将减少1500万元。随着现金的支出，公司持有的股票数量也随之减少，因此股票价格并不会改变，还是30元。此时，A投资者也还是拥有1.5万元的现金股利同时，还将拥有总价值为13.5万元的股票。也就是说，如果没有税和交易成本，股票回购和现金股利是一样的。

(2) 股票回购的意义

若股利所得税通常高于资本利得税，公司通过股票回购向投资者支付现金，而投资者无须就此纳税；另外，由股票回购引起的股票价格上升而带来的资本利得税，可以递延到股票出售时才缴纳，而现金股利所缴纳的税则是在发放到期就发生了，因此股票回购较现金股利而言有税收优势。

对股东而言，与现金股利相比，股票回购不仅可以节约税收，而且具有更大的灵活性。这是因为，需要现金的股东可选择卖出股票，而不需要现金的股东可以继续持有股票。

对企业管理而言，企业采用股票回购方式具有以下意义：

①分配企业的超额现金　如果企业的现金超过其投资机会所需要的现金，就可以采用股票回购的方式将现金分配给股东。如前所述，企业股利政策应维持相对稳定性。除非新的股利水平能够长期维持，企业一般不会轻易提高股利，以免由于信号影响的存在，当企业降低股利时带来负面影响。对于暂时的剩余现金，企业宁愿以回购的方式一次性分配给股东。因此，股票回购既可将企业临时的超额现金一次性发放给股东，又不影响企业股利政策的稳定性。所以，这种方式在实践中越来越受到管理人员的重视。

②改善企业的资本结构　如果企业认为其股东权益资本所占的比例过大、资本结构不合理，就可能对外举债，并用举债获得的资金进行股票回购，以实现企业资本结构的合理化。

③提高企业股票价格　如果企业的股票价格较低，股票回购是针对信息不对称的一种有效的财务策略。由于信息不对称和预期差异的影响，股票市场存在低估企业股票价格的现象，在这种情形下，企业可进行股票回购，以提升股票价格。

但是，股票回购也可能对上市公司产生消极影响，主要表现在：①股票回购需要大量资金，因此进行回购的企业必须有雄厚的资金。如果企业负债率较高，再举债进行回购，会背负巨大的偿债压力，影响企业正常的生产经营和发展。②股票回购容易导致内幕交易。允许上市公司回购本公司股票，容易导致其利用内幕消息对本公司股票进行炒作。因此，各国对股票回购都有严格的法律限制。

在我国，《公司法》对股票回购作了十分严格的限制。《公司法》第一百四十九条规定："公司不得收购本公司的股票，但为减少公司资本而注销股份或与持有本公司股票的其他公司合并时除外。公司依照前款规定收购本公司的股票后，必须在十日内注销该部分股份，依照法律、行政法规办理变更登记，并公告。"

▲思考题

1. 可供企业选择的股利理论有哪些？其认为股利支付对企业价值的影响有何不同？
2. 企业在制定股利分配方案时需要考虑哪些重要因素的影响？

3. 企业选择固定或稳定增长股利政策的理由有哪些?
4. 为什么股票回购可能比额外现金股利更理想?
5. 股票股利与股票分割有何不同?如果你持股的公司目前有一项股利安排,发放 100% 的股票股利或按照 2∶1 的比例分割股票,你赞成哪种方案?为什么?

练习题

1. A 公司发行在外的普通股股数为 120 万股,该公司 2013 年的税后利润为 3600 万元,共发放现金股利 1200 万元,该公司 2014 年实现税后利润为 4000 万元,预计该公司在 2015 年有良好的投资机会,需要追加投资 5000 万元。该公司的资本结构为:资产权益率 60%,目前的资金结构为企业最佳资金结构。如果该公司采用剩余股利政策,则 2007 年将发放的现金股利是多少?如果追加投资需要 10 000 万元,则 2014 年将发放的现金股利为多少?

2. B 公司原股东权益结构如表 9-4 所示:

表 9-4 B 公司原股东权益结构　　　　　　　　　　单位:万元

股本(面值 2.5 元,发行 20 万股)	50
资本公积	15
未分配利润	160
股东权益合计	225

已知当时的市价为 20 元/股,本年盈余为 45 万元(假设已包含在未分配利润 160 万中),请分别考虑发放 6% 的股票股利和按 1∶2 的比例进行股票分割两种情况来计算发放股票股利及股票分割后股东权益各项目有何变化?发放股票股利及股票分割后公司每股市价、每股利润各为多少?

案例

南方公司是一家大型钢铁公司,公司业绩一直很稳定,其盈余的长期成长率为 12%。2006 年该公司税后盈利为 1000 万元,当年发放股利共 250 万元。2007 年该公司面临一个投资机会,需要投资 900 万元,预计投资后,公司盈利可达到 1200 万元,2008 年以后公司仍会恢复 12% 的增长率。公司目标资本结构为负债∶权益 =4∶5。现在公司面临股利分配政策的选择,可供选择的股利分配政策有固定股利支付率政策、剩余股利政策及固定或稳定增长股利政策。

问题:如果你是该公司的会计师,请计算 2006 年公司实行不同股利政策时的股利水平,并比较不同的股利政策,作出认为正确的选择。

阅读指引

1. 公司理财. 8 版. Ross et al. 吴世浓, 译. 机械工业出版社, 2009.
2. 财务管理. 谷祺, 刘淑莲. 东北财经大学出版社, 2007.
3. 代企业财务管理. 刘娥平. 中山大学出版社, 2004.
4. 财务管理. 刘雅娟. 清华大学出版社, 2008.
5. 财务成本管理. 中国注册会计师协会. 经济科学出版社, 2007.

第四篇　企业财务管理专题

前三篇中已经论述了财务管理的基本原理和基本框架，在此基础上，本篇将利用前面所学的基本原理和方法对财务管理中的若干重要专题进行综合分析。其中，第10章集中讨论企业兼并概念及其估值、支付等财务管理问题；第11章重点讨论企业破产过程中涉及的重整、和解及破产等相关概念及其财务管理问题；第12章将全面讨论跨国经营企业的投资、筹资及外汇运作等财务管理问题。

第 10 章　公司并购的财务管理

学习目标

　　* 理解企业并购的含义和类型；
　　* 了解目标企业的估值方法；
　　* 了解企业并购的动因；
　　* 了解企业并购的出资方式。

　　并购是市场经济条件下，企业实现资本规模扩张，增强市场竞争能力，提高企业价值的重要方式和手段。20 世纪 80 年代以来，国际上大型跨国公司间的并购日益频繁，并受到各国政府的高度重视。在我国，随着市场经济和资本市场的发展，企业之间的并购活动也越来越多。并购问题已成为企业财务管理的重要内容。本章主要阐述企业并购的目的、意义，介绍并购的主要类型和程序，以及并购时对目标企业的价值评估、企业并购的出资和融资规划。

10.1　企业并购概述

10.1.1　企业并购的含义

　　所谓并购（M&A），就是合并（兼并）（merger）和收购（acquisition）的简称。
　　合并（或兼并），是指一个企业采取各种形式有偿接受其他企业的产权，使其他企业失去法人资格或改变法人实体的一种行为。《中华人民共和国公司法》（以下简称《公司法》）规定，公司合并可以采取吸收合并或者新设合并。吸收合并是指两个或两个以上的公司合并后，其中一个公司存续，其余的公司解散，如 A 公司吸收 B 公司和 C 公司，A 公司继续存续，B 公司和 C 公司解散。新设合并是指两个或两个以上的公司合并，合并后参与合并的公司全部解散而设立一个新的公司。如 A、B、C 三个公司合并，合并后 A、B、C 三个公司全部解散，而成立一个新公司 D 公司。
　　收购是指企业用现款、债券或股票购买另一家企业的部分或全部资产或股权，以获得对该企业的控制权的行为。按照收购对象的不同，又分为资产收购和股权收购。资产收购是指一家企业通过收购另一家企业的资产以达到控制该企业的行为。资产收购只是一般资产的买卖行为，收购方不需要承担被收购方的债务，也不享有股东权利。而股权收购则是指一家企业通过收购另一家企业的股权以达到控制该企业的行为。股权收购中的收购方将成为被收购方大股东，享有股东权利，并承担被收购企业的债权债务。

兼并与收购有许多相似之处，因此，通常将两者作为同义词使用和研究，统称并购或购并，泛指企业为了获得其他企业的控制权而进行的产权交易活动。在这种交易活动中，把并购的一方叫做买方或并购企业，被并购一方叫做卖方或目标企业。

10.1.2 兼并与收购的异同

(1) 兼并与收购的相同点

①兼并与收购产生的基本动因大体一致　或者是为了扩大企业市场占有率；或者为了扩大规模，实现规模经济；或者为了拓宽企业经营范围，实现分散经营或综合化经营。总之，两者都是为了增强企业实力而进行的外部扩张。

②兼并与收购都以企业产权为交易对象　两者都是市场经济条件下，企业产权转让的基本方式。

(2) 兼并与收购的区别

①法律后果不同　企业合并是将彼此独立的企业合并成一个会计主体，参与合并的企业在合并前是彼此独立的，而合并后它们的经济资源和经营活动由单一的管理机构来控制，其中至少有一个公司会因合并失去法人资格。所以，企业合并的实质是取得控制权。而收购一般而言并不会导致目标公司法人资格的消灭，被收购企业可仍以法人实体存在，其产权可以是部分转让。

②对债务的承担责任不同　合并后，合并各方的债权债务应由合并后存续的公司或新设公司承担，是资产、债权、债务的一同转移；而在收购中，收购企业是被收购企业的新股东，对目标公司的原有债权、债务仅以其控股比例承担。

③财务状况不同　合并多发生在被合并企业财务状况不佳、生产经营停滞或半停滞状态，合并后，一般要对被合并企业的生产经营进行调整，资产重新组合；而收购一般发生在企业正常生产经营状态，生产经营活动可以平稳进行，产权流动比较平和。

④主体不同　公司合并的主体为两个以上独立的法人，进行公司合并必须事先与对方公司经营者协商，达成合并协议。根据《公司法》规定，合并协议须获各方股东大会的决议通过。收购的主体是收购者与目标公司的股东，因此，进行公司收购不必与目标公司经营者协商，也不必获得目标公司股东大会的批准，收购方只需与目标公司股东达成协议即可，收购者既可以是法人，也可以是自然人。

10.1.3 企业并购的类型

企业并购的形式很多，按不同标准可以分为多种类型。

(1) 按并购双方产品与产业的相似程度分类

按并购双方产品与产业的相似程度，并购可分为横向并购、纵向并购、混合并购。

①横向并购　是指同一行业的两个或两个以上的企业所进行的并购。即这种并购的交易双方处于同一行业，产品相同或相似，为了实现规模经营而进行的产权交易。如空调厂合并冰箱厂，两厂的生产工艺相近，并购后可按并购公司的要求进行生产或加工。

②纵向并购　是指与本企业的生产工艺或经营方式上有前后关联的企业之间进行的并

购。这些企业是生产和销售的连续性阶段中存在产品或服务的买卖关系的企业,即生产和经营上互为上下游关系的企业之间的并购。如显像管生产企业并购电视机厂,钢铁企业并购铁矿企业等。

③混合并购　是指处于不同产业领域、产品属于不同市场,且相互之间没有直接投入产出关系和技术经济联系的企业之间进行的并购。如煤炭生产企业并购服装生产企业,因此产生了多元化经营公司。

(2) 按并购的实现方式分类

按并购的实现方式,并购可分为承担债务式、现金购买式和股份交易式并购等。

①承担债务式并购　指在目标企业资不抵债或资产债务相等的情况下,并购方以承担被并购方全部或部分债务为条件,取得目标企业的资产所有权和经营权。

②现金购买式并购　并购方以现金购买目标公司的资产、股票或股权,以取得对目标企业的全部经营权与所有权。并购后,被并购方的法人资格自行消失或失去对资产的所有权益。

③股份交易式并购　指以股权换资产或以股权换股权,以达到控制目标公司的目的。其中,以股权换资产是指并购公司向目标公司发行并购公司自己的股票,以换取目标公司的资产,并购公司在有选择的情况下承担目标公司的全部或部分债务,目标公司把其拥有的并购公司的股票分配给自己的股东;以股权换股权是指并购公司向目标公司的股东发行并购公司自己的股票,以换取目标公司的部分或者全部股票,以达到控制目标公司目的。通过并购,被并购公司或者成为并购公司的分公司或子公司,或者解散并入并购公司。

(3) 按企业并购的范围分类

按企业并购的范围,通常将企业并购分为整体性并购和部分性并购。

①整体性并购　指产权的权益体系或资产不可分割的并购方式,其特点是实现资产和产权的整体性转让。

②部分性并购　指将企业的资产和产权分割为若干部分进行交易,以实现企业并购的行为。其具体方式又有三种:第一种是对目标企业的部分实物资产进行并购;第二种是将目标企业的产权划分为若干份等额价值进行并购;第三种是将目标企业的经营权划分为若干部分进行并购。

(4) 按并购双方是否友好协商分类

按并购双方是否友好协商,并购可分为善意并购和恶意并购。

①善意并购　是并购企业与目标公司经营者合作,双方通过友好协商确定相关事宜的并购。善意并购通过收购和被收购企业双方之间协商进行的,能提供较好条件,价格公道,并购后不会大量裁减员工。

②恶意并购　又称敌意并购,是指并购企业不顾目标企业的意愿,先秘密地通过收购目标企业分散在外的股票等手段,不经协商,突然发出公开收购要约,强行并购目标企业的并购方式。目标企业在得知并购企业的并购意图后,通常会作出拒不接受并购的反应,并可能采取一系列的反并购措施来阻碍收购的顺利完成。

(5) 按并购是否通过流通市场分类

按并购是否通过流通市场,并购可分为要约收购和协议收购。

①要约收购　指收购者通过向目标公司全体股东发出收购其所持有的该公司全部或部分股份的书面意见(要约收购报告)，并按照依法公告的收购条件、收购期限以及其他规定事项，通过证券交易所收购一定数量的目标公司的股份，从而达到控制该公司的目的。其最主要特点是要约对象面向全体股东，从而为所有投资者提供了平等的售股机会。要约收购按照是否受法律强制规范为标志，又可分为自愿要约和强制要约。自愿要约是指收购方自主发出要约，按照自己的意愿决定收购股票的数量；强制要约是指收购方的持股比例达到法定数额时，法律强制其向目标公司同类股份的全体股东发出公开收购要约。

②协议收购　指收购方直接与目标公司取得联系，依照法律、行政法规的规定同被收购公司的股东以协议方式进行股份转让，以达到控制该公司的目的。协议收购是我国目前证券市场普遍运用的并购方式。这种交易在证券交易所外进行，所以也叫场外交易。

10.1.4　企业并购的动因

在市场经济条件下，企业作为一个独立的经济主体，经营的目标就是得到更多的经济利益，其一切经济行为都受经济利益的驱动。尽管企业并购的具体目标不同，但其根本目的都是增强企业的核心能力，实现企业的财务目标。

(1) 发挥协同效应

协同效应是指并购会带来企业生产经营效率的提高，最明显的作用表现为规模经济效益的取得，通常称为"1+1>2"的效应，即企业的总体效益超过并购前两个独立企业效益之和的协同效应。并购协同效应主要体现在以下几个方面：

①经营管理协同效应　是通过并购提高其生产经营活动的效率。其前提是产业中存在规模经济，但并购前尚未达到规模经济。如在生产领域，通过并购可接受新技术，减少供给短缺的可能性，充分利用未使用生产能力等，从而产生规模经济。

②市场份额效应　是通过并购来增加产品在市场上所占的比例，提高企业对市场的控制能力。市场份额的不断扩大，可使企业获得某种形式的垄断，在获得垄断利润的同时，保持一定的竞争优势。

③财务协同效应　企业并购主要是出于财务方面的考虑。当一个有许多内部现金流量但缺乏投资机会的企业，与另一个有许多投资机会但缺乏现金流量的企业并购时，由于提高资金使用效率而获得更多利润的同时，还会给企业带来财务方面效益，这种效益的取得是由于税法、会计处理惯例及证券交易内在规定的作用等而产生的货币效应。主要包括税收效应、预期效应和融资效应等。

税收效应是指通过并购可以实现合理避税。税法一般包含亏损递延条款，允许亏损企业免交企业所得税，而且其亏损可向后递延以抵消以后盈余。同时，由于股息收入、利息收入、营业收益与资本收益间的税率差别较大，在并购中采取恰当的财务处理方法可以达到合理避税的效果。

预期效应是指并购使股票市场对企业股票的评价发生改变从而影响股票价格。股票价格一般会随并购产生波动，形成股票投机机会，从而增加股东的资本利得。

融资效应则表现为多个方面：首先，并购可以降低融资成本。通过并购，可使并购双方现有的财务资源得到充分利用，避免资本的闲置和浪费，节约融资成本，产生财务互补和协同效应。其次，并购可以提高融资能力。公司并购使得公司规模扩大、实力加强、知名度提高，这不但增强了公司抵抗风险的能力，而且也提高了公司的信用等级和融资能力，可以使并购后的公司取得更加有利的信用条件和融资便利。最后，并购可以使非上市公司以较低费用迅速上市。非上市公司通过并购上市公司而"借壳上市"，不但可以迅速取得上市资格，提高公司知名度，而且通过向上市公司注入优质资产以获取配股以及发行新股的资格，较为便利地通过证券市场募集资本，并节约上市费用。

(2) 谋求并购的战略价值

并购除了谋求协同效应以外，还有出于战略上的原因（包括战略防御和战略扩展），追求并购价值的增加。企业要实现生存、发展、获利的目标，必须具有竞争力和竞争优势，以保持和增强其在市场中的相对地位。企业发展有内部扩张和外部扩张两个途径。相比而言，通过并购方式实现外部扩张比内部积累方式速度快、效率高，更重要的是可以获取未来的发展机会，且更能提高企业的发展速度。因此，企业通常将并购作为其提高发展速度的重要途径之一。尤其是当企业面临变化了的环境而调整战略时，并购可以使企业以较低成本迅速进入被并购企业所在的增长相对较快的行业，并在很大程度上保持被并购企业的市场份额以及现有的各种资源，从而保证企业持续不断的盈利能力。通过并购，企业还可以获得自己稀缺的特殊资产，如土地、目标企业所拥有的有效管理队伍、优秀研究人员、专门人才以及专有技术、商标、品牌等无形资产，这些特殊资产可能对企业发展至关重要。

(3) 降低代理成本

现代企业的所有权与经营权是分离的，所有者作为委托人是风险的承担者，而经理是决策或控制的代理人，因而形成代理成本，包括契约成本、监督成本和剩余亏损。当企业的内部组织机制、报酬安排、经理市场和股票市场不足以降低代理成本，控制代理问题时，并购作为最后的外部控制机制可降低代理成本，解决代理问题。

10.2 目标企业的估价

企业的价值取决于未来的获利能力，取决于企业现有资产能够带来的未来预期现金流的现值。在实务中，用于价值评估的模型主要有折现估价模型、比率估价模型和期权估价模型，如图10-1所示。除此以外，在并购活动中，还可采取清算价值、市场价值进行价值评估。目前，现金流贴现模型在企业价值评估中占据着主导地位，而期权估价模型的应用还不是十分广泛。本节主要从公司并购的角度，以持续经营的观点讨论折现估价模型、比率估价模型和期权估价模型。

10.2.1 折现估价模型

折现估价模型（discount cash flow model，DCF）是运用适当的折现率，将被评估企业未来一段时间内各期现金流量或会计收益进行折现，从而确定企业价值。

根据折现估价模型，资产价值取决于其未来创造的现金流量的大小，购买一个公司的资产，就获得了这些资产的使用价值以及未来创造的现金流量。在折现估价模型中，影响

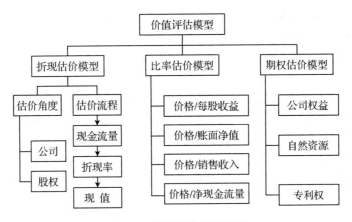

图 10-1 公司价值评估模型

价值的因素有三个：预期的现金流量、折现率、公司存续期。

(1) 预期的现金流量

按评估主体的不同，现金流量可分为股权自由现金流量和公司自由现金流量两种。

①股权自由现金流量(free cash flow to equity，FCFE) 是指公司在履行了所有的财务责任(如债务的还本付息)，并满足其本身再投资需要之后的"剩余现金流量"(如果有发行在外的优先股，还应扣除优先股股息)。其估算模式如下：

$$FCFE = EAT + D - \Delta W - \Delta F - d - P + B \tag{10-1}$$

式中　$FCFE$——股权自由现金流量；

　　　EAT——税后利润；

　　　D——折旧额；

　　　ΔW——增量营运资本；

　　　ΔF——增量固定资本支出；

　　　d——优先股股息；

　　　P——本金偿还额；

　　　B——发行新债。

在式(10-1)中，增量固定资本支出是指当年发生的全部资本支出，如厂房的新建、改建和扩建，设备更新、购置和新产品试制等支出。与折旧相比，对于一个高速成长的公司而言，当期资本支出可能超过同期折旧额；而对于一个处于稳定发展期的公司而言，增量资本支出较少，有时甚至为零。增量营运资本支出是指应收款、存货等项目的净支出，它也与公司所处的发展阶段密切相关。在迅速成长阶段，存货和应收款等项目资本占用水平较高，增量营运资本支出较大；而在稳定发展时期则相对较少。因此，在预测公司未来现金流量之前，应首先对公司将要经历的发展阶段做出合理假定。

②公司自由现金流量(free cash flow to firm，FCFF) 是公司在支付经营费用和所得税之后，向公司权利要求者(普通股股东、公司债权人和优先股股东)支付现金之前的全部现金流量，即：

公司自由现金流量 = 股权自由现金流量 + 债权现金流量 + 优先股权现金流量

$$\begin{aligned}
FCFE &= (EAT + D - \Delta W - \Delta F - d - P + B) + [I(1-T) + P - B] + d \\
&= EAT + D - \Delta W - \Delta F + I(1-T) \\
&= EBIT(1-T) + D - \Delta W - \Delta F
\end{aligned} \tag{10-2}$$

式中 T——所得税。

FCFF 模型是对整个公司而不是股权进行估价,但股权的价值可以用公司的价值减去发行在外债务的市场价值得到。由于公司自由现金流量是债务偿还前的现金流量,所以使用公司估价方法的好处是不需要明确考虑与债务相关的现金流量,而估计股权自由现金流量时必须考虑这些与债务相关的现金流量。在财务杠杆预期将随时发生重大变化的情况下,这一特点有利于简化计算、节约时间。但在确定折现率时,需要用负债比率和利率等信息来计算加权平均资本成本。

(2) 折现率

估算现金流量的现值所采用的折现率即可表示筹资人的资本成本,也可表示投资者要求的最低报酬率。在并购活动中,折现率的选择应注意以下几个问题:

①折现率与现金流量相匹配 股权自由现金流量应按股权资本成本进行折现,公司资产自由现金流量应按加权平均资本成本进行折现;名义现金流量应按名义折现率进行折现,真实现金流量应按真实折现率进行折现;税后现金流量应按税后折现率进行折现,税前现金流量应按税前折现率进行折现。

②折现率与并购方式相匹配 兼并意味着并购双方合二为一,基于此,双方必须同时选用并购后存续公司或新设公司预期的资本成本作为折现率,以便正确反映并购后公司未来现金流量可能存在的风险。因此,合理预测并购后存续公司或新设公司的资本成本就成为确定折现率的关键所在。在预测时,不仅要考虑并购双方并购前的资本结构和风险水平,而且也应着重考虑并购融资(如发行股票、债券)对未来存续公司或新设公司资本结构的影响,以及并购行为本身对这一公司未来风险水平的影响。反之,在不考虑并购双方的协同效应和重组带来的增量现金流量、分别估价的情况下,则分别以各自公司的资本结构和风险水平确定的资本成本作为折现率。而在购买股权(控制权)的情况下,目标公司仍是一个独立法人和经济实体,并按照公司现有资源独立运作。其现金流量是在目标公司现有资源和资本结构下经营所致,因此,应以目标公司的资本成本作为折现率。

③折现率与并购风险相匹配 未来现金流量的不确定性越大,风险越大,所采用的折现率就应越高。

(3) 公司存续期

公司并购作为一种特殊形式的资本投资,目标公司的价值等于预期未来现金流量的现值之和。但由于公司是一个持续经营的实体,其寿命一般是不可预知的。为了合理预测目标公司价值,一般将其未来现金流量分为两部分:一是预测期内的现金流量,二是预测期后的现金流量。

对于预测期内的现金流量需要逐期预测,一般以 5~10 年作为预测期最为普遍。因为随着预测期的延长,不确定性因素越多,预测的难度越大,预测的可靠性就越低。对于预测期后的现金流量,一般根据公司发展阶段和现金流量的特点进行预测。

(4) 确定目标公司价值

根据目标公司未来创造的现金流量和折现率,即可估计目标公司资产的 DCF 价值。

其计算公式为：

$$TV = \sum_{t=1}^{n} \frac{CF}{(1+K_w)^t} + \frac{V_n}{(1+K_w)^n} \quad (10\text{-}3)$$

式中　TV——目标公司价值；

CF——现金流量；

V_n——目标公司在第 n 期时的价值；

K_w——加权平均资本成本。

如果 n 期后，目标公司处于稳定增长状态，则目标公司在第 n 期的价值可按增长模型计算，即：

$$V_n = \frac{CF_{n+1}}{K_{wn} - g_n} \quad (10\text{-}4)$$

式中　K_{wn}——增长阶段资本成本；

g_n——固定增长率。

根据目标公司资产的 DCF 价值，即可估算目标公司股权价值或并购支付价格，即：

$$\text{目标公司股权价值} = \text{目标公司资产价值} - \text{公司负债价值} \quad (10\text{-}5)$$

目标公司负债价值是指并购公司承担各种债务的机会成本的现值。如果并购公司以股权价值购买目标公司的资产，则必须承担其对外的各种债务。

10.2.2　比率估价模型

比率估价模型是根据目标公司的股票价值与每股收益、每股净现金流量（税后利润＋折旧）、每股账面价值（股权账面价值）或销售收入等之间任一比率关系比较分析，从而确定其价值的方法。这四种比率主要包括：

$$\text{市盈率} = \text{股票市价}/\text{每股收益} \quad (10\text{-}6)$$

$$\text{股价与现金流量比} = \text{股票市价}/\text{每股现金流量} \quad (10\text{-}7)$$

$$\text{股价与账面价值比} = \text{股票市价}/\text{每股账面价值} \quad (10\text{-}8)$$

$$\text{股价与销售收入比} = \text{股票市价}/\text{每股销售收入} \quad (10\text{-}9)$$

这四种比率可根据目标公司的每股市价计算出来。股票价格由证券市场决定，因此，这四个比率也称作市场乘数。运用比率估价模型对目标公司进行价值评估一般分为以下四个步骤。

（1）分析目标公司近期的收益状况

在分析时应特别注意支持这些收益的会计政策，如税收减免政策、折旧和摊销等。为与并购方的政策保持相一致，也可适当调整目标公司已公布的收益，如目标公司将研发费转作资本从而加大了公司的收益等。

（2）重估目标公司的收益

这一步不只是对两家公司的会计政策进行调整，而且还要反映并购后的协同效应。如并购后两家的营运可望提高价格或降低销售成本，从而提高总体利润；并购行动导致销售和管理费用降低，可能会提高净收益。

（3）选择标准比率

上述四种比率的选择有以下几种：以并购时点目标公司的市场乘数作为标准比率；以

与目标公司具有可比性的公司的市场乘数作为标准比率；以目标公司所处行业的平均市场乘数作为标准比率。选择标准必须确保在风险和成长性等方面具有可比性，在实际运用中，可根据对风险与成长的预期情况对上述标准加以调整。

(4) 确定目标公司价值

根据选定的估价收益指标和标准比率，可以确定出目标公司的价值。如按市盈率法，其计算公式为：

$$目标公司价值 = 税后利润 \times 市盈率 \qquad (10\text{-}10)$$

按上述四种乘数可能得出四种不同的价值估计值，但由于估计本身不是很精确，所以只要估计值在一个合理的范围内都应视为可行值。实证研究表明，某一特定的比率用于评估某些类型的公司较为准确。如对于工业企业，应使用市盈率；对于房地产和旅店业应使用股价与现金流量比；对于金融服务机构，如银行和保险公司，应使用股价与账面价值比；而对于高新技术产业，采用股价与销售收入比率较为适宜。比较不同国家的公司价值（甚至在一个国家两个行业之间的比较）应该使用股价现金流量比，而不是市盈率。当然，其他因素尤其是会计准则和税收政策变化会对各种比率产生影响。

如果目标公司是非上市公司，按比率估值法评估其价值时，需要找出一个与该目标公司在经营规模、经营方式、财务政策等方面相类似的上市公司作为参照物，根据该参照公司的相关资料推算目标公司的估算价值。

10.2.3　期权估价模型

传统的公司价值评估模型是一种基于预测未来现金流和贴现率的估价方法，但是，企业有时会凭借拥有的自然资源、无形资产，获得具有期权性质的收益。例如，高科技企业一般都拥有以专利权及专有技术为代表的无形资产，这些无形资产使企业拥有了一种在未来使用这些无形资产的权力，也拥有放弃使用这些无形资产的权力。当这些权力在价值评估中被考虑时，企业的价值才能得到公正的体现。

为此，20 世纪 70 年代后在期权估价理论的基础上，有许多学者提出用期权方法来对这种不确定环境下的企业进行评估，常见的期权估价模型在评估企业价值时充分考虑企业在未来经营中存在的投资机会或拥有的选择权的价值。尽管期权估价模型本质上是折现估价模型的一种延伸，然而利用期权的方法对企业价值的评估更为客观科学。

运用期权定价模型来确定企业价值，一般应该包含两部分：用折现现金流量法计算的企业价值和用期权模型计算的期权价值。期权其价值主要由五个因素决定：标的资产的当前价值、标的资产价值变动的方差、期权的执行价格、期权的有效期以及无风险利率。这五个参数中，可用折现现金流量法确定企业价值；在折现现金流量法下，企业年回报率标准差和无风险利率已经作过测算；假定期权执行价格与现行资产价格相同（这符合持续经营假设前提）；距到期日的剩余时间可选择为企业价值不会发生太大变动的可预期年数。由此，可以将五个参数代入模型，最终得出公司价值。

在高新技术企业迅猛发展，经营风险越来越大，即时选择非常重要的情况下，期权估价技术显示出了独到的作用。与一般企业相比，这类高科技企业的强大生命力在于它们具备及时把握市场机遇的能力，同时也具备充分运用这种机遇的实力。要么不成功，丧失初始投资；要么取得巨大成功，获得极高水平的报酬率。这种状况与期权定价所适用的条件非常吻合。如果用期权定价模型对这类高科技高风险的企业进行价值评估，那么这种潜在的、但随时可能变成现实的获利机遇就会构成企业价值的一部分，即期权总价值中的"时间价值"。更重要的是，期权定价技术所蕴涵的思想和理念，有助于理解诸如微软、清华同方等一些高技术企业的股价为何会长期居高不下，同时，也有助于提高企业管理人员认识和把握机遇创造财富的能力[①]。

10.3 企业并购的支付方式

任何实施并购的企业必须充分考虑采取何种方式完成并购，充分认识不同支付方式的差异，依据具体情况作出决策。实践中，企业并购的支付方式主要有三种，即现金支付、股票支付和混合证券支付。

(1) 现金支付

现金支付是由主并企业向目标企业支付一定数量的现金，从而取得目标企业的所有权。

对目标企业的股东而言，现金支付可以使他们即时得到确定的收益，而其他非现金支付方式能给股东带来的收益，则受市场状况、市场深度、主并企业的业绩及交易成本等因素的影响，不确定性较大。现金支付对目标企业股东的不足之处是可能形成即时的纳税义务。

对主并企业而言，现金支付最大的好处是现有的股权结构不会受到影响，现有股东控制权不会被稀释。但同时，现金支付会给主并企业造成一项沉重的现金负担。主并企业必须决定是动用企业现有的现金还是专门筹集额外的资金来支付收购费用。

现金收购因其速度快的特点而多被用于敌意收购。在已有的并购案例中，现金收购占主导地位。

(2) 股票支付

股票支付是指主并企业通过增加发行本企业的股票，以新发行的股票替换目标企业的股票，从而达到并购目的的一种支付方式。

与现金支付相比，股票支付主要具备以下特点：

①主并企业不需要支付大量现金，因而不会影响主并企业的现金状况。

②并购完成后，目标企业的股东成为并购后企业的新股东，但一般来说，主并企业的股东在经营控制权上占主导地位。

由于目标企业的股东保留自己的所有者地位，因此，股票支付对于主并企业股东来说会使其股本结构发生变化。股票支付的另一个不足之处是，进行股票支付所需手续较多，耗时耗力，不像现金支付那样简洁迅速。

股票支付常见于善意并购，当并购双方的规模、实力相当时，采用股票支付方式的可能性较大。

---

① 贾明琪，何慧霞. 企业价值评估：从收益法到期权估价法. 经济管理, 2006(23): 42-44.

(3) 混合证券支付

混合证券支付是指主并企业的支付方式为股票、认股权证、可转换债券等多种形式证券的组合。单一的支付工具总是有着不可避免的局限性，通过把各种支付工具组合在一起，能集中各种支付工具的长处而避免它们的短处。

与普通股相比，企业债券的资金成本较低，而且向其持有人支付的利息是可以免税的。认股权证是一种由上市公司发出的证明文件，赋予其持有人一种权利，即持有人有权在指定的时间内，用指定的价格认购由该公司发行的一定数量（按换股比率计算）的新股。可转换债券向其持有人提供一种选择权，在某一给定时间内持有人可以以某一特定价格将债券换为股票。

由于具有这些显著的综合优势，近年来，混合证券支付在各种出资方式中的比例呈现逐年上升的趋势。

▲思考题

1. 什么是企业并购？其目的是什么？
2. 企业并购的类型有哪些？其含义各是什么？
3. 目标企业的价值评估方法有哪些？如何进行评估？
4. 并购的支付方式有哪几种？其含义是什么？

▲阅读指引

1. 中华人民共和国公司法，2005.
2. 中华人民共和国证券法，2005.
3. 上市公司收购管理办法，2014.
4. 关于外国投资者并购境内企业的规定，2009.

第 11 章　企业破产财务管理

学习目标

* 理解企业破产财务管理的目标；
* 了解重整与和解计划的程序及财务活动；
* 掌握破产财产、破产债权的范围与计价方法。

11.1　企业破产财务管理目标与特征

财务管理理论主要讨论的是正常经营企业的财务问题，然而，在市场经济条件下，随着企业经营环境不确定性增加，企业竞争加剧，许多企业都可能会面临财务上的困难，甚至破产。

(1) 破产的概念

为了保护债权人和债务人的合法权益，维护社会主义市场经济秩序，2006 年通过的《中华人民共和国企业破产法》(以下简称《破产法》)，进一步规范了企业破产程序，确保公平清理债权债务。《破产法》第三条规定："企业因经营管理不善造成严重亏损，不能清偿到期债务的，依照本法规定宣告破产。"法律意义上的破产是指债务人不能清偿到期债务而无法继续经营的事实状态。财务意义上的破产，则包括以下三种类型。

①技术性破产　又称技术性无力偿债，是指由于财务管理技术性失误，造成企业不能偿还到期债务的现象。此时企业主要表现为缺乏流动性，变现能力差，但盈利能力还比较好，财务基础也比较健全。无力偿债主要是由于企业利用债务，特别是短期债务太多造成的，此时若能合理调整其财务结构，会很快渡过难关。但如果处理不好，也会造成法律上的破产，即所谓的"黑字倒闭"。

②事实性破产　又称破产性无力偿债，是指债务人因连年亏损，负债总额超过资产总额(资不抵债)而不能清偿到期债务的现象。因为此时债务人财产不足，实际上已不可能清偿全部债务，故称为事实性破产。这种情况极可能引起法律性破产。

③法律性破产　是指债务人因不能清偿到期债务而被法院宣告破产。这时，债务人的资产可能低于负债，但也可能等于或超过负债，于是便可能出现债务人资产虽超过负债，却因无法获得足够的现金或以债权人同意的其他方式偿还到期债务，不得不破产还债的情况。之所以称为法律上的破产，是因为对债务人的破产宣告是依法律上确定的标准进行

的，而对破产清算后债务人实际能否清偿全部到期债务则不加考虑。

(2) 企业破产财务管理的目标

企业破产财务管理的目标是指破产财务管理应该达到的目的。企业进入破产程序源于不能清偿到期债务，企业被允许和解整顿是由于债权人预期更高的债权受偿比例，而企业进入破产清算的结果是变产偿债。因此，破产财务管理的基本目标是偿债比例最大化。由于破产财务管理由债务人财务管理、清算人财务管理和债权人财务管理三部分构成，而且每一部分又具有独特的实施主体和客体，所以，在基本的目标基础上又可分解为整顿目标现实化、偿债比例最大化和债权权益完整化三个子目标。每一个子目标又可细化为若干具体目标，由此形成了破产财务管理目标的多元性和层次性，并具有主体的多样性与客体的灵活性等特点。详见表11-1。

表11-1 破产财务管理目标体系（引自栾甫贵，1996）

基本目标	子目标	目标主体	具体目标
偿债比例最大化	整顿目标现实化	债务人	货币收入量大 货币支出最少 债务偿还合法 整顿结果优良
	偿债比例最大化	清算人	债务界定准确 资产变现最大 破产费用最少 偿债方式合理
	债权权益完整化	债权人	清整价值最大 清算工作合法 偿债比例最大

(3) 破产财务管理的特性

企业一旦进入破产程序，其财务管理也进入非常时期。企业财务必须遵守《破产法》有关法律规定，调整或了结与债权人的债务债权关系，正确处理企业与其他各方的经济利益关系，避免直接破产，保护债权人合法权益，实现偿债比例最大化的目标。

由于财务管理目标发生了变化，企业在破产程序实施期间的财务管理与正常期间有所不同，主要表现在以下几个方面。

①破产财务管理是一种"例外"性质的管理，即危机管理 企业进入破产程序后，随时有可能被宣告破产。此时财务管理的主要职能是防止财务状况进一步恶化，组织重整与和解计划的实施与完成，采取应急对策，纠错、治错，避免破产清算。

②破产财务管理内容具有相对性和变异性 企业破产是在一定的理财环境下发生的，随着理财环境的改变，企业可能在瞬间由破产困境转变为盈利顺境。例如，政府有关部门给予资助或者采取其他措施帮助清偿债务；取得担保；已核销应收账款的收回；外部资源

改变；经济政策出台等。因此，破产企业的财务管理内容需要根据环境的变化做相应调整或改变。

③破产财务活动及破产财产受控于破产管理人，并置于法院的监督之下 企业提出重整与和解申请后，应当向债权人会议提交重整、和解协议草案，该草案经债权人会议通过并报请法院审查认可，自公告之日起具有法律效力。如果企业不执行协议或财务状况继续恶化，或者严重损害债权人利益，债权人会议有权向法院申请终结企业重整与和解，宣告其破产。法院自宣告之日起15日内成立清算组，清算组负责破产财产的保管、清理、估价、处理和分配，并接受法院监督。破产企业在财务预算、财务决策和财务控制诸环节的管理中必须重视破产管理人的意见。

11.2 重整与和解

重整是新颁布的《破产法》的主要创新之一，重整是在法院的主持和各利害关系人的参与下，对陷入困境、濒临破产而又具有挽救价值和重建可能的企业进行生产经营上的整顿和债权债务关系的清理，最终使企业重获生产经营能力，避免破产清算，摆脱困境的一种特殊法律形式。重整、和解与破产清算的有机结合构成了破产程序体系。重整与和解期间，企业的生产经营活动会继续进行，但不同于正常的财务管理活动，其特点主要体现为以下几个方面。

①重整期间，债务人要在管理人的监督下自行管理财产和经营业务。管理人可以由有关部门、机构的人员组成的清算组，或者依法设立的律师事务所、会计师事务所、破产清算事务所等社会中介机构担任，由人民法院指定。

②重整计划与和解协议草案的制定是重整与和解阶段的首要任务，而且必须通过债权人会议并由人民法院裁定认可才能生效。如果企业未能履行重整计划与和解协议，法院将终止重整与和解并宣告其破产。

③在重整计划规定的监督期内，债务企业需要向管理人报告重整计划的执行情况和财务状况。

11.2.1 自愿和解的财务管理

如果债务人是属于技术性破产，财务困难不是十分严重，而且能够恢复和偿还债务的前景比较乐观，债权人通常都愿意私下和解，而不通过法律程序来进行处理。

(1) 自愿和解的程序

自愿和解虽然不像经过法律程序所规定的正式和解与整顿那样正规，但也必须遵循必要的程序，一般要经过如下几个步骤。

①提出自愿和解 当企业出现不能及时清偿到期债务的情况时，可由企业(债务人)或企业的债权人提出和解。

②召开债权人会议 自愿和解提出以后，要召开债权人会议，研究债务人的具体情况，讨论决定是否采用自愿和解的方式加以解决。如果认为和解可行，则成立相应的调查委员会，对债务人的情况进行调查，写出评价报告。如果认为自愿和解不适宜，则移交法

院采用正式法律程序来加以解决。

③债权人与债务人会谈　在和解方案实施以前,债权人和债务人要进行一次会谈。由债权人会议推举 4～5 位债权较多的债权人和 1～2 位债权较少的债权人同债务企业谈判,以确定调整企业财务和解方案。

④签署和解协议　债权人和债务人在谈判的基础上,达成共识,签订调整企业财务和解协议。

⑤实施和解协议　和解协议签订以后,债务人要按和解协议规定的条件对企业进行整顿,继续经营,并于规定的时间清偿债权人的债务。

(2) 自愿和解需要处理的财务问题

在进行自愿和解的过程中,企业在财务方面需要处理好以下具体问题。

①通过谈判,尽量延长债务的到期日　自愿和解通常都要进行债权的展期,债权人之所以愿意展期,是因为他们期望在以后能收回更多的债权。如果企业与债权人谈判顺利,债权人不仅会同意展期,有时还同意在展期期间,把求偿权的位置退于供应商之后。展期的时期越长,对债务人越有利。

②通过谈判,争取最大数量的债权减免　在债权减免时,债权人仅收回部分债权金额,但要注销全部债权。债权人同意减免债权,是因为减免后可避免正式破产所带来更多的成本,如管理成本、法律费用、调查费用等。债权人既愿意进行债权减免,又不愿意减免太多,这就需要企业财务人员在谈判时努力争取减免最大数量的债权。

③必须按时清偿债务　经过展期和债权减免以后,企业的债务有所减少,时间有所推迟,但经过展期和债权减免后的债务必须按时偿还。

(3) 自愿和解的优缺点

自愿和解是简单的和非正式的破产管理方法,这种方法因为能减少法律费用和管理费用,因而可以节约大量成本。自愿和解一般可使债权人收回较多的账款;可使债务人避免破产,继续营业;还能使债务人和债权人保持良好关系,以利于今后的经营。

当然,若不能履行和解方案,企业经营进一步恶化,可能会导致和解双方的利益受到更大程度损害。

11.2.2　正式和解与整顿的财务管理

如果不具备自愿和解和整顿的基本条件,就必须采用正式的法律程序来解决。这主要包括正式和解与整顿以及破产清算两种方式。这里介绍正式和解与整顿的财务处理。

(1) 正式和解与整顿的基本程序

破产案件中的和解是指债务人与债权人就到期债务的展期或债权减免达成协议,从而避免破产的一种程序。企业利用和解所提供的机会进行整顿,争取重新取得成功,这种过程称为和解与整顿。

正式和解与整顿与自愿和解有某些类似之处,但要由法院来判定,涉及许多正式的法律程序。这种程序非常复杂,只有专门从事和解整顿工作的律师才能充分了解,但财务管理人员却必须了解其基本程序。这一程序一般包括:

①企业不能及时清偿债务,债权人向法院提出申请。

②被申请破产企业或其上级主管部门向法院提出和解与整顿的申请。企业由债权人申请破产的,在法院受理破产案件以后的三个月内,破产企业或其上级主管部门可以申请对该企业进行整顿。整顿申请提出后,企业应向债权人会议提出和解协议草案,草案上应说明企业清偿债务的限期、数额及具体的整顿措施。

③债权人会议通过和解协议草案。债务人提出和解后,债权人要召开会议,决定是否同意和解与整顿。按我国《破产法》的规定,债权人会议的决议,必须由出席会议的有表决权的债权人半数通过,其所代表的债权,必须占无财产担保债权总额的2/3以上。由于和解协议草案中一般都要求债权人做适当的债权减免或延缓支付债务,因此,只有当债权人会议通过和解协议草案,和解才能成立。如果和解协议草案未被债权会议通过,那么,法院就要宣布债务人破产,并予以清算。

④法院对和解协议认可作出裁定,中止破产程序。破产企业和债权人达成和解协议后,应将和解协议提交法院,由法院做最后判定。一般而言,如果在达成和解协议过程中没有其他违法行为,法院都会认可。和解协议经法院认可后,由法院发布公告,中止破产程序。

⑤企业和上级主管部门对企业进行整顿。和解协议自公告之日起具有法律效力,企业便开始进入整顿时期,整顿期限不得超过两年。企业的整顿由上级主管部门负责主持,整顿方案应当经过企业职工代表大会讨论,企业整顿情况应向企业职工代表大会报告,并听取意见,整顿情况还应定期向债权人会议报告。

在整顿期间,企业有下列情形之一者,经法院裁定,终结该企业的整顿,宣告其破产:不执行和解协议;财务状况继续恶化,债权人会议申请中止整顿;严重损害债权人利益。

企业经过整顿以后,若能按和解协议及时清偿债务,法院应当终止该企业的破产程序并予以公布。但如果整顿期满,不能按和解协议清偿债务,法院应宣告该企业破产并依法进行清算。

(2) 正式和解与整顿的财务问题

正式和解与整顿涉及的财务问题,基本与自愿和解与整顿一样,但还有以下几个特殊问题需要注意:

①和解协议草案的编制 和解协议草案是一个非常重要的法律文件,编制得好,得到债权人会议同意,企业便可进行和解整顿。如果编制得不好,在债权人会议上得不到通过,企业便只好被依法宣告破产。和解协议草案一般应包括以下内容:

首先,草案中应对各项债务的偿还数额、日期和步骤做具体说明。在编制和解草案时,企业财务人员要对债权人和本企业的情况进行具体分析,合理确定债权减免的数额。除债权减免外,草案中还应提出延缓支付债务的要求。一般而言,对到期债务应实行分期分批偿还。这种债权减免和展期,与自愿和解程序基本相似。

其次,和解草案中应提出改善财务状况的具体方案。主要包括:如何增加企业资金来源;如何减少企业资金占用;如何扩大市场,增加销售收入;采取哪些降低成本的措施,等等。

第三,和解草案上应载明上级主管部门具体的支持意见。在我国,企业和解与整顿一般由上级主管部门提出，上级主管部门的意见和整顿措施能更好地取得债权人的信任。

②整顿期间的财务管理　破产企业一般都存在管理混乱、资产破坏严重、销售收入减少、成本居高不下、产品质次价高等问题。为使整顿取得成效，在财务上必须做好以下工作：

第一，必须筹集一定数量的资金对厂房和设备进行修理或更新，以利于正常进行生产和大幅度降低成本。

第二，必须筹集一定数量的资金以购置生产经营所需要的流动资产。

第三，筹集一定数量的资金开发新产品和占领新市场，以便增加销售收入。

第四，筹集一定数量的资金偿还到期债务。

和解与整顿的诸项工作都需要资金支持，整顿能否取得成功，关键的问题是财务人员能否筹集到整顿过程中所需要的资金。在整顿期间，企业的信誉较低，企业发行的各种价格往往跌至最低点，银行也往往不给企业追加贷款。因此，在整顿期间，财务人员可以考虑采取以下措施：①努力争取上级主管部门的资金。既然上级主管部门提出了和解申请，那么，就说明它愿意帮助企业渡过难关。因此，上级主管部门的资金可能成为整顿期间企业资金的主要来源。②寻找信誉良好的企业作担保人，向银行获取担保贷款，调整资金结构。如果可能的话，最好把债券转化为股权。③适当处理过时和毁损的流动资产，以减少资金占用。④减少奖金发放，停止股息和红利的支付。

(3) 正式和解与整顿的优缺点

正式和解与整顿是对达到破产界限的企业依法采取的各种拯救措施。经过和解整顿以后，多数企业都能起死回生，重新营业，因而和解与整顿具有重要意义。

当然，和解与整顿也有缺点。如果整顿无效，继续亏损，显然也会使和解双方的利益受到更大程度损害。

11.3　破产清算财务管理

(1) 破产清算的程序

人民法院宣告债务人破产的，在裁定之日起 5 日内送达债务人和管理人，10 日内通知已知债权人，并进行公告。此后，管理人应及时拟定破产财产变价方案，并提交债权人会议讨论。在旧的破产法规中，企业依法宣告破产后，受理破产案件的人民法院指定各方面人员组成清算组，接受破产企业的全部资产和债权，清理破产企业的财产，处理破产企业的善后事宜等。这不仅带有浓厚的行政色彩，而且造成自受理破产申请到宣告破产之前债务人财产处于无人管理的真空状态。新的《破产法》设立了管理人制度，有助于实现破产程序中管理主体的市场化和专业化。

管理人由人民法院指定，债权人会议认为管理人不能依法、公正执行职务或者有其他不能胜任职务情形的，可以向人民法院申请予以更换。管理人的职责主要有：

①接管债务人的财产、印章和账簿、文书等资料；

②调查债务人财产状况，制作财产状况报告；

③决定债务人的内部管理事务；

④决定债务人的日常开支和其他必要开支;
⑤在第一次债权人会议召开之前,决定继续或者停止债务人的营业;
⑥管理和处置债务人的财产;
⑦代表债务人参加诉讼、仲裁或者其他法律程序;
⑧提议召开债权人会议;
⑨人民法院认为管理人应当履行的其他职责。

除债权人会议另有决议的,变价出售破产财产应当通过拍卖进行,既可以全部也可以部分变价出售,其中无形资产和其他财产单独变价出售,按照国家规定不能拍卖或限制转让的财产应按国家规定的方式处理。

破产财产分配方案应载明以下事项:
①参加破产财产分配的债权人名称或者姓名、住所;
②参加破产财产分配的债权额;
③可供分配的破产财产数额;
④破产财产分配的顺序、比例及数额;
⑤实施破产财产分配的方法。

经债权人会议通过,并经人民法院裁定认可后,由管理人执行破产财产分配。除债权人会议另有决议的,破产财产的分配应当以货币分配方式进行。破产财产不足以满足同一顺序的清偿要求的,按比例分配。破产企业的董事、监事和高级管理人员的工资按照该企业职工的平均工资计算。分配完毕,管理人要及时向人民法院提交破产财产分配报告,并提请人民法院裁定终结破产程序。收到终结破产程序请求之日起15日内,人民法院应作出裁定,裁定终结的,应予以公告。自终结破产程序起10日内,管理人持人民法院的裁定公告到原注册机关办理注销登记。至此,破产清算程序完成。

(2) 破产财产的范围及计价

破产申请受理时属于债务人的全部财产,以及破产申请受理后至破产程序终结前债务人取得的财产,为债务人财产。债务人被宣告破产后,债务人财产称为破产财产。

下列特殊情况的财产仍属破产财产,管理人有权追回:

①人民法院受理破产申请前一年内,涉及债务人财产的下列行为,管理人有权请求人民法院予以撤销:无偿转让财产的;以明显不合理的价格进行交易的;对没有财产担保的债务提供财产担保的;对未到期的债务提前清偿的;放弃债权的。

②为逃避债务而隐匿、转移财产的;虚构债务或者承认不真实的债务的。

③人民法院受理破产申请前6个月内,债务人不能清偿到期债务,并且资产不足以清偿全部债务或者明显缺乏清偿能力,但仍对个别债权人进行清偿的,管理人有权请求人民法院予以撤销。但是,个别清偿使债务人财产受益的除外。

为了正确确定破产财产的价值,以便合理地按价值进行分配,破产财产的计价可以采用账面价值法、重估价值法和变现收入法等多种方法进行。

账面价值法是指以核实后的各项资产、负债的账面价值(原值扣除损耗和摊销)为依据,计算企业财产价值的方法。该方法适用于破产财产的账面价值与实际价值偏离不大的项目,如货币资金、应收账款等货币性资产项目。

重估价值法是指以对财产的原值采用重置成本法、现行市价法等方法进行重估所确定的价值为依据，计算企业财产价值的方法。该方法适用于各项财产价值的确定，如设备、存货等。

变现收入法是指以出售资产可获得的现金收入为依据，计算企业财产价值的方法。

(3) 破产债权的范围及计价

人民法院受理破产申请时对债务人享有的债权称为破产债权。依法申报确认时，债权申报期限自人民法院发布受理破产申请公告之日起计算，最短不得少于30日，最长不得超过3个月。此外，人民法院裁定终止重整计划执行的，债权未受清偿的部分作为破产债权。人民法院裁定终止和解协议执行的，和解债权未受清偿的部分作为破产债权。

债权人申报债权时，应当书面说明债权的数额和有无财产担保，并提交有关证据。申报的债权是连带债权的，应当说明。连带债权人可以由其中一人代表全体连带债权人申报债权，也可以共同申报债权。在人民法院确定的债权申报期限内，债权人未申报债权的，可以在破产财产最后分配前补充申报，但是此前已进行的分配，不再对其补充分配。为审查和确认补充申报债权发生的费用，由补充申报人承担。

未到期的债权，在破产申请受理时视为到期。附利息的债权自破产申请受理时起停止计息。

管理人对所收到的债权申报材料进行审查并编制债权表，供利害关系人查阅。债务人、债权人对债权表的记录没有异议时，由人民法院裁定确认；如有异议，可向人民法院提起诉讼。凡是依法申报债权的债权人均为债权人会议成员，有权参加债权人会议，享有表决权。

破产债权的计价是为了确定债权人对破产企业拥有的债权额度，以便为破产财产的公平分配提供依据。破产债权的计价因债权的类型不同而不同。主要有以下几种：

①破产宣告日尚未到期利息随本金一并清理，其债权额为原债权额加上从债权发生日至破产申请受理时的应计利息。

②不计利息的现金债权及非现金债权，一般按债权发生时的历史记录金额计价。

③以外币结算的债权，按破产宣告日国家外汇牌价中间价折合为人民币金额计价。

④索赔债权，赔偿金额由清算组与索赔债权人协商确定。

◢ 思考题

1. 企业破产有哪些基本类型？
2. 简述企业和解阶段的财务管理的主要工作。
3. 破产清算财务管理的工作重点是什么？

◢ 阅读指引

1. 财务管理. 王化成. 中国人民大学出版社, 2013.
2. 财务管理. 陆正飞. 东北财经大学出版社, 2001.
3. 论企业破产财务管理的理论结构. 栾甫贵. 中国农业会计, 1996(10): 36-38.

第 12 章　国际企业管理

学习目标
* 掌握国际财务管理的概念和特点；
* 理解国际筹资的资金来源与筹资方式；
* 了解外汇风险的种类及构成因素。

12.1　国际财务管理的特点

财务与生产、技术、贸易、金融和税务等都有着密切的关系。全球经济一体化背景下，中国企业为生存和发展进一步走出国门融入世界，企业的贸易和金融国际化程度逐步深入，财务管理日益国际化。

国际财务管理是财务管理的一个新的领域，国际财务管理学是财务管理学的一个新的分支。国内外财务管理专家、学者对于国际财务管理的定义存在着不同的看法，主要有以下几种观点：①认为国际财务管理是对企业的国际财务活动所进行的管理；②认为国际财务管理就是跨国公司财务管理；③认为国际财务管理就是国际企业的财务管理；④认为国际财务管理是国际比较财务管理；⑤认为国际财务管理就是世界财务管理。

综上所述，可以把国际财务管理的定义表述为：国际财务管理是财务管理的一个新领域，它是按着国际惯例和国际经济法的有关条款，根据国际企业财务收支的特点，组织国际企业的财务活动，处理国际企业财务关系的一项经济管理工作。

国际财务管理是国内财务管理向国际经营的扩展，因此，一国企业财务管理的基本原理和方法，也适用于国际企业。但由于国际企业的业务遍布多国，经常会涉及外汇的兑换和多国政府的法令制度，所以，国际企业财务管理比国内财务管理更复杂。与国内财务管理相比，国际财务管理具有如下特点。

(1) 国际企业的理财环境更复杂

国际企业的理财活动涉及多国，各国的政治、经济、法律和文化环境都有很多差异。国际企业在进行财务管理时，不仅要考虑本国的各方面环境因素，而且要密切注意国际形势和其他国家的具体情况。特别要注意汇率的变化、外汇的管制程度、通货膨胀和利息率的高低、资金市场的完善程度、政治的稳定程度等问题。

(2) 国际企业的资金筹集方式更多

无论是国际企业的资金来源还是筹资方式，都呈现多样化的特点，这使得国际企业在筹资时有更多选择。国际企业既可以利用母公司本国的资金，也可以利用子公司东道国的资金，还可向国际金融机构筹资。国际企业可以利用国际金融市场，选择最有利的资金来源，以降低筹资成本。

(3) 国际企业的资金投放风险较高

从某种意义上说，从事国际投资活动就是预测风险、避免风险的过程。国际企业除了要应对国内企业所具有的风险，还要面临国际政治和国际经济风险。比如汇率风险、战争风险和政策法律变动风险。

12.2 国际筹资管理

12.2.1 国际企业资金来源与方式

与单一的国内企业相比，国际企业有更多的资金来源，主要可概括为以下四个方面。

(1) 企业集团内部的资金来源

国际企业的经营规模大、业务多，几十、甚至上百个子公司或分支机构在日常经营活动中可能产生大量现金流（主要包括未分配利润、折旧基金以及集团内部相互提供的资金），从而构成了内部资金的广泛来源。

(2) 母公司本土国的资金来源

国际企业的母公司可以利用它与本土国经济发展的密切联系，从母公司本土国的金融机构和有关政府组织获取资金。

(3) 子公司东道国的资金来源

国际企业也可从子公司的东道国筹集资金。一般来说，多数子公司都在当地借款，在很多国家，金融机构对当地企业贷款的方式同样适用于外资企业。在当地借款既可弥补投资不足，又是预防和减少风险的有力措施。

(4) 国际资金来源

国际企业获得的除集团内部、母公司本土国、子公司东道国以外的任何第三国或第三方提供的资金，都可称之为国际资金。国际资金主要包括如下三个方面：①向第三国银行借款或在第三国资本市场上出售证券；②在国际金融市场上出售证券；③从国际金融机构获取贷款。

12.2.2 国际企业筹资方式

国际企业的筹资方式与单纯的国内企业筹资方式相比，既有相同的地方，也有不同的地方，常见的有发行国际股票、发行国际债券、利用国际银行信贷、利用国际贸易信贷和利用国际租赁等筹资方式。

(1) 发行国际股票

国际股票是指一国企业在国际金融市场或国外金融市场上发行的股票。比如，中国的股份有限公司在美国纽约证券市场上发行的股票、日本公司在香港金融市场上发行的股票、美国公司在英国伦敦金融市场上发行的股票都属于国际股票。随着世界经济的国际化，股票的发行也已超越了国界的限制，出现了国际化趋势，许多国际企业都到国际金融市场上去发行股票。

国际企业在国际或国外金融市场上发行股票有以下有利条件：①国际企业规模大、信誉好，有利于股票发行；②国际企业业务散布在多国，对国外或国际金融市场情况比较了解；③国际企业可以通过国外的分支机构在当地发行股票，节约发行费用。

(2) 发行国际债券

一国政府、金融机构、工商企业为筹措资金而在国外市场发行的，以外国货币为面值的债券，即为国际债券。国际债券可分为外国债券和欧洲债券两类。

① 外国债券　是指国际借款人（债券发行人）在某一国债券市场上发行的，以发行所在国的货币为面值的债券。例如，新加坡公司在日本发行的日元债券、日本公司在美国发行的美元债券都属于外国债券。

② 欧洲债券　是指国际借款人在其本国以外的债券市场上发行的，不是以发行所在国的货币为面值的债券。例如，日本公司在法国债券市场上发行的美元债券便属于欧洲债券。欧洲债券的特点是发行人、发行地、债券面值分别使用三个国家的货币或综合货币单位（如特别提款权）。

(3) 利用国际银行信贷

国际银行信贷是一国借款人向外国银行借入资金的信贷行为。

国际银行信贷按其借款期限可分为短期信贷和中长期信贷两类。短期信贷的借款期限一般不超过 1 年的短期资金，一般是为了满足流动资产的需求。中长期信贷的贷款期限一般在 1~10 年。中长期借款金额大、时间长，银行风险较大，因而，借贷双方要签订贷款协议，对贷款的有关事项加以详细规定，而且一般要提供财产担保。

国际银行信贷按其贷款方式有独家银行信贷与银团贷款两种。独家银行信贷又称双边中期贷款，它是一国贷款银行对另一国的银行、政府及企业提供的贷款。银团贷款又称辛迪加贷款，它是由一家贷款银行牵头，由该国或几国的多家贷款银行参加，联合组成贷款银行集团提供的长期巨额贷款。银团贷款期限一般为 5~10 年，贷款金额为 1~5 亿美元，有的甚至高达 10 亿美元。目前，国际企业的中长期巨额贷款一般都采用银团贷款方式，以便分散风险、共享利润。

(4) 利用国际贸易信贷

国际贸易信贷是指由供应商、金融机构或其他官方机构为国际贸易提供资金的一种信用行为。当前，国际上巨额对外贸易合同的签订、大型成套设备的出口，几乎都与国际贸易信贷结合在一起的。

国际贸易信贷分为期限在 1 年以内的短期信贷和期限在 1 年以上的中长期信贷。中长期信贷目的是为了扩大出口，故称之为出口信贷。出口信贷是发达国家为支持扩大出口，责成本国银行设立的一种利率优惠的贷款。

出口信贷主要包括卖方信贷和买方信贷两种。卖方信贷是指在大型机械或成套设备贸易中，为便于出口商以分期付款方式出售设备而由出口商所在地银行向出口商（卖方）提供信贷。实际上是出口商取得中长期贷款后，再向进口商提供延期付款的商业信用。买方信贷是指在大型机械设备或成套设备贸易中，由出口商所在国的银行贷款给外国进口商或进口商所在地的银行的信贷。

(5) 利用国际租赁

国际租赁是指一国从事经济活动的某单位,以支付租金为条件,在一定时期内向外国某单位租借物品使用的经济行为。国际租赁是一种新兴的融资方式。通过国际租赁,国际企业可以直接获得国外资产,较快地形成生产能力。

12.2.3 国际信贷筹资

国际信贷筹资是国际企业向国际金融机构或其他国际经济组织借款的一种筹资形式,主要包括国际银行信贷和国际贸易信贷两种形式。

(1) 国际银行信贷

这是一国独家银行或一国(多国)多家银行组成的贷款银团,在国际金融市场上,向另一国借款人提供的不限定用途的货币贷款。

国际银行信贷的信贷条件包括期限与偿还。

① 期限 贷款期限在1年以下的为短期贷款,1~7年的为中期贷款,7年以上的为长期贷款。从协议签订生效之日起至本息清偿为止可划分为宽限期、提款期和还款期。宽限期内提用贷款,无需还本,只需按实际借款额付息,如在项目建设期内;提款期是提用贷款的期限,提款期内不提,借款人要付承担费;还款期开始还本付息。

中长期贷款多为双边贷款(bilateral loan),又称为独家银行贷款,期限一般为3~5年,需签订贷款协议,经常需要担保(官方机构或大银行),利率为LIBOR(伦敦银行同业拆放利率)加成。银团贷款以长期贷款为主。它是由一家或几家贷款银行牵头,由几个国家的银行组成银团,共同向一个借款人提供贷款。银团贷款的特点是:贷款金额大,多为几十亿美元;期限长,多数为7~10年;借款成本高,费用多。

短期贷款中多为银行之间的同业拆放。同业银行间都签有拆放协议,协议的任何一方既可以拆进(take deposit),也可以拆出(place deposit)。

拆放协议的主要内容除了类似中长期贷款协议中常见的贷款人、借款人、融资金额、提款方式、利率水平等内容外,还有一些的独特条件。拆放利率采用市场同期利率——LIBOR、LIBID或LIMEAN,可以是隔夜拆放(Overnight, O/N)、一个星期(Sport/Week, S/W)或1~6个月拆放利率。

② 偿还 偿还一般分为到期一次偿还、分次等额偿还和逐年分次等额偿还三种情况。

到期一次偿还适用于贷款金额相对不大、贷款期限较短的中期贷款。例如,某借款人借用了一笔3000万美元3年期的贷款,分批使用,贷款利息从每年实际使用贷款之日算起,每半年(或每3个月)付息一次;本金则从签订贷款协议之日起算,3年期满时一次还清。

分次等额偿还适用于贷款金额大、贷款期限长的贷款。分次偿还,有宽限期。例如,某借款人获得一笔2亿美元8年期的长期贷款,规定宽限期为3年,则借款人在宽限期内只付息,不还本;宽限期满后开始分次还本,即从3年末开始到8年贷款期满时止,分11次等额偿还贷款本金,每半年归还贷款本金1818万美元,到8年期满时,借款人还清本息。

逐年分次偿还与分次等额偿还类似，但无宽限期。例如某借款人获得一笔 2 亿美元 8 年的中期贷款，从第 1 年起，每年偿还贷款本金 1250 万美元，并每半年支付利息一次，到 8 年期满时，借款人还清贷款本息。

(2) 国际贸易信贷

国际贸易信贷是指由外国供应商、金融机构或其他官方组织为国际贸易提供资金的一种信用行为。国际贸易信贷的形式可以分为商业信用、银行信用、抵押信贷、短期信贷和中长期信贷。

12.2.4　国际证券筹资

国际证券筹资是伴随着证券市场国际化发展起来的新的筹资途径，与国内证券筹资相比，它有如下特点。

(1) 筹资方式的多样性

自 20 世纪 70 年代以来，随着金融的国际化，证券融资不断推陈出新，企业在筹资方式的选择上具有很大的自由度。迄今为止，我国企业已成功试行多种国际证券筹资方式。

除了普通的债券融资外，还发行了境内上市公司的 B 股、香港联交所上市的 H 股、新加坡上市的 S 股、美国纽约证券交易所上市的 N 股等，广为人知的阿里巴巴于 2014 年在纽交所成功上市。深圳的南玻公司、上海的纺机公司等企业在国际上发行了可转换债券；深圳的深房集团发行了美国存托凭证(ADR)。

(2) 筹资对象的机构性

与国内 A 股上市发行直接面对个人投资者不同，国际证券筹资的对象主要是投资基金、退休基金等大的机构投资者，他们有丰富的投资经验、成熟的投资理念和严密的管理制度。

国际机构投资的理性化程度较高，企业欲在国际证券市场筹资，必须按照国际惯例，规范自身的股权关系、经营机制和财务状况。另外，从行业选择看，经营稳定的基础性产业，如原材料、电力和交通，比较容易得到海外机构投资者的认同。

(3) 筹资风险的复杂性

国际证券市场对全球各种事件和消息十分敏感，近年，随着国际金融体系的不稳定性日渐增高，证券市场的波动程度也日益加剧，筹资的时机、成本和成败更加难以把握。

此外，国际证券筹资还面临外汇风险的问题，这一点在债券筹资中表现得尤其明显。企业筹集到的资金和到期还本付息都是外币，从借入到偿还期间，如果本币与外币之间的汇率发生较大变化，可能给借款人造成严重的经济损失。再加上我国企业国际化经验不足，筹资活动所面临的风险就变得更为复杂。

12.3　国际投资管理

12.3.1　国际投资的种类与方式

按不同的标准，可对国际投资作不同分类。

(1) 按投资形式，分成国际企业直接投资和国际企业间接投资

①国际企业直接投资　又称对外直接投资，是投资者在其所投资的企业中拥有足够的所有权或足够程度的控制权的投资。最初意义上的国际企业直接投资是指在国外建立工厂直接生产或设立商店直接销售的一种经营活动。现代意义上的国际企业直接投资，则是指在国外取得经营权的投资。直接投资一般是指在国外开设独资企业，兴办合资企业、合作企业。如果股票投资达到了对某企业进行控制的程度，也属于直接投资。

②国际企业间接投资　又称对外间接投资，是指投资者不直接掌握投资对象的动产或不动产的所有权，或在投资对象中没有足够的控制权的投资。间接投资一般是指各种证券投资。

总之，区分直接投资和间接投资的标志是投资者是否能控制作为投资对象的外国企业。根据国际货币基金组织的规定，拥有外国企业股票超过25%为直接投资。另外，各国政府都根据具体情况确定了直接投资与间接投资的划分标准。例如，美国有关机构曾规定，只要外国投资者实际上能控制美国公司的管理权，那么，即使投资者只掌握该企业10%的表决股，也可以认为这是外国的直接投资。日本外资法及其施行细则规定，凡外国投资者直接或间接拥有日本公司或其他企业全部股份或持有50%以上的股份的，或凡外国投资者实际上控制日本公司或企业的董事会，即外国投资者能占半数以上董事会席位的投资，称为直接投资。其他国家，如英国、法国、德国和意大利也有类似的规定。

(2) 按投资时间长短，可分成长期投资和短期投资

①长期投资　一般是指一年以上的投资。在国外兴办合资企业、合作企业、独资企业或持有国外企业发行的证券一年以上的投资，都属于长期投资。长期投资一般所需资金多，投资时间长，投资风险大，因此，必须认真分析投资环境和投资效益，作出科学决策。

②短期投资　一般是指一年以内的投资。短期投资通常是指证券投资，如果进行合作经营的时间不超过一年，也属于短期投资。

12.3.2　国际投资的方式

国际投资方式是国际企业进行投资时所采用的具体形式，目前主要有合资投资、合作投资、独资投资、证券投资等形式。

(1) 合资投资

合资投资是指某国投资者与另外一国投资者通过组建合资经营企业的形式所进行的投资。这里的合资经营企业通常是指两个或两个以上的不同国家或地区的投资者按照共同投资、共同经营、共负盈亏、共担风险的原则建立的企业。

合资投资是国际企业投资的一种主要方式，其主要优点是：①东道国投资者对本国经济情况了解较多，由东道国公司参与投资的合资经营能减少经营上的风险；②与东道国投资者合资经营，外国投资者除可享受特别优惠，获得东道国对本国公司的优惠政策；③进行合资投资，能学习当地投资者的先进管理经验，有利于加强企业管理，提高经济效益。

进行合资投资的缺点主要有：①进行合资投资所需时间比较长。无论是寻找合适的投资伙伴，还是办理合资企业的审批手续，都需要较长时间。②很多国家都规定，外资股权不能超过50%，所以，国外投资者往往不能对合资公司进行完全控制。

(2) 合作投资

合作投资是指通过组建合作经营企业的形式所进行的投资。合作经营企业又称契约式的合营企业，是指国外投资者与东道国投资者通过签订合同、协议等形式来规定各方的责任、权利、义务而组建的企业。

进行合作投资的优点主要有：①进行合作投资所需时间比较短。兴办合作企业的申请、审批程序比较简便，合作经营的内容与方式没有固定格式，便于协商和达成协议。②进行合作投资比较灵活。合作企业的合作条件、管理形式、收益分配方法以及合作各方的责任、权利、义务都可以灵活地在合同中加以规定。

进行合作投资的缺点主要在于其组织形式不像合资企业那样规范，合作过程中容易对合同中的条款发生争议，进而影响合作企业的正常发展。

(3) 独资投资

独资投资是指通过在国外设立独资企业的形式所进行的投资。

进行独资投资的优点主要有：①投资者提供全部资本，独立经营管理，在资金的筹集、运用和分配上，都不会受到干涉；②有利于投资者利用各国税率的不同，通过内部转移价格进行合理避税。

进行独资投资的缺点主要有：①进行独资投资，对东道国的投资环境调查起来比较困难，不太容易获得详细的资料，因而投资者承担的风险较大；②在很多国家，独资企业设立的条件都比合资企业严格，这也是独资企业的不利之处。

(4) 证券投资

证券投资是指一国投资者将其资金投资于他国企业或其他经济组织发行的证券。证券投资是企业从事国际企业经营活动的起点之一。

证券投资的优点主要有：①灵活方便。不用经过谈判、协商和审批手续，只要有合适的证券，几乎可以立即进行投资。②降低风险。国际企业证券一般要被确认资信等级，有的还有母国政府担保，因而风险相对较低。③增加企业资金的流动性和变现能力。国际企业持有证券，随时可转让出售变成现金，因而投资于证券比投资于实物资产更具有流动性。

进行证券投资的缺点是只能作为一种获得股利或利息的手段，而不能达到学习国外先进的科学技术和管理经验的目的，也无法控制有关资源和市场。

12.3.3　国际直接投资

国际货币基金组织定义国际直接投资为：在投资人以外的国家所经营的企业拥有持续利益的一种投资。国际直接投资是现代资本国际化的主要形式之一，其目的在于对该企业的经营管理具有发言权。关于外商直接投资的本质，有的学者强调"经营资源"，尤其是强调企业的无形资产；有的学者则强调"控制权"。

随着我国改革开放的深入，企业国际化程度日趋加深，国际直接投资对中国具有越来越重要的影响。

国际直接投资对中国的正面影响包括：①带来优质资本和先进的管理经验；②培育中

国市场经济的竞争性环境；③扩大就业。

国际直接投资对中国的负面影响包括：①垄断相关产业，阻碍相关民族产业的发展；②加大国民经济的外贸依存度。

总体来说，外商直接投资对中国经济的利大于弊，它对中国经济最大的贡献在于加速了中国走向世界的步伐，加速了中国经济的现代化和国际化。

12.3.4 国际间接投资

国际间接投资一般指国际证券投资。国际证券投资与国内证券投资有很多不同点。

(1) 投资主体不同

国际证券投资的主体是海外法人，而国内证券投资的主体是国内法人。

(2) 证券发行者不同

国际证券发行者一般是一国政府、国际金融组织、跨国银行、跨国公司和企业，它们需要接受本国和证券发行地所在国两方面的资格审查和法律约束及国际信贷评估机构的评估；国内证券发行者只需要接受本国的法律约束，其资格审查和资信要求宽松得多。

(3) 面临的风险不同

国际的风险比国内的风险大，它除了包括证券投资面临的风险外，还包括国家风险、汇率风险和政治风险等。

(4) 对国内宏观经济条件和金融市场的要求不同

国内证券投资受宏观经济中积累与消费比例的制约，要求改革金融体制；而国际证券投资除此之外还受到国际收支和清偿能力的制约，要求建立现代企业制度，实现国内外金融市场接轨。

(5) 发行方式不同

国内采取自销、金融机构承购包销或者承接推销的方式，只限于在国内市场买卖；国际一般不自销，而是由国际金融机构和辛迪加组织承包包销，在一国市场发行的国际证券，可以在另一国的证券市场上买卖。

国际证券的投资方式有国际债券和国际股票两种。国际债券包括循环浮动利率、货币挂钩债券、转换期权债券、利率分期递增式债券、附有认股权债券、利率调换债券和货币调换债券、指数化债券和票据，发行便利。国际股票包括可收回优先股、可转移优先股、参与优先股、累积优先股、浮动股息率优先股、权利股和认股权证。

12.4 外汇风险管理

企业的经济效果是以本国货币来考核的。我国企业的对外经济贸易活动一般采用外币结算，结算后收支的外汇还需要折算成人民币加以反映。由于进出口贸易从成交到结汇，对外借款从借入到清偿需要一段较长的时间，因此，如果在此期间，外汇汇率变动，往往会使企业蒙受损失。这种难以确切预测的损失或收益称为外汇风险。企业的财务管理人员要及时了解外汇市场的变化，积极主动地采取各种方法，加强外汇风险管理，减少外汇风险损失。

外汇风险包含三个因素：本币、外币和时间。企业经营活动中所发生的各种外币收付，必须与本币进行折算，从交易达成到账款的收付，从获取国际贷款到借贷本息偿付均有一个期限，这个期限就是时间因素。在这段时间内，汇率可能发生变化，从而产生外汇风险。时间越长，汇率波动的可能性越大，汇率风险也就越大；反之亦然。同理，在交易中使用本币比重越大，则风险越小；反之亦然。

12.4.1 外汇风险的种类

外汇风险一般可分为会计折算风险、交易风险和经济风险三类。

(1) 会计折算风险

会计折算是指企业在进行会计处理时，对于必须换算为本位币的各种外币计价项目进行折算所产生的风险。也就是在折算外币债权、债务时，因使用的汇率与当初入账时确定的汇率不同，而产生的账面上的汇兑损失。

例如，月初企业有银行存款 20 000 美元，原入账汇率是 8.50 元，折合成人民币是 170 000 元；月末汇率是 8.45 元，折合成人民币是 169 000 元。这样，形成的银行外币存款的会计折算风险损失是 1000 元人民币(170 000 − 169 000 = 1000)。

(2) 外汇交易风险

外汇交易风险是指进行本位币与外币的交易(兑换)过程中发生的外汇风险。即企业在结算以某种外币计价的交易时，该外币与本位币的比值发生变化，从而引起企业的收益或损失。

交易风险是企业最主要的外汇风险。在企业对外经济贸易活动中，从签订合同到实际收付外汇，要经过一段较长的时间。在此期间，汇率发生变动，交易发生时外币折算的人民币与实际收付外汇时折算的人民币将会发生差异，从而有可能使企业蒙受损失。

(3) 经济风险

经济风险是指由于意料之外国际间重大政治、经济和自然变化引起的汇率变动，对企业的产销数量、价格和成本等产生影响，从而引起企业未来一定期间收益变化的一种潜在风险。

经济风险不包括预期的汇率变动。因为企业在评价预期经济成果时，已考虑到预期的汇率变动。经济风险对企业的影响是长期存在的，而会计折算风险和交易风险都是一次性的，因此，经济风险比其他两类风险更为重要，其预测的准确程度将直接影响企业融资、销售与生产方面的长期决策。

12.4.2 外汇风险程序

外汇风险管理是一项很复杂的工作，必须按照一定的程序进行。其一般程序是：

(1) 预测外汇汇率变动情况

外汇汇率变动是外汇风险产生的根本原因，因此，预测汇率变动的趋势、时间和幅度，是外汇风险管理的首要步骤。

(2) 预算外汇风险的受险额

从数量上确定企业面临外汇风险的大小。例如，交易风险可按每笔交易计算受险额，也可以按全部交易(按不同货币、不同结算期)计算受险额。受险额等于结算期限相同的外币债权与外币债务之间的差额。

(3) 确定是否采取外汇风险管理措施

根据步骤(1)(2)预测采用某种方法防范风险的费用(成本),通过成本效益分析,如果外汇风险管理效益大于其成本,则应采取措施防范风险;否则,不必采取任何防范措施。

(4) 选择有效的外汇风险管理方法

实行浮动汇率制度以来,各国企业创造了许多规避外汇风险的方法,应分析各种方法的优缺点,结合实际情况选择最佳避险方法。

(5) 实施选定的管理方案

在实施管理方案的过程中,不断地进行检查,发现问题要及时解决。

12.4.3 不同种类外汇风险的管理

(1) 会计折算风险和交易风险的管理

会计折算风险是企业在一定时期所有外汇业务的经营后果,而交易风险则是单项外汇业务经营活动的后果。因为会计折算风险与企业账面的外汇项目都有关系,而交易风险只涉及企业的一笔外汇业务。

为了减少上述两项风险,企业应采取以下管理措施。

①灵活选择和使用结算货币　企业在出口商品或提供劳务时,应争取采用硬货币成交结算。硬货币是指汇率稳定、币值呈上浮趋势的外币。在进口商品时,则争取采用软货币成交结算。软货币是指汇率不稳定、币值呈下跌趋势的外币。这样,不仅可以避免汇率变动给企业造成损失,而且还可能从汇率变动中得到收益。所以,企业应该把选择币种视为与决定商品价格一样重要。

②提前或推迟支付　为了减少外汇损失,企业可以根据汇率的变动,决定提前或推迟支付外汇。如果进口合同中计价结算的外币汇率趋于上升,企业应尽可能地提前结汇;而在进口合同中计价结算的外币汇率趋于下降时,企业应尽可能推迟付汇。企业应利用比规定的时间提前或推迟支付外汇的时间差,减少外汇升值的损失,获取外汇贬值的利益。

尽管提前或推迟支付是减少外汇风险的一种常用策略,但一些国家对提前或推迟支付加以限制,所以企业在具体使用这种方法时,应了解与之交往国家的有关规定,灵活掌握。

③远期外汇市场保值　在国际上,出口企业普遍进行外汇远期交易,其目的是避免汇率变动给企业造成损失,而不是为了获利。例如,企业在签订出口商品的合同时,可以卖出远期外汇,买进本币或第三种货币,以规避外汇风险。进口商品的企业,预测合同规定的计价货币即期价格高于远期价格,为了避免损失,应买进远期外汇,卖出本币或第三种货币。

④外汇期权交易　外汇期权指合约购买方在向出售方支付一定期权费后,所获得的在未来约定日期或一定时间内,按照规定汇率买进或者卖出一定数量外汇资产的选择权。企业通常是期权的买方,在签订合同和付出一定的保障风险费用后,汇率变动对自身有利就

行使这种权力，否则就可以放弃这种权力。

（2）经济风险的管理

国际经营活动的多元化和财务活动的多元化是经济风险管理的两个重要方法。

①经营活动的多元化　要求企业应扩大材料采购市场，材料尽量从多国进口。管理人员由于经营的多元化，对不同国家和地区的经贸状况有深刻的理解，可从中发现它们之间成本和销售等方面的差别，据以及时调整经济策略。

当汇率发生意外波动时，对不同国家或地区的影响可能正相反。企业的外贸业务在这些国家蒙受损失，会在另一些国家得到额外收益，这样就可能中和了经济风险，把损失降至最低限度。

②财务方面的多元化　是指企业应从不同的国家和不同的金融市场筹集资金，使用多种货币进行结算。如果有的外币升值，有的外币贬值，可能使企业的外汇损失和收益基本相抵，相当于使外汇风险抵消。这样，企业不会因贸易伙伴国政治、经济形势的动荡变化而陷入困境。

企业还可以将外币应收款与外币应付款加以配合，使同一种货币的应收款和应付款数额大体相等。如美元的应收款和应付款数额基本相等，若汇率变动，美元贬值，应收款和应付款损失和收益相抵，使经济风险也基本抵消。

财务方面的多元化，可以降低资金成本，提高资金的利润率，还可以减少国外政局变动产生的政治风险。

◢ 思考题

1. 与国内财务管理相比较，国际财务管理有哪些特点？
2. 国际筹资可以通过哪些渠道进行？
3. 如何区分国际企业的直接投资和间接投资？

◢ 阅读指引

1. 财务管理．王化成．中国人民大学出版社，2013．
2. 国际财务管理．夏书乐，李琳．东北财经大学出版社，2010．
3. 财务管理．刘雅娟．清华大学出版社，2008．

附录 1

复利终值系数表 $FVIF_{i,n}$

n\i	1%	2%	3%	4%	5%	6%	7%	8%	9%	10%	12%	14%	15%	16%	18%	20%	24%	28%	32%
1	1.0100	1.0200	1.0300	1.0400	1.0500	1.0600	1.0700	1.0800	1.0900	1.1000	1.1200	1.1400	1.1500	1.1600	1.1800	1.2000	1.2400	1.2800	1.3200
2	1.0201	1.0404	1.0609	1.0816	1.1025	1.1236	1.1449	1.1664	1.1881	1.2100	1.2544	1.2996	1.3225	1.3456	1.3924	1.4400	1.5376	1.6384	1.7424
3	1.0303	1.0612	1.0927	1.1249	1.1576	1.1910	1.2250	1.2597	1.2950	1.3310	1.4049	1.4815	1.5209	1.5609	1.6430	1.7280	1.9066	2.0872	2.3000
4	1.0406	1.0824	1.1255	1.1699	1.2155	1.2625	1.3108	1.3605	1.4116	1.4641	1.5735	1.6890	1.7490	1.8106	1.9388	2.0736	2.3642	2.6844	3.0360
5	1.0510	1.1041	1.1593	1.2167	1.2763	1.3382	1.4026	1.4693	1.5386	1.6105	1.7623	1.9254	2.0114	2.1003	2.2878	2.4883	2.9316	3.4360	4.0075
6	1.0615	1.1262	1.1941	1.2653	1.3401	1.4185	1.5007	1.5809	1.6771	1.7716	1.9738	2.1950	2.3131	2.4364	2.6996	2.9860	3.6352	4.3980	5.2899
7	1.0721	1.1487	1.2299	1.3159	1.4071	1.5036	1.6058	1.7138	1.8280	1.9487	2.2107	2.5023	2.6600	2.8262	3.1855	3.5832	4.5077	5.6295	6.9826
8	1.0829	1.1717	1.2668	1.3686	1.4775	1.5938	1.7182	1.8509	1.9926	2.1436	2.4760	2.8526	3.0590	3.2784	3.7589	4.2998	5.5895	7.2058	9.2170
9	1.0937	1.1951	1.3048	1.4233	1.5513	1.6895	1.8385	1.9990	2.1719	2.3579	2.7731	3.2519	3.5179	3.8030	4.4355	5.1598	6.9310	9.2234	12.166
10	1.1046	1.2190	1.3439	1.4802	1.6289	1.7908	1.9672	2.1589	2.3674	2.5937	3.1058	3.7072	4.0456	4.4114	5.2338	6.1917	8.5944	11.806	16.060
11	1.1157	1.2434	1.3842	1.5395	1.7103	1.8983	2.1049	2.3316	2.5804	2.8531	3.4785	4.2262	4.6524	5.1173	6.1759	7.4301	10.657	15.112	21.199
12	1.1268	1.2682	1.4258	1.6010	1.7959	2.0122	2.2522	2.5182	2.8127	3.1384	3.8960	4.8179	5.3503	5.9360	7.2876	8.9161	13.215	19.343	27.983
13	1.1381	1.2936	1.4685	1.6651	1.8856	2.1329	2.4098	2.7196	3.0658	3.4523	4.3635	5.4924	6.1528	6.8858	8.5994	10.699	16.386	24.759	36.937
14	1.1495	1.3195	1.5126	1.7317	1.9799	2.2609	2.5785	2.9372	3.3417	3.7975	4.8871	6.2613	7.0757	7.9875	10.147	12.839	20.319	31.691	48.757
15	1.1610	1.3459	1.5580	1.8009	2.0789	2.3966	2.7590	3.1722	3.6425	4.1772	5.4736	7.1379	8.1371	9.2655	11.974	15.407	25.196	40.565	64.359
16	1.1726	1.3728	1.6047	1.8730	2.1829	2.5404	2.9522	3.4259	3.9703	4.5950	6.1304	8.1372	9.3576	10.748	14.129	18.488	31.243	51.923	84.954

(续)

n\i	1%	2%	3%	4%	5%	6%	7%	8%	9%	10%	12%	14%	15%	16%	18%	20%	24%	28%	32%
17	1.1843	1.4002	1.6528	1.9479	2.2920	2.6928	3.1588	3.7000	4.3276	5.0545	6.8660	9.2765	10.761	12.468	16.672	22.186	38.741	66.461	112.14
18	1.1961	1.4282	1.7024	2.0258	2.4066	2.8543	3.3799	3.9960	4.7171	5.5599	7.6900	10.575	12.375	14.463	19.673	26.623	48.039	86.071	148.02
19	1.2081	1.4568	1.7535	2.1068	2.5270	3.0256	3.6165	4.3157	5.1417	6.1159	8.6128	12.056	14.232	16.777	23.214	31.948	59.568	108.89	195.39
20	1.2202	1.4859	1.8061	2.1911	2.6533	3.2071	3.8697	4.6610	5.6044	6.7275	9.6463	13.743	16.367	19.461	27.393	38.338	73.864	139.38	257.92
21	1.2324	1.5157	1.8603	2.2788	2.7860	3.3996	4.1406	5.0338	6.1088	7.4002	10.804	15.668	18.822	22.574	32.324	46.005	91.592	178.41	340.45
22	1.2447	1.5460	1.9161	2.3699	2.9253	3.6035	4.4304	5.4365	6.6586	8.1403	12.100	17.861	21.645	26.186	38.142	55.206	113.57	228.36	449.39
23	1.2572	1.5769	1.9736	2.4647	3.0715	3.8197	4.7405	5.8715	7.2579	8.2543	13.552	20.362	24.891	30.376	45.008	66.247	140.83	292.30	593.20
24	1.2697	1.6084	2.0328	2.5633	3.2251	4.0489	5.0724	6.3412	7.9111	9.8497	15.179	23.212	28.625	35.236	53.109	79.497	174.63	374.14	783.02
25	1.2824	1.6406	2.0938	2.6658	3.3864	4.2919	5.4274	6.8485	8.6231	10.835	17.000	26.462	32.919	40.874	62.669	95.396	216.54	478.90	1033.6
26	1.2953	1.6734	2.1566	2.7725	3.5557	4.5494	5.8074	7.3964	9.3992	11.918	19.040	30.167	37.857	47.414	73.949	114.48	268.51	613.00	1364.3
27	1.3082	1.7069	2.2213	2.8834	3.7335	4.8223	6.2139	7.9881	10.245	13.110	21.325	34.390	43.535	55.000	87.260	137.37	332.95	784.64	1800.9
28	1.3213	1.7410	2.2879	2.9987	3.9201	5.1117	6.6488	8.6271	11.167	14.421	23.884	39.204	50.066	63.800	102.97	164.84	412.86	1004.3	2377.2
29	1.3345	1.7758	2.3566	3.1187	4.1161	5.4184	7.1143	9.3173	12.172	15.863	26.750	44.693	57.575	74.009	121.50	197.81	511.95	1285.6	3137.9
30	1.3478	1.8114	2.4273	3.2434	4.3219	5.7435	7.6123	10.063	13.268	17.449	29.960	50.950	66.212	85.850	143.37	237.38	634.82	1645.5	4142.1
40	1.4889	2.2080	3.2620	4.8010	7.0400	10.286	14.794	21.725	31.408	45.259	93.051	188.83	267.86	378.72	750.38	1469.8	5455.9	19 427	66 521
50	1.6446	2.6916	4.3839	7.1067	11.467	18.420	29.457	46.902	74.358	117.39	289.00	700.23	1083.7	1670.7	3927.4	9100.4	46 890	*	*
60	1.8167	3.2810	5.8916	10.520	18.679	32.988	57.946	101.26	176.03	304.48	897.60	2595.9	4384.0	7370.2	20 555	56 348	*	*	*

复利现值系数表 $PVIF_{i,n}$

n\i	1%	2%	3%	4%	5%	6%	7%	8%	9%	10%	12%	14%	15%	16%	18%	20%	24%	28%	32%
1	0.9901	0.9804	0.9709	0.9615	0.9524	0.9434	0.9346	0.9259	0.9174	0.9091	0.8929	0.8772	0.8696	0.8621	0.8475	0.8333	0.8065	0.7813	0.7576
2	0.9803	0.9712	0.9426	0.9246	0.9070	0.8900	0.8734	0.8573	0.8417	0.8264	0.7972	0.7695	0.7561	0.7432	0.7182	0.6944	0.6504	0.6104	0.5739
3	0.9706	0.9423	0.9151	0.8890	0.8638	0.8396	0.8163	0.7938	0.7722	0.7513	0.7118	0.6750	0.6575	0.6407	0.6086	0.5787	0.5245	0.4768	0.4348
4	0.9610	0.9238	0.8880	0.8548	0.8227	0.7921	0.7629	0.7350	0.7084	0.6830	0.6355	0.5921	0.5718	0.5523	0.5158	0.4823	0.4230	0.3725	0.3294
5	0.9515	0.9057	0.8626	0.8219	0.7835	0.7473	0.7130	0.6806	0.6499	0.6209	0.5674	0.5194	0.4972	0.4762	0.4371	0.4019	0.3411	0.2910	0.2495
6	0.9420	0.8880	0.8375	0.7903	0.7462	0.7050	0.6663	0.6302	0.5963	0.5645	0.5066	0.4556	0.4323	0.4104	0.3704	0.3349	0.2751	0.2274	0.1890
7	0.9327	0.8606	0.8131	0.7599	0.7107	0.6651	0.6227	0.5835	0.5470	0.5132	0.4523	0.3996	0.3759	0.3538	0.3139	0.2791	0.2218	0.1776	0.1432
8	0.9235	0.8535	0.7874	0.7307	0.6768	0.6274	0.5820	0.5403	0.5019	0.4665	0.4039	0.3506	0.3269	0.3050	0.2660	0.2326	0.1789	0.1388	0.1085
9	0.9143	0.8368	0.7664	0.7026	0.6446	0.5919	0.5439	0.5002	0.4604	0.4241	0.3606	0.3075	0.2843	0.2630	0.2255	0.1938	0.1443	0.1084	0.0822
10	0.9053	0.8203	0.7441	0.6756	0.6139	0.5584	0.5083	0.4632	0.4224	0.3855	0.3220	0.2697	0.2472	0.2267	0.1911	0.1615	0.1164	0.0847	0.0623
11	0.8963	0.8043	0.7224	0.6496	0.5847	0.5268	0.4751	0.4289	0.3875	0.3505	0.2875	0.2366	0.2149	0.1954	0.1619	0.1346	0.0938	0.0662	0.0472
12	0.8874	0.7885	0.7014	0.6246	0.5568	0.4970	0.4440	0.3971	0.3555	0.3186	0.2567	0.2076	0.1869	0.1685	0.1373	0.1122	0.0757	0.0517	0.0357
13	0.8787	0.7730	0.6810	0.6006	0.5303	0.4688	0.4150	0.3677	0.3262	0.2897	0.2292	0.1821	0.1625	0.1452	0.1163	0.0935	0.0610	0.0404	0.0271
14	0.8700	0.7579	0.6611	0.5775	0.5051	0.4423	0.3878	0.3405	0.2992	0.2633	0.2046	0.1597	0.1413	0.1252	0.0985	0.0779	0.0492	0.0316	0.0205
15	0.8613	0.7430	0.6419	0.5553	0.4810	0.4173	0.3624	0.3152	0.2745	0.2394	0.1827	0.1401	0.1229	0.1079	0.0835	0.0649	0.0397	0.0247	0.0155
16	0.8528	0.7284	0.6232	0.5339	0.4581	0.3936	0.3387	0.2919	0.2519	0.2176	0.1631	0.1229	0.1069	0.0980	0.0709	0.0541	0.0320	0.0193	0.0118
17	0.8444	0.7142	0.6050	0.5134	0.4363	0.3714	0.3166	0.2703	0.2311	0.1978	0.1456	0.1078	0.0929	0.0802	0.0600	0.0451	0.0259	0.0150	0.0089

(续)

n＼i	1%	2%	3%	4%	5%	6%	7%	8%	9%	10%	12%	14%	15%	16%	18%	20%	24%	28%	32%
18	0.8360	0.7002	0.5874	0.4936	0.4155	0.3503	0.2959	0.2502	0.2120	0.1799	0.1300	0.0946	0.0808	0.0691	0.0508	0.0376	0.0208	0.0118	0.0068
19	0.8277	0.6864	0.5703	0.4746	0.3957	0.3305	0.2765	0.2317	0.1945	0.1635	0.1161	0.0829	0.0703	0.0596	0.0431	0.0313	0.0168	0.0092	0.0051
20	0.8195	0.6730	0.5537	0.4564	0.3769	0.3118	0.2584	0.2145	0.1784	0.1486	0.1037	0.0728	0.0611	0.0514	0.0365	0.0261	0.0135	0.0072	0.0039
21	0.8114	0.6598	0.5375	0.4388	0.3589	0.2942	0.2415	0.1987	0.1637	0.1351	0.0926	0.0638	0.0531	0.0443	0.0309	0.0217	0.0109	0.0056	0.0029
22	0.8034	0.6468	0.5219	0.4220	0.3418	0.2775	0.2257	0.1839	0.1502	0.1228	0.0826	0.0560	0.0462	0.0382	0.0262	0.0181	0.0088	0.0044	0.0022
23	0.7954	0.6342	0.5067	0.4057	0.3256	0.2618	0.2109	0.1703	0.1378	0.1117	0.0738	0.0491	0.0402	0.0329	0.0222	0.0151	0.0071	0.0034	0.0017
24	0.7876	0.6217	0.4919	0.3901	0.3101	0.2470	0.1971	0.1577	0.1264	0.1015	0.0659	0.0431	0.0349	0.0284	0.0188	0.0126	0.0057	0.0027	0.0013
25	0.7798	0.6095	0.4776	0.3751	0.2953	0.2330	0.1842	0.1460	0.1160	0.0923	0.0588	0.0378	0.0304	0.0245	0.0160	0.0105	0.0046	0.0021	0.0010
26	0.7720	0.5976	0.4637	0.3604	0.2812	0.2198	0.1722	0.1352	0.1064	0.0839	0.0525	0.0331	0.0264	0.0211	0.0135	0.0087	0.0037	0.0016	0.0007
27	0.7644	0.5859	0.4502	0.3468	0.2678	0.2074	0.1609	0.1252	0.0976	0.0763	0.0469	0.0291	0.0230	0.0182	0.0115	0.0073	0.0030	0.0013	0.0006
28	0.7568	0.5744	0.4371	0.3335	0.2551	0.1956	0.1504	0.1159	0.0895	0.0693	0.0419	0.0255	0.0200	0.0157	0.0097	0.0061	0.0024	0.0010	0.0004
29	0.7493	0.5631	0.4243	0.3207	0.2429	0.1846	0.1406	0.1073	0.0822	0.0630	0.0374	0.0224	0.0174	0.0135	0.0082	0.0051	0.0020	0.0008	0.0003
30	0.7419	0.5521	0.4120	0.3083	0.2314	0.1741	0.1314	0.0994	0.0754	0.0573	0.0334	0.0196	0.0151	0.0116	0.0070	0.0042	0.0016	0.0006	0.0002
35	0.7059	0.5000	0.3554	0.2534	0.1813	0.1301	0.0937	0.0676	0.0490	0.0356	0.0189	0.0102	0.0075	0.0055	0.0030	0.0017	0.0005	0.0002	0.0001
40	0.6717	0.4529	0.3066	0.2083	0.1420	0.0972	0.0668	0.0460	0.0318	0.0221	0.0107	0.0053	0.0037	0.0026	0.0013	0.0007	0.0002	0.0001	*
45	0.6391	0.4102	0.2644	0.1712	0.1113	0.0727	0.0476	0.0313	0.0207	0.0137	0.0061	0.0027	0.0019	0.0013	0.0006	0.0003	0.0001	*	*
50	0.6080	0.3715	0.2281	0.1407	0.0872	0.0543	0.0339	0.0213	0.0134	0.0085	0.0035	0.0014	0.0009	0.0006	0.0003	0.0001	*	*	*
55	0.5785	0.3365	0.1968	0.1157	0.0683	0.0406	0.0242	0.0145	0.0087	0.0053	0.0020	0.0007	0.0005	0.0003	0.0001	*	*	*	*

附录 3 年金终值系数表 $FVIFA_{i,n}$

n\i	1%	2%	3%	4%	5%	6%	7%	8%	9%	10%	12%	14%	15%	16%	18%	20%	24%	28%	32%
1	1.0000	1.0000	1.0000	1.0000	1.0000	1.0000	1.0000	1.0000	1.0000	1.0000	1.0000	1.0000	1.0000	1.0000	1.0000	1.0000	1.0000	1.0000	1.0000
2	2.0100	2.0200	2.0300	2.0400	2.0500	2.0600	2.0700	2.0800	2.0900	2.1000	2.1200	2.1400	2.1500	2.1600	2.1800	2.2000	2.2400	2.2800	2.3200
3	3.0301	3.0604	3.0909	3.1216	3.1525	3.1836	3.2149	3.2464	3.2781	3.3100	3.3744	3.4396	3.4725	3.5056	3.5724	3.6400	3.7776	3.9184	3.0624
4	4.0604	4.1216	4.1836	4.2465	4.3101	4.3746	4.4399	4.5061	4.5731	4.6410	4.7793	4.9211	4.9934	5.0665	5.2154	5.3680	5.6842	6.0156	6.3624
5	5.1010	5.2040	5.3091	5.4163	5.5256	5.6371	5.7507	5.8666	5.9847	6.1051	6.3528	6.6101	6.7424	6.8771	7.1542	7.4416	8.0484	8.6999	9.3983
6	6.1520	6.3081	6.4684	6.6330	6.8019	6.9753	7.1533	7.3359	7.5233	7.7156	8.1152	8.5355	8.7537	8.9775	9.4420	9.9299	10.980	12.136	13.406
7	7.2135	7.4343	7.6625	7.8983	8.1420	8.3938	8.6540	8.9228	9.2004	9.4872	10.089	10.730	11.067	11.414	12.142	12.916	14.615	16.534	18.696
8	8.2857	8.5830	8.8923	9.2142	9.5491	9.8975	10.260	10.637	11.028	11.436	12.300	13.233	13.727	14.240	15.327	16.499	19.123	22.163	25.678
9	9.3685	9.7546	10.159	10.583	11.027	11.491	11.978	12.488	13.021	13.579	14.776	16.085	16.786	17.519	19.086	20.799	24.712	29.369	34.895
10	10.462	10.950	11.464	12.006	12.578	13.181	13.816	14.487	15.193	15.937	17.549	19.337	20.304	21.321	23.521	25.959	31.643	38.593	47.062
11	11.567	12.169	12.808	13.486	14.207	14.972	15.784	16.645	17.560	18.531	20.655	23.045	24.349	25.733	28.755	32.150	40.238	50.398	63.122
12	12.683	13.412	14.192	15.026	15.917	16.870	17.888	18.977	20.141	21.384	24.133	27.271	29.002	30.850	34.931	39.581	50.895	65.510	84.320
13	13.809	14.680	15.618	16.627	17.713	18.882	20.141	21.495	22.953	24.523	28.029	32.089	34.352	36.786	42.219	48.497	64.110	84.853	112.30
14	14.947	15.974	17.086	18.292	19.599	21.015	22.550	24.214	26.019	27.975	32.393	37.581	40.505	43.672	50.818	59.196	80.496	109.61	149.24
15	16.097	17.293	18.599	20.024	21.579	23.276	25.129	27.152	29.361	31.772	37.280	43.842	47.580	51.660	60.965	72.035	100.82	141.30	198.00
16	17.258	18.639	20.157	21.825	23.657	25.673	27.888	30.324	33.003	35.950	42.753	50.980	55.717	60.925	72.939	87.442	126.01	181.87	262.36

(续)

n \ i	1%	2%	3%	4%	5%	6%	7%	8%	9%	10%	12%	14%	15%	16%	18%	20%	24%	28%	32%
17	18.430	20.012	21.762	23.698	25.840	28.213	30.840	33.750	36.974	40.545	48.884	59.118	65.075	71.673	87.068	105.93	157.25	233.79	347.31
18	19.615	21.412	23.414	25.645	28.132	30.906	33.999	37.450	41.301	45.599	55.750	68.394	75.836	84.141	103.74	128.12	195.99	300.25	459.45
19	20.811	22.841	25.117	27.671	30.539	33.760	37.379	41.446	46.018	51.159	63.440	78.969	88.212	98.603	123.41	154.74	244.03	385.32	607.47
20	22.019	24.297	26.870	29.778	33.066	36.786	40.995	45.752	51.160	57.275	72.052	91.025	102.44	115.38	146.63	186.69	303.60	494.21	802.86
21	23.239	25.783	28.676	31.969	35.719	39.993	44.865	50.423	56.765	64.002	81.699	104.77	118.81	134.84	174.02	225.03	377.46	633.59	1060.8
22	24.472	27.299	30.537	34.248	38.505	43.392	49.006	55.457	62.873	71.403	92.503	120.44	137.63	157.41	206.34	271.03	469.06	812.00	1401.2
23	25.716	28.845	32.453	36.618	41.430	46.996	53.436	60.883	69.532	79.543	104.60	138.30	159.28	183.60	244.49	326.24	582.63	1040.4	1850.6
24	26.973	30.422	34.426	39.083	44.502	50.816	58.177	66.765	76.790	88.497	118.16	158.66	184.17	213.98	289.49	392.48	723.46	1332.7	2443.8
25	28.243	32.030	36.459	41.646	47.727	54.863	63.249	73.106	84.701	98.347	133.33	181.87	212.79	249.21	342.60	471.98	898.09	1706.8	3226.8
26	29.526	33.671	38.553	44.312	51.113	59.156	68.676	79.954	93.324	109.18	150.33	208.33	245.71	290.09	405.27	567.38	1114.6	2185.7	4260.4
27	30.821	35.344	40.710	47.084	54.669	63.706	74.484	87.351	102.72	121.10	169.37	238.50	283.57	337.50	479.22	681.85	1383.1	2798.7	5624.8
28	32.129	37.051	42.931	49.968	58.403	68.528	80.698	95.339	112.97	134.21	190.70	272.89	327.10	392.50	566.48	819.22	1716.1	3583.3	7425.7
29	33.450	38.792	45.219	52.966	62.323	73.640	87.347	103.97	124.14	148.63	214.58	312.09	377.17	456.30	669.45	984.07	2129.0	4587.7	9802.9
30	34.785	40.568	47.575	56.085	66.439	79.058	94.461	113.28	136.31	164.49	241.33	356.79	434.75	530.31	790.95	1181.9	2640.9	5873.2	12 941
40	48.886	60.402	75.401	95.026	120.80	154.76	199.64	259.06	337.88	442.59	767.09	1342.0	1779.1	2360.8	4163.2	7343.2	2729	69 377	*
50	64.463	84.579	112.80	152.67	209.35	290.34	406.53	573.77	815.08	1163.9	2400.0	4994.5	7217.7	10 436	21 813	45 497	*	*	*
60	81.670	114.05	163.05	237.99	353.58	533.13	813.52	1253.2	1944.8	3034.8	7471.6	18 535	29 220	46 058	*	*	*	*	*

附录 4

年金现值系数表 $PVIFA_{i,n}$

n＼i	1%	2%	3%	4%	5%	6%	7%	8%	9%	10%	12%	14%	15%	16%	18%	20%	24%	28%	32%
1	0.9901	0.9804	0.9709	0.9615	0.9524	0.9434	0.9346	0.9259	0.9174	0.9091	0.8929	0.8772	0.8696	0.8621	0.8475	0.8333	0.8065	0.7813	0.7576
2	1.9704	1.9416	1.9135	1.8861	1.8594	1.8334	1.8080	1.7833	1.7591	1.7355	1.6901	1.6467	1.6257	1.6052	1.5656	1.5278	1.4568	1.3916	1.3315
3	2.9410	2.8839	2.8286	2.7751	2.7232	2.6730	2.6243	2.5771	2.5313	2.4869	2.4018	2.3216	2.2832	2.2459	2.1743	2.1065	1.9813	1.8684	1.7663
4	3.9020	3.8077	3.7171	3.6299	3.5460	3.4651	3.3872	3.3121	3.2397	3.1699	3.0373	2.9173	2.8550	2.7982	2.6901	2.5887	2.4043	2.2410	2.0957
5	4.8534	4.7135	4.5797	4.4518	4.3295	4.2124	4.1002	3.9927	3.8897	3.7908	3.6048	3.4331	3.3522	3.2743	3.1272	2.9906	2.7454	2.5320	2.3452
6	5.7955	5.6014	5.4172	5.2421	5.0757	4.9173	4.7665	4.6229	4.4859	4.3553	4.1114	3.8887	3.7845	3.6847	3.4976	3.3255	3.0205	2.7594	2.5342
7	6.7282	6.4720	6.2303	6.0021	5.7864	5.5824	5.3893	5.2064	5.0330	4.8684	4.5638	4.2882	4.1604	4.0386	3.8115	3.6046	3.2423	2.9370	2.6775
8	7.6517	7.3255	7.0197	6.7327	6.4632	6.2098	5.9713	5.7466	5.5348	5.3349	4.9676	4.6389	4.4873	4.3436	4.0776	3.8372	3.4212	3.0758	2.7860
9	8.5660	8.1622	7.7861	7.4353	7.1078	6.8017	6.5152	6.2469	5.9952	5.7590	5.3282	4.9164	4.7716	4.6065	4.3030	4.0310	3.5655	3.1842	2.8681
10	9.4713	8.9826	8.5302	8.1109	7.7217	7.3601	7.0236	6.7101	6.4177	6.1446	5.6502	5.2161	5.0188	4.8332	4.4941	4.1925	3.6819	3.2689	2.9304
11	10.3676	9.7868	9.2526	8.7605	8.3064	7.8869	7.4987	7.1390	6.8052	6.4951	5.9377	5.4527	5.2337	5.0286	4.6560	4.3271	3.7757	3.3351	2.9776
12	11.2551	10.5753	9.9540	9.3851	8.8633	8.3838	7.9427	7.5361	7.1607	6.8137	6.1944	5.6603	5.4206	5.1971	4.7932	4.4392	3.8514	3.3868	3.0133
13	12.1337	11.3484	10.6350	9.9856	9.3936	8.8527	8.3577	7.9038	7.4869	7.1034	6.4235	5.8424	5.5831	5.3423	4.9095	4.5327	3.9124	3.4272	3.0404
14	13.0037	12.1062	11.2961	10.5631	9.8986	9.2950	8.7455	8.2442	7.7862	7.3667	6.6282	6.0021	5.7245	5.4675	5.0081	4.6106	3.9616	3.4587	3.0609
15	13.8651	12.8493	11.9379	11.1184	10.3797	9.7122	9.1079	8.5595	8.0607	7.6061	6.8109	6.1422	5.8474	5.5755	5.0916	4.6755	4.0013	3.4834	3.0764
16	14.7179	13.5777	12.5611	11.6523	10.8378	10.1059	9.4466	8.8514	8.3126	7.8237	6.9740	6.2651	5.9542	5.6685	5.1624	4.7296	4.0333	3.5026	3.0882
17	15.5623	14.2919	13.1661	12.1657	11.2741	10.4773	9.7632	9.1216	8.5436	8.0216	7.1196	6.3729	6.0472	5.7487	5.2223	4.7746	4.0591	3.5177	3.0971

(续)

n \ i	1%	2%	3%	4%	5%	6%	7%	8%	9%	10%	12%	14%	15%	16%	18%	20%	24%	28%	32%
18	16.3983	14.9920	13.7535	12.6896	11.6896	10.8276	10.0591	9.3719	8.7556	8.2014	7.2497	6.4674	6.1280	5.8178	5.2732	4.8122	4.0799	3.5294	3.1039
19	17.2260	15.6785	14.3238	13.1339	12.0853	11.1581	10.3356	9.6036	8.9501	8.3649	7.3658	6.5504	6.1982	5.8775	5.3162	4.8435	4.0967	3.5386	3.1090
20	18.0456	16.3514	14.8775	13.5903	12.4622	11.4699	10.5940	9.8181	9.1285	8.5136	7.4694	6.6231	6.2593	5.9288	5.3527	4.8696	4.1103	3.5458	3.1129
21	18.8570	17.0112	15.4150	14.0292	12.8212	11.7641	10.8355	10.0168	9.2922	8.6487	7.5620	6.6870	6.3125	5.9731	5.3837	4.8913	4.1212	3.5514	3.1158
22	19.6604	17.6580	15.9369	14.4511	13.1630	12.0416	11.0612	10.2007	9.4424	8.7715	7.6446	6.7429	6.3587	6.0113	5.4099	4.9094	4.1300	3.5558	3.1180
23	20.4558	18.2922	16.4436	14.8568	13.4886	12.3034	11.2722	10.3711	9.5802	8.8832	7.7184	6.7921	6.3988	6.0442	5.4321	4.9245	4.1371	3.5592	3.1197
24	21.2434	18.9139	16.9355	15.2470	13.7986	12.5504	11.4693	10.5288	9.7066	8.9847	7.7843	6.8351	6.4338	6.0726	5.4509	4.9371	4.1428	3.5619	3.1210
25	22.0232	19.5235	17.4131	15.6221	14.0939	12.7834	11.6536	10.6748	9.8226	9.0770	7.8431	6.8729	6.4641	6.0971	5.4669	4.9476	4.1474	3.5640	3.1220
26	22.7952	20.1210	17.8768	15.9828	14.3752	13.0032	11.8258	10.8100	9.9290	9.1609	7.8957	6.9061	6.4906	6.1182	5.4804	4.9563	4.1511	3.5656	3.1227
27	23.5596	20.7059	18.3270	16.3296	14.6430	13.2105	11.9867	10.9352	10.0266	9.2372	7.9426	6.9352	6.5135	6.1364	5.4919	4.9636	4.1542	3.5669	3.1233
28	24.3164	21.2813	18.7641	16.6631	14.8981	13.4062	12.1371	11.0511	10.1161	9.3066	7.9844	6.9607	6.5335	6.1520	5.5016	4.9697	4.1566	3.5679	3.1237
29	25.0658	21.8444	19.1885	16.9837	15.1411	13.5907	12.2777	11.1584	10.1983	9.3696	8.0218	6.9830	6.5509	6.1656	5.5098	4.9747	4.1585	3.5687	3.1240
30	25.8077	22.3965	19.6004	17.2920	15.3725	13.7648	12.4090	11.2578	10.2737	9.4269	8.0552	7.0027	6.5660	6.1772	5.5168	4.9789	4.1601	3.5693	3.1242
35	29.4086	24.9986	21.4872	18.6646	16.3742	14.4982	12.9477	11.6546	10.5668	9.6442	8.1755	7.0700	6.6166	6.2153	5.5386	4.9915	4.1644	3.5708	3.1248
40	32.8347	27.3555	23.1148	19.7928	17.1591	15.0463	13.3317	11.9246	10.7574	9.7791	8.2438	7.1050	6.6418	6.2335	5.5482	4.9966	4.1659	3.5712	3.1250
45	36.0945	29.4902	24.5187	20.7200	17.7741	15.4558	13.6055	12.1084	10.8812	9.8628	8.2825	7.1232	6.6543	6.2421	5.5523	4.9986	4.1664	3.5714	3.1250
50	39.1961	31.4236	25.7298	21.4822	18.2559	15.7619	13.8007	12.2335	10.9617	9.9148	8.3045	7.1327	6.6605	6.2463	5.5541	4.9995	4.1666	3.5714	3.1250
55	42.1472	33.1748	26.7744	22.1086	18.6335	15.9905	13.9399	12.3186	11.0140	9.9471	8.3170	7.1376	6.6636	6.2482	5.5549	4.9998	4.1666	3.5714	3.1250

参考文献

曹凤岐,刘力,姚长辉.2000.证券投资学[M].北京:北京大学出版社.
范霍恩.2009.财务管理基础[M].13版.北京:清华大学出版社.
谷祺,刘淑莲.2007.财务管理[M].大连:东北财经大学出版社.
霍文文.2008.证券投资学[M].3版.北京:高等教育出版社.
荆新,王化成,刘俊彦.2012.财务管理学[M].6版.北京:中国人民大学出版社.
李菊容,梅晓文.2010.财务管理[M].北京:北京航空航天大学出版社.
刘娥平.2004.现代企业财务管理[M].广州:中山大学出版社.
刘雅娟.2008.财务管理[M].北京:清华大学出版社.
刘志远.1999.财务管理[M].天津:南开大学出版社.
陆正飞.2001.财务管理[M].大连:东北财经大学出版社.
栾甫贵.1996.企业破产财务管理的理论结构[J].中国农业会计(10):36-38.
朴明根,邹立明,王春红.2009.证券投资学[M].北京:清华大学出版社.
斯蒂芬·A·罗斯,等.2009.公司理财[M].8版.吴世农.等译.北京:机械工业出版社.
斯蒂芬·A·罗斯,等.2014.公司理财精要版[M].10版.谭跃,等译.北京:机械工业出版社.
王化成.2010.财务管理[M].3版.北京:中国人民大学出版社.
王化成.2013.财务管理[M].4版.北京:中国人民大学出版社.
夏书乐,李琳.2010.国际财务管理[M].大连:东北财经大学出版社.
杨老金,邹照洪.2010.证券投资分析[M].7版.北京:经济管理出版社.
中国注册会计师协会.2014.财务成本管理[M].北京:中国财政经济出版社.